L. O. Resnikow
Zeichen, Sprache, Abbild

Resnikows Überlegungen zum Verhältnis von Wirklichkeit, Sprache und Denken, zur Abbildtheorie und zur Beziehung zwischen Semiotik und Erkenntnistheorie finden in dieser Auswahl von Texten einen prägnanten Ausdruck. Mit großer Aufmerksamkeit hat sich Resnikow mit der augenblicklich in der semiotischen Diskussion sehr erfolgreichen neopositivistischen, pragmatisch orientierten Zeichentheorie, etwa von Ch. Morris, auseinandergesetzt, um zu ermitteln, ob sie zu tragfähigen Ergebnissen gelangt, bzw. inwieweit ihr Ansatz im Hinblick auf eine umfassende, dem Gegenstandsbereich adäquate Zeichentheorie der Kritik bedarf.

Lasar Ossipowitsch Resnikow hat einen Lehrstuhl für dialektischen Materialismus in Leningrad. Bisher ist in deutscher Sprache von ihm erschienen: *Erkenntnistheoretische Fragen der Semiotik* (1958).
Der Herausgeber, Achim Eschbach, geboren 1948, hat Arbeiten von C. W. Morris übersetzt bzw. herausgegeben und zwei Bibliographien zur Semiotik ediert: *Zeichen, Text, Bedeutung, Bibliographie zur Theorie und Praxis der Semiotik* (1974) und im Syndikat zusammen mit Wendelin Rader *Semiotik-Bibliographie I* (1976).

Lasar Ossipowitsch Resnikow

Zeichen, Sprache, Abbild

Aus dem Russischen von Holger und Hannelore Siegel

Mit einer Einleitung herausgegeben
von Achim Eschbach

Syndikat

Die Nachweise der russischen Erstveröffentlichungen befinden sich am Ende des Bandes.

CIP-Kurztitelaufnahme der Deutschen Bibliothek

Reznikov, Lazar' Osipovič
[Sammlung ⟨t.⟩]
Zeichen, Sprache, Abbild / Lasar Ossipowitsch Resnikow. Mit e. Einl. hrsg. von Achim Eschbach. – 1. Aufl. – Frankfurt am Main : Syndikat, 1977.

ISBN 3-8108-0032-5

Resnikow, Lasar Ossipowitsch

Umschlag nach Entwürfen von Rambow, Lienemeyer und van de Sand
Motiv: Agitationsgraphik, Rußland der 20er Jahre: „Nehmen wir den Sturm der Revolution in Sowjetrußland, vereinigen ihn mit dem Puls des amerikanischen Lebens und tun wir unsere Arbeit wie ein Chronometer!“
Gesamtherstellung: Beltz Offsetdruck, Hemsbach
Printed in Germany
ISBN 3-8108-0032-5

Inhalt

Achim Eschbach
Einleitung

Die Einleitung in die vorliegende Sammlung von Aufsätzen des Leningrader Philosophen Lasar Ossipowitsch Resnikow wird in drei Abschnitten versuchen, einen historisch-systematischen Überblick über Resnikows Arbeiten im Zusammenhang seiner semiotischen Überlegungen zu geben.

Im I. Abschnitt soll der Entwicklungsgang von Linguistik, Philosophie und Semiotik in der Sowjetunion knapp skizziert werden, um eine erste Einordnung von Resnikows Arbeiten zu ermöglichen.

Der II. Abschnitt beschäftigt sich mit einigen Aspekten der materialistischen Erkenntnistheorie, d.h. der Widerspiegelungs- und Abbildtheorie, wobei die Probleme des Verhältnisses von Sprache und Denken, der Entstehung sprachlichen Denkens und der Funktion der Semiotik in diesem Kontext in die Betrachtung einbezogen werden. Im Anschluß daran sollen einige der wesentlichen Aporien der Abbildtheorie zur Sprache kommen.

Der III. Abschnitt schließlich gibt neben einer Aufzählung weiterer, im vorliegenden Band nicht abgedruckter Arbeiten Resnikows einige Hinweise auf seinen speziellen, sprachorientierten Ansatz.

Vor der eigentlichen Diskussion soll wenigstens kurz auf die Frage eingegangen werden, wie die vorliegende Textsammlung mit dem Anspruch zu vereinbaren ist, gegen bürgerlichen oder sozialistischen Dogmatismus, gegen den Universalitätsfetischismus theoretischer Ansätze, die sich systematisch kritischer Überprüfung zu entziehen versuchen, ein Konzept kritischer Wissenschaft zu realisieren. – Eine verbindliche Antwort auf diese Frage kann es nicht geben. Sicherlich kann sie aber nicht lauten, alle diesem Anspruch zuwiderlaufenden Ansätze zu übersehen, wie es sich gleichfalls verbietet, in pluralistischer Euphorie die drohende ‚Einseitigkeit' zu unterlaufen. Im Gegenteil, gerade erst in der kritischen Rezeption kontroverser Positionen können sich Beurteilungsmaßstäbe entwickeln, die den rigiden Rahmen verknöcherter Systeme übersteigen. Dieser Mühe aber muß sich der Leser unterziehen.

Wenn immer wieder von einem aktuellen Semiotik-Boom die Rede ist, denkt man dabei einerseits gewöhnlich an die nahezu unüberschaubare Flut von Arbeiten, die die Zeichenproblematik in irgendeiner Form thematisieren, vergißt dabei aber andererseits nur zu häufig, daß sich alle diese Arbeiten, vereinfacht gesprochen, zwei Gruppen zuordnen lassen: Die erste, äußerst umfangreiche, heterogene und traditionsreiche Gruppe, die einen *repräsentativen, nomenklatorischen* oder *konventionalistischen Zeichenschematismus* vertritt, ohne zu bemerken, daß ein derartiger Ansatz mit der tatsächlichen Zeichenpraxis völlig unvereinbar ist und deshalb notwendig zu falschen Ergebnissen gelangen muß, und die zweite Gruppe, deren Ansatz als *semiotisch-hermeneutisch* zu beschreiben ist, die den Versuch unternimmt, ein *pragmatisch fundiertes Deutungsmodell* der Zeichenkonstitution und Zeichenpraxis zu entwickeln.

Eine der wesentlichen Funktionen der vorliegenden Textsammlung besteht nun darin, L. O. Resnikows Auseinandersetzungen mit dem konventionalistischen Zeichenmodell daraufhin zu befragen, wie seine Lösungsvorschläge auf dem Hintergrund dieser Kontroverse zu beurteilen sind und inwieweit seine Überlegungen zur Weiterentwicklung einer pragmatisch fundierten Zeichentheorie und -praxis beitragen können.

I.

Die Skizzierung einiger der markantesten Abschnitte der sechzigjährigen Entwicklung von Sprachwissenschaft, Semiotik und Philosophie in der Sowjetunion geschieht nicht im Interesse einer unkritischen Auflistung kanonisierter Autoren, die den jeweils geänderten wissenschaftspolitischen Maximen entsprachen. Um zu einem angemessenen Einblick in die Entwicklung der sowjetischen Sprachwissenschaft und Philosophie zu gelangen, sind vielmehr einige der ausschlaggebenden Bedingungen der wissenschaftlich-kulturellen Tradition, Gründe für den jeweilig sanktionierten Forschungsgegenstand und den praktizierten Denkstil in den Blick zu fassen.

In Übereinstimmung mit verschiedenen Autoren[1] lassen sich mehrere deutlich voneinander unterschiedene Perioden der sowjetischen Wissenschaftsgeschichte isolieren, die im folgenden kurz charakterisiert werden sollen.

Die erste Periode des sog. Kriegskommunismus, die innen- und wirtschaftspolitisch durch überstürzte Enteignungspolitik, Bürgerkrieg, Hungerkatastrophen und das Warten auf eine entlastende deutsche Revolution gekennzeichnet war[2], fand 1921 mit der Einführung der Neuen Ökonomischen Politik ein Ende. Die von Lenin als Staatskapitalismus bezeichnete Wirtschaftsform entsprach dem geänderten theoretischen Verständnis vom Aufbau des Sozialismus in einem Lande[3]. Diese neue Sichtweise brachte gleichzeitig aber auch die Verschärfung des ideologischen Kampfes im Sinne der Komintern mit sich, die sich beispielsweise in der Amtsenthebung aller Universitätsprofessoren im Herbst 1921, der Gründung des Instituts der Roten Professoren und der seit Januar 1922 erscheinenden Zeitschrift *Unter dem Banner des Marxismus* manifestierte. Die besondere Bedeutung dieser von A. M. Deborin geleiteten Zeitschrift zeigt sich unter anderem in einem Artikel Lenins *Über die Bedeutung des kämpferischen Materialismus*, in dem er Direktiven für die Arbeit dieser Zeitschrift aufstellt, und von ihren Redakteuren und Mitarbeitern verlangt, „eine Gesellschaft materialistischer Freunde der hegelschen Dialektik [zu sein], denn ohne die materialistische Auslegung der Philosophie Hegels könne der Materialismus kein kämpferischer Materialismus sein"[4]. Derartig durch Lenins Unterstützung bestärkt, und bestätigt durch die 1929 posthum edierten *Philosophischen Hefte* Lenins, nahm die Zeitschrift in der zweiten Hälfte der zwanziger Jahre eine prominente Stellung in der philosophisch-ideologischen Debatte ein.

Wie erst in jüngster Vergangenheit bekannt wurde, entstanden in dieser Periode neben den bekannten Arbeiten von S. L. Rubinstein und L. S. Wygotski auch verschiedene semiotisch sehr interessante Untersuchungen von M. M. Bachtin, P. N. Medvedev und V. N. Vološinov[5]. Um diese Zeit bildete sich auch eine von W. Girke und H. Jachnow als marxistisch-soziologisch bezeichnete Richtung der Sprachwissenschaft, die ihre Grundargumentation „aus den grundlegenden Konzeptionen der marxistischen Klassiker [bezog], ohne aber dabei die Bedeutung deren Aussagen zum gesellschaftlichen Charakter der Sprache zu hypertrophieren"[6]. Eine bedeutende Rolle für diese Richtung der sowjetischen Sprachwissenschaft spielten die von Durkheim inspirierten Ansätze Meillets, Vendryes und Ballys. Als namhaftester Vertreter der gesellschaftsbezogenen Sprachwissenschaft ist E. D. Polivanov zu nennen, der in zahlreichen Publikationen die heute erneut in das Zentrum der Diskussion gerückte Auffassung vertrat,

> „daß sprachliches Handeln aus dem existenziellen Zwang von Individuen, Probleme der Umwelt in Kooperation zu bewältigen, erwächst. [...] Nach Polivanov ist Sprache zugleich arbeitswertige Tätigkeit und notwendiges Subsidium für alle anderen Tätigkeiten, die den kooperativen Bedürfnissen des Kollektivs dienen. Sprache entsteht für Polivanov aus der Notwendigkeit menschlicher Kooperation und ist selbst Ausdruck menschlicher Kooperation."[7]

Die Anzeichen für einen Umschwung mehrten sich um 1930 in zunehmendem Maße. Wurde einerseits den sprachsoziologisch orientierten Forschern die unkritische Rezeption von westlichen Ansätzen vorgeworfen, die mit den Vorstellungen einer materialistischen Linguistik unvereinbar seien[8], so spiegelt andererseits der stetig wachsende Einfluß des Instituts der Roten Professoren, die den Anspruch einer innerlich konsequenten, orthodox-marxistischen Philisophie erhoben, das sich verändernde wissenschaftspolitische Kräfteverhältnis. Plattform dieser Auseinandersetzungen – deren Inhalt bei Übernahme der oftmals völlig gegenstandslosen Argumente der orthodoxen Richtung häufig unverständlich bleibt, wenn nicht gleichzeitig machtpolitische Aspekte in die Beurteilung einbezogen werden – bildete die Zeitschrift *Unter dem Banner des Marxismus.*

Anlaß der Auseinandersetzungen war die Frage nach der authentischen Interpretation des Leninismus, bei der sich drei Gruppen bekämpften: die sog. Mechanisten, Deborinisten und Orthodoxen. Während die Deborinisten und die Orthodoxen den Mechanisten, zu denen Bucharin, Akselrod, Stepanov, Minin und andere gezählt werden, eine undialektische Interpretation des Leninismus und einen radikalen Determinismus vorwarfen, wie er sich z.B. in ihrer naturalistischen Auffassung der gesellschaftlichen Entwicklung ausdrückte[9], ließ sich zwischen der Gruppe der Deborinisten, oder, im Jargon ihrer Verurteilung von 1931: den „menschewisierenden Idealisten", zu denen neben A. M. Deborin auch L. Trotzki gerechnet wird, und der orthodoxen Gruppe, die von den beiden Leitern des Instituts der Roten Professoren, M. Mitin und P. Judin, angeführt wurde, kein so eindeutiger Unterschied feststellen wie zu den Mechanisten. Ohne an dieser Stelle detailliert der Frage nachzugehen, inwieweit die Vorwürfe der orthodoxen Gruppe, die für sich in Anspruch nahm, einen dialektischen Materialismus zu vertreten, berechtigt waren, sollen die Punkte der orthodoxen Kritik an den Deborinisten lediglich angeführt werden: Man warf ihnen eine unmarxistische Rezeption der Hegelschen Dialektik vor, kritisierte ihre Auffassung der Materie als Totalität der Vermittlungen und empörte sich gegen ihre Unterschätzung der philosophischen Originalität Lenins zugunsten Plechanows[10].

Da es sich bei diesen Fragen, wie weiter oben bereits angedeutet wurde, keineswegs um ausschließlich philosophische Probleme handelte, schaltete sich Stalin in die Kontroverse ein. In einer Rede vom 9.12.1930 verurteilte er die Deborinisten als ‚menschewisierende Idealisten'. Dieses Urteil wurde vom Zentralkomitee der Partei bestätigt und in der

Prawda vom 26.1.1931 ausführlich publiziert. Unmittelbares Ergebnis dieser Verurteilung war Deborins Entlassung aus der Chefredaktion der Zeitschrift. Viel weitreichender als diese Entlassung war aber die Selbstkritik Deborins und seiner Schüler und ihr Einschwenken auf die Linie der Einheitsfront. W. Goerdt beurteilt die neu entstandene Situation folgendermaßen:

„Es scheint, als ob keiner der Sowjetphilosophen in den Jahren von 1931 bis 1944 bereit gewesen wäre, der Zeitschrift PZM [Unter dem Banner des Marxismus] auf der Grundlage ihrer bewegten Vergangenheit neuen Schwung zu verleihen. Siegreiche ‚Orthodoxe' und neu-linientreue Genossen, denen nach der Verurteilung der Deborinisten die Redaktion der PZM zufiel, ehemalige menschewisierende Idealisten und mechanische Materialisten teilen sich in die gleichgültig-lustlose Weiterführung der Zeitschrift. Diese bietet in den letzten Jahren ihres Bestehens das Bild einer Lampe, die aus Mangel an Öl ständig auszugehen droht und endlich 1944 sanft verlöscht"[11].

Die mit der Verurteilung von 1931 eingeleitete dritte Periode, die in der Literatur übereinstimmend über das Ende der Zeitschrift *Unter dem Banner des Marxismus* hinaus bis zum Jahre 1947 angesetzt wird, hat keinen nennenswerten Fortschritt in der philosophischen Forschung erbracht. T. J. Blakeley führt als einzige wichtige Neuerscheinung der Zeit von 1931 bis 1947 Lenins *Philosophische Hefte* (1933)[12] und T. Pawlows *Widerspiegelungstheorie* (1936) an. F. Xasxačix' Dissertation, die 1942 unter dem Titel *Über die Erkennbarkeit der Welt* erschien, betrachtet er zusammen mit R. Natadzes *Genese der Begriffsbildung* (1946) und L. O. Resnikows *Das Problem der Begriffsbildung im Lichte der Sprachgeschichte* (1946) als „the precursor of a Soviet epistemological renaissance"[13]. Nimmt in der angedeuteten Weise die Produktivität auf dem philosophischen Sektor ab, so intensiviert sich auf der anderen Seite die Verbreitung und Zitierung der ‚Klassiker'.
Bereits gegen Ende der zwanziger Jahre war in der Sprachwissenschaft die Tendenz spürbar geworden, die Faktizität gesellschaftlicher Phänomene zugunsten einer Anpassung an die Prämissen der Theorie zu vernachlässigen. Der sich rasch durchsetzende Marrismus beschränkte sich im Sinne dieser Tendenz auf die Formulierung einiger allgemeiner Hypothesen über die Phylogenese der Sprache, wobei er „einfach Sprachzustände mit sozioökonomischen Zuständen mechanisch korrelierte, was sicher noch keine soziologische Methode bedeutet"[14].
N. J. Marrs *Neue Lehre von der Sprache*[15] basierte auf zwei Prinzipien[16]. Mit seinem ersten Prinzip unterstrich Marr den Zusammenhang der Geschichte der Sprache, des Denkens und der Gesellschaft[17]. Die Entstehung der Sprache, die Marr besonders interessierte, stellte er in seiner Dreistadientheorie (die Hand-Linear-(kinetische) Sprache, die

Sprache diffuser, ungegliederter Worte und die Sprache modernen Typs) dar, aus der er sein zweites Prinzip, das Gesetz des ‚einen glottogonischen Prozesses', der stadialen Entwicklung von Sprache und Denken ableitete[18]. Fragt man nach den spezifischen Aspekten des marristischen Ansatzes, so ist im wesentlichen die Ansicht hervorzuheben, daß sprachliche Entwicklungsprozesse ausschließlich und unmittelbar durch die gesellschaftlichen Produktionsverhältnisse determiniert sind, d.h. daß Sprache im Sinne des Grundmodells der gesellschaftlich-ökonomischen Formationen Überbaucharakter hat und demzufolge sowohl als Mittel gesellschaftlicher Macht fungieren kann, wie sie sich auch mit Veränderungen der ökonomischen Basis ändert[19].

Verschiedene Ereignisse des Jahres 1947 markieren das Ende dieser Epoche. In einer großangelegten Diskussion von G. F. Alexandrows *Geschichte der westeuropäischen Philosophie*, die vom 16. bis zum 25. Juni 1947 im Philosophischen Institut der Akademie der Wissenschaften der UdSSR geführt wurde und an der über 90 Philosophen beteiligt waren[20], erhob A. A. Shdanow heftige Kritik gegen Alexandrows Buch im besonderen und die Qualität der philosophischen Forschung im allgemeinen. Shdanow kritisierte neben inhaltlichen Mängeln, daß Alexandrow weder das Wesen des Marxismus noch dessen Verhältnis zu anderen Philosophien richtig dargestellt habe, daß er weder den Kampfgeist der Partei noch die starke Sprache Lenins besitze[21]. Gegen die Philosophen im allgemeinen führte er an,

> „daß sie sich vom Volk isolierten, ihre Leser gering achteten, den Kontakt untereinander vernachlässigten, vor allem aber, daß sie Feiglinge seien, d.h. daß sie nur Probleme behandelten, bei denen sie nichts riskierten, und daß sie sich an systematische Lebensfragen der Philosophie nicht heranwagten, so z.B. an das Problem, welchen Charakter der dialektische Kampf in einer klassenlosen Gesellschaft haben müsse"[22].

Dieser Kritik Shdanows schlossen sich die 55 folgenden Redner an; Alexandrow, als letzter Redner, bestätigte die Vorwürfe selbstkritisch. Anschließend wurden sämtliche Diskussionsbeiträge im ersten Heft der neu gegründeten Zeitschrift *Fragen der Philosophie*[23] abgedruckt. Es zeigte sich allerdings, daß im Anschluß an diese Diskussion die philosophischen Auseinandersetzungen lebhafter und fruchtbarer wurden und eine Neuorientierung der philosophischen Forschung in der Sowjetunion einsetzte.

So wie das Ende dieser Epoche 1947 nicht philosophieimmanent, sondern nur durch die direkte Intervention politischer Kräfte erfolgen konnte, war auch die Aufhebung der lange Zeit politisch sanktionierten marristischen Sprachtheorie auf den Eingriff politischer Instanzen angewiesen, wie er dann auch 1950 mit Stalins persönlicher Intervention erfolgte. Nach der Konstatierung verschiedener theoretischer Mängel der sowjetischen Sprachwissenschaft, die anläßlich einer Memorialsitzung des Marr-Instituts für Sprache und Denken im Januar 1950 erfolgte, und der zunächst internen Erörterung, ob die sowjetische Linguistik auf der Basis der *Neuen Lehre von der Sprache* weiterentwikkelt werden könnte oder nicht, ergriff Stalin im Juni desselben Jahres die Position der Antimarristen[24]. Stalins Einwände gegen die marristische Sprachtheorie betrafen vor allem folgende fünf Aspekte:

„1. Sprache kann nicht als Überbauerscheinung verstanden werden. 2. Sprache ist auch in der Klassengesellschaft nicht klassenhaft. 3. Es gibt keine gesellschaftsdependenten ‚stadialen Entwicklungssprünge' von Sprache und Denken. 4. Es gibt keine Monogenese aller Sprachen. 5. Entsprechend (4) ist die Vielfalt der Ethnosysteme nicht durch Hybridisierung bedingt, sondern genetisch vorgegeben“[25].

Die Intervention Stalins gegen Marrs einseitige Übertreibungen und Fehler initiierte nun keineswegs den Aufbau einer gesellschaftsbezogenen Sprachwissenschaft, die an die elaborierten Ansätze der dreißiger Jahre anknüpfte, sondern bewirkte im Gegenteil ein Desinteresse an sprachsoziologischen Fragestellungen. Die Befreiung von der marristischen Doktrin war um den Preis einer durch Ignoranz und Dilletantismus gezeichneten Metadoktrin erkauft worden, die „sicher nicht wegen ihres theoretisch-schöpferischen Gehaltes, sondern wegen ihrer pragmatischen Auswirkung auf den Forschungshorizont der Sprachwissenschaft bemerkenswert war“[26].

Aus Gründen der weitgehenden organisatorischen und personellen Kontinuität scheint es verfehlt, unmittelbar nach Stalins Tod eine tiefgreifende und weitreichende Wandlung der Verhältnisse anzunehmen. I. M. Bocheński betont, daß bis zur offiziellen Verurteilung Stalins durch Chruschtschow auf dem 20. Parteitag der KPdSU eher eine Rückkehr zu orthodoxer Politik spürbar wurde, die erst allmählich unter Alexandrows Kulturpolitik liberalere Züge annahm. Seit Chruschtschows Geheimrede von 1956 zeigt sich jedoch immer mehr die Möglichkeit und die Bereitschaft,

„die Entwicklung ohne die bisherigen engen ideologischen Tabus und unter Auswertung auch westlicher Konzeptionen voranzutreiben. Als Auflage galt nunmehr lediglich, daß diese auf ihren etwaigen antimarxistischen Charakter hin überprüft werden müßten, bevor sie in die sowjetische Wissenschaft eingebracht würden“[27].

Eine theoretische Neubestimmung innerhalb der sowjetischen Sprachwissenschaft markiert der Leitartikel *Zu einigen aktuellen Aufgaben der gegenwärtigen sowjetischen Sprachwissenschaft*[28], in dem die

stalinistischen Vorstellungen zur Sprachwissenschaft einer eingehenden Kritik unterzogen wurden und in dem ein besonderes Interesse an der Einführung strukturalistischer Arbeitsweisen in der sowjetischen Linguistik zum Ausdruck kam. Die gleichzeitige Zurückweisung einiger Aspekte der stalinistischen Marr-Kritik gaben darüber hinaus neue Impulse für die Herausbildung einer gesellschaftsbezogenen Sprachwissenschaft, ohne daß allerdings rasche Ergebnisse sichtbar wurden.
W. Girke und H. Jachnow skizzieren in ihrer Darstellung der sowjetischen Soziolinguistik seit Beginn der sechziger Jahre drei Forschungsschwerpunkte:

„A. Eine Richtung, die die Wechselbeziehungen zwischen Gesellschaft und Sprache auf allgemein-theoretischer Basis diskutiert, wobei die überwiegend deduktiven Erklärungsansätze im Historischen Materialismus verankert sind. Die empirische Analyse findet keine Verwendung.
B. Eine Richtung, die hinsichtlich der sprachlichen Komponenten mit konkreten Korpusanalysen arbeitet, die konkrete Deskription sozialer Merkmale der Sprachträger aber weitgehend vernachlässigt. Die Arbeitsweise dieser Richtung entspricht also im Prinzip der der traditionellen Dialektologie.
C. Eine Richtung, die sowohl hinsichtlich des sprachlichen als auch des sozialen Korrelats empirisch-analysierend vorgeht und so im methodischen Ansatz dem gegenwärtigen Verständnis von Soziolinguistik am nächsten kommt“[29].

Diese zusammenfassende Darstellung der Entwicklungstendenzen der sowjetischen Soziolinguistik ist durch einen Hinweis auf das große Interesse sowjetischer Wissenschaftler an Fragen der Semiotik zu ergänzen, von dem K. Eimermachers Auswahlbibliographie der Arbeiten sowjetischer Semiotiker der Moskauer und Tartuer Schule einen guten Eindruck vermittelt. Eimermacher stellt fest,

„daß sich in Rußland die Notwendigkeit semiotischer Forschungen beinahe zwangsläufig aus den praktisch und theoretisch zu lösenden Problemen der maschinellen Übersetzung, der mit ihr korrelierten strukturalen Linguistik und den sich daraus ergebenden Schwierigkeiten einer Theorie der Erzeugung und Speicherung von Information sowie aus dem medienspezifisch gebundenen Vermittlungsverfahren von Information ergab“[30].

Neben dem Hinweis auf die kritische Rezeption von bis dahin vorliegenden linguistischen, anthropologischen, wissenschaftstheoretischen und informationstheoretischen Arbeiten betont Eimermacher vor allem:

„Charakteristisch und wesentlich war schließlich wohl noch, daß es weder in der zweiten Hälfte der fünfziger Jahre, als diese Entwicklung einsetzte, noch in den zahlreichen methodologischen Diskussionen, die es im Bereich der modernen Linguistik in den sechziger Jahren gab (vgl. die Diskussionen um die Transformationsmethode, die Typologiebildung, die sprachlichen Universalien, die Frage der Übersetzbarkeit von einem Zeichensystem in ein anderes, das Problem der Äquivalenz usw.) eigentlich nie um die Frage eines methodischen Entweder-Oder, z.B. von diachronischen oder synchronischen Untersuchungen, von moderner Linguistik oder historisch-vergleichender Sprachwissenschaft oder etwa um die ausschließliche Spezialisierung auf einen begrenzten Katalog wissenschaftlicher Fragen, sondern in erster Linie um die Frage ging – und hierbei haben insbesondere V. V. Ivanov und V. N. Toporov eine entscheidende und überaus bedeutende Rolle gespielt –, wie sich schon bekannte methodische Vorgehensweisen und Erfahrungen verbinden ließen, wie man ältere Fragen und Forschungen durch ihre Neuinterpretation, die systematische Umformulierung ihrer Ergebnisse und ihre konsequente Weiterentwicklung auf Grund einer gründlichen Reflexion der Ziele, des Materialbereichs sowie auch der Arbeitsmethoden der ‚alten Philologie' im weitesten Sinne auf der Grundlage des ‚semiotischen Zugangs' einerseits als Theorie von Zeichen und Zeichensystemen und andererseits (vgl. Ju. M. Lotman, B. A. Uspenskij) als Ansatz für eine Theorie der menschlichen Kultur begründen könnte"[31].

Eine ähnliche Entwicklungstendenz wie im Bereich der Sprachwissenschaft und dem der semiotischen Forschung läßt sich auch im Bereich der Philosophie beobachten[32].

M. Zubatý hat den Übergang der stalinistischen zur nachstalinistischen Periode der sowjetischen Philosophie als den Übergang von einem ‚dogmatischen Denkstil' zu einem ‚wissenschaftlich-technokratischen Denkstil'[33] charakterisiert. Basierend auf den programmatischen Zielen (größere Komplexität, Aktualität, Lebensnähe und Originalität), die A. A. Shdanow in seiner Rede vor dem Philosophenkongreß 1947 umrissen hatte, und im Einklang mit dem neuen Konzept der wissenschaftlich-technischen Revolution entwickelte sich im Laufe der fünfziger und frühen sechziger Jahre die Vorstellung einer stetigen Wandlung und Umbildung der Gesellschaft. Dieses neue gesellschaftstheoretische Grundmodell, das die ältere, mechanistische Auffassung der gesellschaftlich-ökonomischen Formationen des historischen Materialismus an entscheidenden Punkten in Frage stellte[34], läßt als neue Universalien ‚Naturwissenschaft' und ‚Technik' an die Stelle der Auffassung von der Klassendetermination des ganzen Wissens und seiner daraus resultierenden historischen Relativität treten[35]. Diese Veränderung, die auf die rasante Entwicklung des gesamten technologischen Sektors zurückzuführen ist und die eine eklatante Disproportionalität der offiziellen Ideologie und des erreichten Technologieniveaus offensichtlich werden ließ, verschaffte philosophierenden Naturwissenschaftlern wachsenden Einfluß[36]. Diese tiefgreifenden Wandlungen im Selbstverständnis und Forschungsbereich der Sowjetphilosophie finden ihre Bestätigung und Bekräftigung in der Parteiresolution vom Juni 1967 *Über die Maßnahmen für die weitere Entwicklung der Gesellschaftswissenschaften*, in der die Erarbeitung einer adäquateren Gesellschaftstheorie, die verstärkte Berücksichtigung von Sozialpsychologie und naturwissenschaftlichen Forschungsergebnissen ebenso wie verstärkte Bemühungen um Wissenschaftsorganisation und Wissenschaftswissenschaft verlangt werden. Allgemein ließe sich diese Resolution als Aufforderung zur Verwissenschaftlichung der gesamten Forschungsarbeit umschreiben[37].

Auf dem Hintergrund dieser Wandlungen wurde eine (Selbst-)Kritik der älteren Auffassungen von der Widerspiegelungstheorie möglich, die schließlich zur Abkehr vom alten dogmatischen Pseudoobjektivismus führte und unter dem Stichwort der relativen Selbständigkeit des theoretischen Denkens diskutiert wird; sie könnte mit Zubatý als „kopernikanische Wende"[38] bezeichnet werden, insofern Dialektik, Logik, Erkenntnistheorie, Wissenschaftstheorie, Semiotik, Ethik und Ästhetik dem alten monistischen Dogma der einheitlichen Weltanschauung entzogen und einem gewissermaßen synthetischen und naturwissenschaftlichen Szientismus zugeführt werden.

II.

L. O. Resnikow ist in seinen verschiedenen Aufsätzen und Monographien immer wieder auf Fragen der materialistischen Erkenntnistheorie, Probleme der Begriffsbildung, das Verhältnis von Sprache und Denken sowie auf die Abgrenzung seines Ansatzes von verschiedenen sprachwissenschaftlichen und philosophischen Theorien eingegangen. Da er sich in seinen Arbeiten vorrangig um die Klärung einzelner erkenntnistheoretischer Spezialprobleme bemühte, nicht jedoch den Versuch einer umfassenden materialistischen Erkenntnistheorie unternahm, scheint es angebracht, zum besseren Verständnis seines spezifischen Ansatzes und zur angemessenen Beurteilung seiner Forschungsergebnisse in einer knappen Skizze einige der zentralsten Aspekte der von ihm vertretenen Ausprägung der materialistischen Erkenntnistheorie anzusprechen, um gleichzeitig auch die Grundlage kritischer Einwände zu klären, die sich gegen einige seiner Annahmen richten.

Wenn in der folgenden Skizzierung der Widerspiegelungs- und Abbildtheorie als Grundlage der materialistischen Erkenntnistheorie auch verschiedene neuere Arbeiten in die Betrachtung einbezogen werden, so geschieht das im Interesse einer Darstellung, die sich nicht auf die ‚Klassiker-Exegese' beschränkt, sondern auch verschiedene Weiterentwicklungen berücksichtigt[39]. Ein entscheidendes Motiv für diese Vorgehensweise ist die Annahme einer allen materialistischen Erkenntnistheoretikern gemeinsamen Grundposition, so daß es legitim erscheint, trotz gewisser Differenzen wechselseitige Erklärungen aus den verschiedenen Ansätzen zu beziehen.

Widerspiegelung wird von der materialistischen Philosophie als eine allgemeine Eigenschaft angesehen, die der Materie in allen ihren Organisationsformen anhaftet und die von Lenin mit der Empfindung verglichen worden war[40]. Da dies leicht den Verdacht des *Hylozoismus* hervorrufen könnte, wurde Widerspiegelung im Rahmen des globalen Zusammenhangs von Wechselwirkungen genauer bestimmt[41]. Wechselwirkung als Form von Bewegung wurde als eine der grundlegenden Existenzformen der Materie gefaßt[42]. Unter der Voraussetzung, daß sich die Materie prinzipiell in den Bereich anorganischer materieller Dinge, den Bereich pflanzlicher und tierischer Lebewesen und die sozial organisierte Welt des Menschen untergliedern läßt, ist es einleuchtend, daß Widerspiegelung als Eigenschaft der Materie in den verschiedenen Bereichen charakteristische Züge aufweist.

Was Lenin als Verwandtschaft von Empfindlichkeit und Widerspiegelung bezeichnet hatte, wird in der Literatur so erläutert, daß bei ständiger Wechselwirkung von Gegenständen, Erscheinungen und Organismen ‚Spuren' entstehen, deren Form von der Spezifik und der strukturellen Organisation der wechselwirkenden Körper abhängt und deren Inhalt einerseits durch die Veränderungen, die sich im widerspiegelnden Gegenstand vollzogen haben, und andererseits von denjenigen Seiten des einwirkenden Gegenstandes geprägt wird, die er reproduziert[43].

Gemäß diesem Verständnis vollzieht sich Widerspiegelung im anorganischen Bereich passiv. Bereits auf der Ebene pflanzlicher Organismen spricht T. Pawlow im Anschluß an F. Engels von ‚Empfindlichkeit':

„Es ist noch keine psychische Erscheinung im genauen Sinne des Wortes, d.h. keine Äußerung des Bewußtseins, allerdings auch kein rein biophysischer oder biochemischer Prozeß. Als materielle Träger dieser Empfindlichkeit treten nicht Nerven und Gehirn auf, sondern einige bisher ‚noch nicht genauer festgestellte Eiweißkörper'"[44].

A. N. Leontjew behandelt dieses Problem der ‚Empfindlichkeit' in der organischen Welt in seiner naturgeschichtlichen Ableitung der Empfindungen aus der Differenzierung von durch Wechselwirkungen hervorgerufenen Veränderungen. Er formuliert in diesem Zusammenhang die Hypothese, daß für Veränderungen eines lebenden Organismus auf Grund von Umwelteinwirkungen von seiten des Organismus die Ausführung einer bestimmten Tätigkeit erforderlich sei, auch wenn diese nur die Form innerer Bewegungen annehme[45]. Widerspiegelung ist somit nach Leontjews Auffassung im organischen Bereich nicht passiv, sondern wird gleichzeitig mit den Eigenschaften der Einwirkung durch die Reaktionsfähigkeit des Organismus determiniert. Präzisierend ist hier anzufügen, daß der jeweilige Zustand des Organismus von den vorherrschenden Umwelteinflüssen abhängig ist. Diese Abhängigkeit nennt Leontjew „Anpassungsfähigkeit", so daß Widerspiegelung im Hinblick darauf als notwendige Bedingung für die Existenz eines Lebewesens erscheint[46].

Diese im Gegensatz zum anorganischen Bereich aktive Reaktion der Organismen auf äußere Einflüsse führt T. Pawlow auf einen ‚inneren Faktor' zurück, der sich bei den höheren Tieren im ‚Temperament' und bei den Menschen im ‚individuellen Verhalten' ausdrückt. Pawlow gelangt auf Grund folgender Überlegung zu dieser Annahme:

„Wenn das Temperament des Tieres und des Menschen Resultat und Ausdruck ausschließlich *äußerer* mechanischer, physikalischer und chemischer Reize und dementsprechend *äußerer* Reaktionen gleichen Charakters wäre, so müßten die Tiere im gleichen Milieu bei gleicher Nahrung und gleichen Reizen *absolut gleichförmig* reagieren"[47].

In Anlehnung an die darwinistische Evolutionstheorie versucht Pawlow eine Erklärung der Entwicklung dieser ‚inneren Faktoren' im Sinne von Reaktionen des Organismus auf äußere Einflüsse.

Demnach „kann gerade beim lebenden Organismus eine Widerspiegelung in Gestalt von Spuren erhalten, akkumuliert und [...] organisiert werden. Dadurch wächst der Einfluß der inneren ‚Erfahrung' im lebenden Organismus ununterbrochen, parallel zu seiner Höherentwicklung und gewinnt beim Menschen unter bestimmten objektiv-historischen Bedingungen eine entscheidende Bedeutung. Im Zusammenhang damit nimmt die Vererbung immer kompliziertere Formen an, in denen rein mechanische, physikalische und chemische in biologischen, psychischen und sozialen Gesetzmäßigkeiten ‚aufgehoben' werden"[48].

Die materialistische Erkenntnistheorie wehrt sich allerdings dagegen, in dieser durch Vererbung und Mutationen bedingten ‚Individualität' des tierisch-biologischen Subjekts eine Grundlage eines wie auch immer gearteten *Anthropomorphismus* bei Pflanzen und Tieren zu sehen. Ihrer Ansicht nach basiert die Zweckmäßigkeit von Reflexen und deren komplizierteren Formen, den Instinkten, keineswegs auf einem hypostasierten Bewußtsein, sondern ist vielmehr als Ergebnis jahrtausendelanger biologischer Evolution zu betrachten. Reflexe als elementare Form einer Gattungserfahrung, durch das Milieu und die Natur des reflektierenden Organismus bestimmt, verwandeln sich nach einer bestimmten Entwicklungsstufe in Instinkte, d.h. in eine aktive Beziehung zur Umwelt. T. Pawlow definiert Instinkte als

„komplizierte äußere Antwortreaktionen, die eine Reihe von Generationen herausgearbeitet und vererbt hat, plus komplizierte Komplexe innerer Widerspiegelungsspuren, die ebenso in vielen Generationen herausgearbeitet und als psychophysiologische, vererbliche, tierisch-subjektive Disposition weitergegeben wurden"[49].

Als Funktion bzw. Produkt des Instinkts betrachtet er dasjenige, was man als Empfindung und Verstand der Tiere bezeichnen kann, die sich gleichzeitig mit ihrer materiellen Grundlage, den Sinnesorganen und dem Zentralnervensystem, entwickeln[50]. Dieser Entwicklung sind jedoch Grenzen gesetzt, die nur unter den entsprechenden objektiven und subjektiven Bedingungen durch einen qualitativen Sprung[51] überschritten werden können. Es ist somit evident, daß das Erscheinen des Menschen nicht nur als Produkt einer natürlichen Auslese betrachtet werden kann, sondern daß hier die Frage nach den Faktoren des qualitativ Neuen entscheidende Bedeutung erlangt.

Um gemäß der materialistischen Erkenntnistheorie auf allen Entwicklungsebenen der Materie von Widerspiegelung sprechen zu können, muß man einerseits auf allen Ebenen Wechselwirkungsprozesse annehmen; um den menschlichen Bereich von anorganischen und niederen organischen Formen der Widerspiegelung unterscheiden zu können, sind andererseits als biologische Voraussetzung Rezeptions- und Speichermöglichkeiten sowie die Entwicklung eines ‚artspezifischen' explorativen Lernverhaltens für die Vergrößerung der Leistungsfähigkeit des Gehirns erforderlich, die ihrerseits ein gut entwickeltes Gehirn und Zentralnervensystem, den aufrechten Gang, die Entwicklung der Hände usw. voraussetzen[52]. Das ‚qualitativ Neue' auf der Ebene des Menschen ist dadurch bestimmt, daß zu den genannten biologischen Voraussetzungen soziale Faktoren von grundlegender Wichtigkeit hinzukommen. Demnach ist für die Entstehung und Entwicklung des Menschen das Ineinandergreifen biologischer und sozialer Beziehungen vorausgesetzt, wobei mit fortschreitender Entwicklung der menschlichen Gesellschaft die soziale Komponente einen immer größeren Raum für sich in Anspruch nimmt. In der Hierarchie verschiedener Formen der Widerspiegelung setzt die materialistische Erkenntnistheorie auf der Stufe gesellschaftlich organisierter Individuen die höchste Form der Widerspiegelung an, die als psychische, bewußte Widerspiegelung der Realität begriffen wird.

Mit der Erreichung bewußter, psychischer Formen der Widerspiegelung, die ‚Denken' und ‚Sprache' implizieren, ist ein Problembereich angesprochen, der einen wesentlichen Teil der von Engels formulierten ‚Grundfrage der Philosophie' nach dem Verhältnis von ‚Denken' und ‚Sein' ausmacht[53].

A. N. Leontjew, der sich unter psychologischem Blickwinkel in verschiedenen Arbeiten mit der näheren Bestimmung dieses Verhältnisses befaßt hat, definiert das Psychische als

„eine Eigenschaft lebender hochorganisierter Körper. Es besteht in der Fähigkeit, die sie umgebende und unabhängig von ihnen existierende Wirklichkeit im subjektiven Erleben widerzuspiegeln"[54].

In Abgrenzung von solchen Formen der Widerspiegelung, deren Verwandtschaft zur Empfindlichkeit betont worden war, sieht Leontjew die elementarste Form des Psychischen in der Sensibilität[55], zu der nur organische Materie befähigt ist, so daß der Geltungsbereich des Psychischen lediglich den Bereich derjenigen Organismen umfaßt, die ein vollentwickeltes Nervensystem aufweisen.
Um die Bereiche des Psychischen und des Bewußtseins voneinander abzugrenzen, weist S. L. Rubinstein darauf hin, daß die Beziehung des Bewußtseins und des Psychischen zum Sein niemals nur auf theoretische Beziehungen des Subjekts zum Objekt reduzierbar ist, sondern immer schon praktischen Charakter trägt. Da seiner Ansicht nach Bewußtsein nicht nur Anschauung, Widerspiegelung, Reflexion, sondern auch Beziehung und Wirkung, Anerkennung und Ablehnung, Bejahung und Verneinung, Anstreben und Zurückweisen usw. umfaßt, hebt er besonders hervor, daß

„das Psychische in Zusammenhänge eingebettet ist, die über die Grenzen der inneren Welt des Bewußtseins hinausgehen. Es wird vermittelt durch die Beziehungen zur äußeren, gegenständlichen Welt und kann nur auf Grund dieser Beziehungen bestimmt werden. Das Bewußtsein ist immer bewußt gewordenes Sein"[56].

Leontjew führt als grundlegendes Charakteristikum der bewußten Widerspiegelung die Trennung der gegenständlichen Wirklichkeit von ihrer augenblicklichen Beziehung zum Subjekt auf.

„Im Bewußtsein wird das Abbild der Wirklichkeit nicht mit dem Erleben des Subjekts verschmolzen; das Widergespiegelte wird dem Subjekt gleichsam ‚vorangestellt'"[57].

Vor der eingehenderen Behandlung des Abbildbegriffs ist eine Differenzierung vorzunehmen zwischen der weiter oben entwickelten *Widerspiegelung* als Eigenschaft der Materie in ihren unterschiedlichen Entwicklungsstufen und jener Form von Widerspiegelung im menschlichen Bewußtsein, die als *Abbildung* bezeichnet wird.
Wurde Widerspiegelung als allgemeines Merkmal der wechselseitigen Beeinflussungsverhältnisse gekennzeichnet, die zwischen materiellen Objekten bestehen, so bezieht sich der Abbildbegriff ausschließlich auf das menschliche Bewußtsein. Je nach Art der abgebildeten sinnlichen Eindrücke, der Mittelbarkeit oder Unmittelbarkeit in temporaler Hinsicht, oder der jeweiligen Funktion, die sie im Erkenntnisprozeß einnehmen, kann der spezifische Status von Abbildern sehr vielgestaltig sein[58].

Es ist also festzuhalten, daß nicht jede Wechselwirkung zwischen materiellen Gegenständen als Abbildung anzusehen ist, ebenso wenig wie die höchste Form der Widerspiegelung, die Abbildung im Bewußtsein, an den Ähnlichkeitsbegriff gebunden werden darf. A. Schaff ist 1964 zu dem Ergebnis gekommen, daß die langwierige Debatte über die Zuweisung von Ähnlichkeit oder Entsprechung in der Widerspiegelungstheorie insofern nicht weitergeholfen hat, als sie nur dann wesentlich ist, „wenn es um sinnliche Vorstellungen geht, aber sie verliert ihren Sinn, wenn es sich um abstraktes Denken handelt“[59]. Auch in neuesten Arbeiten wird betont, daß es falsch sei, Ähnlichkeit zum einzigen Kriterium des Abbildungsprozesses zu erheben[60]. Diese Auffassung hatte bereits T. Pawlow in seinem 1936 erstmalig erschienenen Werk vertreten, wo es im Anschluß an Lenin heißt:

„Die Idee ist weder mit den objektiven Gegenständen *selbst absolut identisch, noch von ihnen absolut verschieden und ihnen entgegengesetzt.* Sie ist weder der Gegenstand selbst noch ein bloßes Zeichen noch bloße Form des Bewußtseins – sie ist ein *Abbild*, das zur gleichen Zeit seinem Gegenstand *ähnlich* ist und sich von ihm *unterscheidet*“[61].

Von der physikalischen und mechanischen Widerspiegelung materieller unbelebter Objekte ist also die bewußte Abbildungstätigkeit als aktive Auseinandersetzung des Menschen mit der umgebenden Realität zu unterscheiden[62]. Während alle nichtmenschlichen Lebewesen und Objekte in ihrer Wechselwirkung mit der Realität auf reaktive Bezugnahme beschränkt sind, ist die menschliche Tätigkeit darauf gerichtet, eine *aktive* Bewältigung von Natur und Gesellschaft zu erlangen. Die notwendige Unterscheidung von Abbildung und Widerspiegelung deutet allerdings nicht auf zwei voneinander isolierte Bereiche, denn „die ideelle Eigenschaft der Abbilder widerspricht nicht der allgemeinen Widerspiegelungsfähigkeit der Materie“[63]. Ein Kriterium zur Abgrenzung widerspiegelnder und abbildender Prozesse ist demnach nicht aus der allgemeinen Widerspiegelungsfähigkeit der Materie abzuleiten, sondern vielmehr aus dem jeweils erreichten Entwicklungsstand der produktiven Tätigkeit des Menschen. In Abhängigkeit von den vorherrschenden Arbeitsformen entsteht also die Notwendigkeit, spezifische Formen sinnlicher Korrelate der Realität wahrzunehmen, darzustellen und zu entwickeln[64].

„Das Abbild ist also dem Objekt der Wahrnehmung angepaßt und hat somit einen objektiven Inhalt: es stellt somit eine Art von Modell des Dinges der objektiven Realität im Gehirn des Lebewesens dar“[65].

Die bisherige Darstellung führt zu dem Ergebnis, daß der Abbildungsprozeß einer Vielzahl von Determinanten unterworfen ist. Wurde der konkrete Gegenstand als Ursache und objektiver Inhalt des gesellschaftlich vermittelten ideellen Abbildes bestimmt, so ist doch zu berücksichtigen, daß kein monokausales Verhältnis vorliegt, sondern daß das Abbild in gleicher Weise den jeweilig erworbenen Erfahrungen und Prägungen des Erkenntnissubjektes unterliegt, die im Prozeß der gesellschaftlichen Praxis entstanden sind[66]. Gleichfalls ist in diesem Zusammenhang hervorzuheben, daß sich die soziohistorisch geprägten Abbilder der Realität nicht nur an der Bedürfnislage der handelnden Individuen orientieren, sondern ihrerseits auf die Realität zurückwirken[67].

Steht der Abbildungsprozeß also in einer der Form nach subjektiven und dem konkreten Inhalt nach objektiven Abhängigkeit von den betreffenden Erkenntnisgegenständen, so wird ‚subjektiv'[68] hier keinesfalls gleichbedeutend mit ‚individuell' oder ‚ideell' verwendet, denn das entscheidende Kriterium des Erkenntnisprozesses ist die gesellschaftliche Praxis, die in einem stetigen Prozeß von individuell-relativer zu absolut-objektiver Erkenntnis führt.

Unter der Perspektive der erkenntnisleitenden Funktion der konkreten gesellschaftlichen Praxis gibt die materialistische Erkenntnistheorie auch eine Antwort auf die Frage nach der Intersubjektivität von Abbildern:

> „Da der Mensch im Zuge seiner praktischen und gesellschaftlichen Tätigkeit erkennt, vergleicht er seine Abbilder ständig mit denen seiner Mitmenschen, sei es durch sein Verhalten oder Fehlverhalten, sei es durch Vergleichszuordnungen, sei es durch sprachliche Aussagen, wissenschaftliche Berechnungen, Experimente usw."[69].

Um einen wirklich zutreffenden Begriff vom Abbild entwickeln zu können, wäre es selbstverständlich erforderlich, ausführlich zu untersuchen, wie die Divergenz der Arten der Gegenstandsbezeichnung bei gleichem Abbild zu erklären ist. Hierbei wäre z. B. darauf einzugehen, wie die zeitlich verzögerte Realisierung des Erkenntnisinhaltes, die transsubjektive Abstraktion gewisser Objekteigenschaften im Interesse spezieller Handlungsziele, die vielfältigen Junktoren, Konnexionen und Repräsentationen auf der Abbildebene möglich sind und wie etwa das Problem, komplexe, sich wiederholende Handlungsverläufe in einem kumulativen Abbild zu fassen, gelöst werden kann.

Bei der Darstellung des Abbildungsprozesses wurde bislang noch nicht explizit thematisiert, wie das Verhältnis von Abbild und Zeichen in der materialistischen Erkenntnistheorie gefaßt wird. In seinem *Konspekt zu Hegels „Wissenschaft der Logik"* stellte Lenin fest:

„Die Entwicklung des Begriffs ‚Verhältnis' (379–394) äußerst unklar. Zu erwähnen nur, S. 394, die Bemerkung über *Symbole*, daß gegen sie im allgemeinen nichts zu sagen sei. Aber *‚gegen alle Symbolik'* ist zu sagen, daß sie manchmal nichts ist als ‚ein bequemes Mittel, es zu ersparen, die *Begriffsbestimmungen* zu fassen, anzugeben und zu rechtfertigen'. Aber gerade das ist Sache der Philosophie"[70].

Auch neueste Publikationen insistieren auf der strikten Unterscheidung von Zeichen und Abbild:

„Wir betrachten also das Zeichen als eine Verknüpfung von sprachlichem Material und ideellen Abbildern der objektiven Realität. Wir lehnen jede idealistische Verabsolutierung des Zeichens als ‚Symbol' (im Sinne des philosophischen Symbolismus oder des Neopositivismus) oder als ‚angeborenes, von der Umwelt unabhängiges Begriffskorrelat' ab"[71].

Mit dem Hinweis, daß ein Abbild dadurch charakterisiert ist, „daß es von dem Abgebildeten verschieden ist, von ihm abhängig ist und mit ihm übereinstimmt"[72], betont auch das *Philosophische Wörterbuch* die Nichtidentität von Zeichen und Abbild, die vor allem dadurch begründet wird, daß ein Zeichen nicht mit dem Bezeichneten übereinzustimmen braucht[73]. Bei der Unterscheidung einer unilateralen Betrachtungsweise des Zeichens, die in ihm „nur den physikalischen Teil, d.h. den Lautkörper oder das ihn vertretende geschriebene (gedruckte) Äquivalent sieht, dem jeweils eine Bedeutung zugeordnet werden muß"[74], und einer bilateralen Betrachtungsweise, die „im physikalischen Teil nicht das Zeichen selbst, sondern nur den Zeichenträger sieht, dem die entsprechende Bedeutung zugeordnet ist"[75], stellt sich heraus, daß die erstgenannte Zeichenformulierung bei der Behandlung von Polysemien, Kontextabhängigkeiten usw. der Komplexität sprachlicher Phänomene nicht immer gerecht werden kann. Den Mängeln des unilateralen Zeichenbegriffs gegenüber erscheint bei bilateraler Betrachtungsweise das Zeichen als

„die dialektische Einheit zwischen den historisch entstandenen und für jede Sprachgemeinschaft unterschiedlichen Lautfolgeeinheiten einerseits und den allen Menschen in gleicher Weise möglichen Erkenntniseinheiten andererseits"[76].

Daraus folgt, daß das Zeichen weder mit dem Zeichenkörper noch mit der Bedeutung identifiziert werden darf.
Nach der Beschreibung des Verhältnisses von Abbild und Zeichen interessiert im vorliegenden Zusammenhang, welche besonderen Beziehungen die materialistische Erkenntnistheorie zwischen sprachlichen Zeichen und dem Denken annimmt.
Unter der Voraussetzung, daß die Wurzeln der Einheit von Sprache und Denken im historisch-gesellschaftlichen Prozeß menschlicher produkti-

ver Tätigkeit begründet sind, ist erstens zu fragen, wie diese Einheit in phylogenetischer und ontogenetischer Hinsicht entsteht, und weshalb zweitens rationale Abbilder notwendig an Sprache gebunden sind und eine gedankliche Reproduktion der wesentlichen Beziehung der Erkenntnisobjekte darstellen.
Bei seinem Versuch, die Entstehung von Sprechen und Denken zu erklären, geht Wygotski von folgender These aus:

„Wenn nur die Menschen Bewußtsein haben, so muß man das Wesen und die qualitative Besonderheit des Bewußtseins von den Eigentümlichkeiten der Lebensweise des Menschen herleiten (durch die er sich von der Instinktgebundenheit der Tiere unterscheidet) und insbesondere von der spezifisch menschlichen Arbeitstätigkeit“[77].

Wygotski nennt zur Begründung dieser These im wesentlichen folgende fünf Aspekte, wobei er unter der Annahme eines gegenstandsbezogenen Bedeutungsbegriffs sein Hauptaugenmerk jedoch der kognitiven Sprachfunktion widmet:
1. Als *phylogenetisch* primäre Sprachfunktion ist die kommunikative Funktion der Sprache anzusehen, die als spezifisch menschliche Kommunikationsform der Kundgabe und dem Verstehen dient;
2. auf dem heutigen Entwicklungsstand erfüllt die Sprache neben kommunikativen auch kognitive Funktionen, wobei Art und Grund ihrer aktuellen Verbindung noch ungeklärt sind[78];
3. aus den konkreten Produktionsverhältnissen resultiert die Notwendigkeit der Ausbildung eines spezifisch menschlichen Mitteilungssystems, der Sprache; um den Ansprüchen menschlicher Kommunikation genügen zu können, muß Sprache die Ebene unmittelbarer Kontaktaufnahme überschreiten und Zeichenstatus gewinnen, d.h. eine spezifische Bedeutungsstruktur aufweisen;
4. Voraussetzung jeglicher kommunikativer Interaktion zwischen Individuen ist ein bestimmter Verallgemeinerungsgrad ihrer Wortbedeutungen, d.h., daß in der Kommunikation bereits auf verallgemeinerte Wortbedeutungen zurückgegriffen werden kann;
5. damit von verallgemeinerten Wortbedeutungen die Rede sein kann, ist Sprache als Einheit von Sprache und Denken zu begreifen und gleichzeitig als Einheit von Verallgemeinerung und sprachlicher Interaktion[79].
Zur weiteren Verdeutlichung dieser Vorstellung der Entstehung und des Verhältnisses von Sprechen und Denken ist näher zu betrachten, wie Wygotskis Annahme der Interpersonalität der Wortbedeutungen zu begründen ist, und inwiefern dieses induktionistische Konzept als Paradigma sprachlichen Denkens anzusehen ist.

Wygotski vertritt die Auffassung, daß die Totalität psychologischer Phänomene nur bei ‚systemischer' Betrachtungsweise zu einem adäquaten Verständnis führen kann, wohingegen jeder Erklärungsversuch, der die Totalität der Bewußtseinsphänomene aus der Summation ihrer Detailfunktionen zu erklären versucht, in spekulativ-metaphysische Erklärungen abgleiten muß. Ebenfalls ist gegen ein Analyseverfahren, das ein komplexes Ganzes in isolierte Elemente zerlegt, einzuwenden, daß nur zu leicht die erforderliche abschließende Rekonstruktion der Totalität aus dem Blick gerät oder mißlingt[79a].
Einen demgegenüber tragfähigen Analyseansatz sieht Wygotski in der Wahl der geeigneten ‚Teileinheit', die einfach genug ist, um analysierbar zu sein, und gleichzeitig all diejenigen relevanten Charakteristika aufweist, die das Ganze auszeichnen. Eine solche, alle Merkmale des Ganzen – des sprachlichen Denkens – besitzende Teileinheit ist für Wygotski die Wortbedeutung[80].
Nach Wygotskis Ansicht stellt jeder Wortgebrauch insofern eine Verallgemeinerung dar, als er nicht Konkreta ‚benennt', sondern immer schon den Verweis auf eine Objektgruppe oder -klasse impliziert. Den verallgemeinernden Charakter des konkreten Wortgebrauchs versteht Wygotski als wortgebundene Denkhandlung, die eine Widerspiegelung der objektiven Realität im individuellen Bewußtsein bewirkt. Zwischen den unmittelbaren Empfindungen und Wahrnehmungen der Objekte der Realität und den Denkhandlungen setzt Wygotski insofern qualitative Unterschiede an, als diese lediglich zu vorbewußten, sinnlichen Widerspiegelungen der Realität gelangen können, während jene abstrakte Abbilder der Realität erreichen. Den Übergang von der sinnlichen Wahrnehmung zur intellektuellen Widerspiegelung sieht er durch einen qualitativen Sprung gewährleistet, „wobei die qualitative Differenz im Wesen der verallgemeinerten Widerspiegelung der Wirklichkeit liegt"[81].
Leontjew stellt diesen Prozeß der gedanklichen Abbildung der Wirklichkeit in seinem Wygotski-Referat folgendermaßen dar:

> „Das Zeichen ist das, was Bedeutung hat. Das Zeichen vermittelt die Tätigkeit; zugleich vermittelt es mit seiner Bedeutung die Widerspiegelung selbst. Vermittelt durch die Bedeutungen, wie durch ein Prisma von Bedeutungen gebrochen, ist die psychische Abbildung der Welt zugleich die bewußte Widerspiegelung, das Bewußtsein. Die Bedeutung ist die psychologische ‚Einheit des Bewußtseins'"[82].

Zur Verdeutlichung dieser menschlichen Fähigkeit zur Verallgemeinerung und Abstraktion geht V. Z. Panfilov der Frage nach, wie dieser verallgemeinernde Charakter der menschlichen Erkenntnis seine soziohistorische Begründung in den jeweils vorherrschenden Arbeitsformen findet. Er führt vor allem drei wesentliche Aspekte an, die beim Übergang zur kollektiven Arbeitstätigkeit zu beobachten sind. Diese zeigt ein neuartiges Verhältnis des Menschen zur Natur, das insofern kennzeichnend für den Menschen ist, als es jetzt um ein Anpassungs- und Veränderungsverhältnis zur Natur geht, das folgende wesentliche Bedingungen umfaßt: 1. Jeder beliebige Arbeitsprozeß bestimmt sich sowohl aus der Beziehung zwischen dem behandelten Objekt und dem zur Behandlung verwendeten Arbeitsmittel als auch aus dem Verhältnis des zu behandelnden Gegenstands und Arbeitsmittels zu der umgebenden Realität. 2. Hinsichtlich der zielgerichteten Orientierung von Arbeitsprozessen ist bereits vor Abschluß des konkreten Arbeitsprozesses die Antizipation angestrebter Handlungsziele erforderlich, woraus einerseits die funktionale Bestimmung der Arbeitsmittel erfolgt wie andererseits auch die Auswahl geeigneter Objekte. Kurz gesagt heißt das, daß bereits auf dieser Stufe spezielle Abstraktions- und Verallgemeinerungsleistungen zu erbringen sind. 3. Die Realisierung dieser angeführten theoretisch-praktischen Leistungen wird dann möglich, wenn der Mensch sich in antizipatorischem Vorgriff von der jeweiligen Situation löst und den Entwurf einer verallgemeinernden Widerspiegelung zu leisten imstande ist[83].

Als Resultat dieser Überlegungen läßt sich feststellen, daß spezifische Handlungen einerseits aus der individuellen Einschätzung der jeweiligen Handlungssituation resultieren, wie sie andererseits aus der leitenden Funktion angestrebter Handlungsziele bestimmt werden. Um nach der Erkenntnis des zu behandelnden Gegenstandes zur erfolgreichen Realisierung spezifischer Handlungsintentionen gelangen zu können, ist es jedoch erforderlich, die Erkenntnisresultate anderen Individuen mitteilen zu können, was wiederum die Existenz eines geeigneten Mitteilungsmediums voraussetzt. Diese Betrachtungsweise verdeutlicht, daß zwar unterschiedliche Entwicklungslinien von Sprache und Denken zu konstatieren sind, mit der Erreichung spezieller gesellschaftlicher Arbeitsformen diese beiden Entwicklungslinien jedoch konvergieren, so daß es sich verbietet, sie weder zukünftig isoliert voneinander zu betrachten, noch eine Isolierung von Sprache und Denken vorzunehmen.

Dieser letztgenannten Frage, wie die einheitliche Bestimmung von Sprache und Denken anzusetzen ist, ohne Mißverständnisse zu erzeugen, die sich entweder aus der Polarisierung oder der Identifizierung ergeben, ist auch A. Schaff nachgegangen. Er führt diese Frage auf die grundsätzliche Auseinandersetzung zwischen einem monistischen und einem dualistischen Standpunkt zurück und beantwortet sie dahingehend, daß ein zweiphasiges Erkenntnismodell, in dem Erkenntnis und Kommunikation einander gegenübergestellt werden, insofern recht unglücklich sei, als es suggeriere,

„daß man außersprachlich ‚für sich' denken könne und die Worte nur zur zwischenmenschlichen Kommunikation notwendig seien. Im Grunde wird jedoch die Erkenntnisfunktion des Denkens nicht *ohne* Sprache realisiert; andererseits wird die Mitteilungsfunktion der Sprache nicht ohne Denken verwirklicht"[84].

Schaff führt zur Widerlegung der dualistischen Sichtweise einige Argumente an, die er gleichzeitig als Begründung des monistischen Ansatzes versteht. Ein erstes Mißverständnis sieht er darin, daß bei Identifizierung von Denken und Sprechen gedankliche Prozesse als ausschließlich sprachliche Prozesse, als mit den Erfordernissen der Grammatik übereinstimmende Vorgänge aufgefaßt werden. Demgegenüber ist einzuwenden, daß Sprache und Denken nicht nur gesonderte, sondern bei historischer Betrachtungsweise auch voneinander unabhängige Erscheinungen sind. Andererseits stellt sich das Verhältnis der beiden in Frage stehenden Komponenten auf der aktuellen Entwicklungsebene so dar, daß kein Denkprozeß unabhängig von der Sprache vollziehbar ist. Diese Auffassung, die die begriffliche Seite des Denkens in den Vordergrund stellt, wodurch die enge Beziehung zur Sprache im Sinne eines Zeichensystems hervorgehoben wird, verdeutlicht andererseits, daß Denkprozesse nicht ausschließlich auf Grund sprachlicher Operationen zustande kommen, so daß die Identifizierung der beiden Komponenten ausgeschlossen ist[85]. Dieser Begriff von Denken findet bei Panfilov eine ähnliche Formulierung:

„Der Inhalt des abstrakten verallgemeinernden Denkens ist letztlich das Ergebnis der Widerspiegelung der Realität, der unterschiedlichen Formen der sich bewegenden Materie. Seine Verbindung mit der objektiven Realität wird mit Hilfe derselben Materie in Gestalt materieller sprachlicher Formen hergestellt"[86].

Einen zweiten problematischen Aspekt des dualistischen Ansatzes sieht Schaff in der irrigen Auffassung,

„daß man mit Hilfe reiner Bildassoziationen denken könne und die Sprache erst *ex post* in das Denken eingehe. Die Worte, die Sätze sollen ‚das äußere Gewand' des Produkts eines solchen außersprachlichen Denkvorgangs sein; wenn man anderen die Ergebnisse dieses Prozesses mitteilen will, seien sie zwar unentbehrlich, aber weder zu seinem Verlauf noch zur Verwertung seiner Ergebnisse für den Gebrauch notwendig"[87].

Nach Schaffs Auffassung ist an dieser Betrachtungsweise zu kritisieren, daß grundsätzlich jedes Problem, das in der menschlichen Lebenspraxis zu bewältigen ist, vor seiner praktischen Lösung in sprachlichen Kategorien erfaßt werden muß. Weiterhin kann auch die praktische Problemlösung nicht sprachlos vonstatten gehen, da ein stetiger Vergleich des erreichten Problemlösungsstadiums mit dem Ausgangspunkt und dem Handlungsziel notwendig ist.

In einer weiteren Hinsicht geht Schaff schließlich auf das Mißverständnis ein, die Vielzahl existierender Sprachen und ihre Veränderlichkeit in der Geschichte als Argument dafür zu benutzen, daß es abstraktes Denken unabhängig von und vor seiner Verbalisierung gebe[88]. Diese ahistorische Betrachtungsweise übersieht seiner Ansicht nach, daß sich Wortneubildungen und semasiologische Erscheinungen nicht als Belege für die Existenz abstrakten Denkens vor der Sprache verwenden lassen; auf Grund der praktisch geleiteten menschlichen Erkenntnis bestätigen sie vielmehr, daß bei Entstehung neuartiger Sachverhalte deren sprachlich-gedankliche Erfassung erforderlich ist, denn bei Auftreten neuartiger gesellschaftlicher Probleme, die eine Differenzierung der bisherigen Begrifflichkeit verlangen, ist Sprache bereits bei der Einordnung, Bewältigung und Formulierung dieser Phänomene einbegriffen.

Die von A. Schaff angeführten Argumente für die Einheit von Sprache und Denken in einem einheitlichen, gesellschaftlichen Prozeß menschlicher Welterkenntnis, die ihre Ursprünge in der Entwicklungsgeschichte des Menschen findet und im gesellschaftlichen Arbeitsprozeß ausgebildet wurde, können als Begründung eines sprachlich-gedanklichen Monismus aufgefaßt werden.

Von besonderem Interesse ist im vorliegenden Zusammenhang die Auswirkung dieser Überlegungen auf die Bestimmung des Verhältnisses von Semiotik und Erkenntnistheorie. Resnikow vertritt hierbei folgenden Standpunkt:

> „Grundlage der Erkenntnistheorie des dialektischen Materialismus ist die Widerspiegelungstheorie. Sie geht davon aus, daß Empfindungen, Wahrnehmungen, Vorstellungen und Begriffe *Abbilder* der Gegenstände und Erscheinungen der Wirklichkeit sind, nicht aber deren Zeichen. [...] Wären Abbilder eine Art von Zeichen, dann wäre selbstverständlich auch die Abbildung eine Art der Bezeichnung, und die Widerspiegelungstheorie fiele dann tatsächlich mit der Zeichentheorie zusammen“[89].

Da seiner Auffassung nach eine Interpretation von Abbildern als spezifische Zeichenart die tatsächlich vorherrschenden Beziehungen auf den Kopf stellte, ergibt sich bei materialistischer Betrachtungsweise daraus die Konsequenz, Semiotik als denjenigen Teilbereich der Erkenntnistheorie zu bestimmen, in dem die Repräsentation der bezeichneten Gegenstände in Erkenntnis- und Kommunikationsprozessen untersucht wird.

B. A. Serébrennikow schreibt:

„In der Korrelation ‚Zeichen – reale Wirklichkeit' dienen die ersten als Bezeichnung der zweiten, sind sie zugleich Träger ‚ihres verallgemeinerten Abbilds', indem sie sich organisch fest mit dem entsprechenden Begriff oder seinen einzelnen Merkmalen verbinden, die den semantischen Werten der sprachlichen Einheiten zugrunde liegen", und er fährt fort: „Bei dialektisch-materialistischer Lösung der erkenntnistheoretischen Frage werden bei der Gestaltung der Zeichenbedeutung alle drei miteinander zusammenhängenden Elemente der Semiosis in bestimmter Weise widergespiegelt: das erkennende Subjekt, das zu erkennende Objekt und das den Erkenntnisprozeß fördernde sprachliche Zeichen"[90].

G. Klaus stellte 1969 fest, „daß eine marxistisch betriebene Semiotik bzw. Semantik ein echter Bestandteil der marxistischen Erkenntnistheorie sein kann und sein muß" und betont an anderer Stelle:

„Die materialistische Abbildrelation hat ihre semiotische, d.h. semantische, syntaktische und pragmatische Seite! Es ist absolut nicht einzusehen, weshalb eine Beschäftigung mit diesen Fragen idealistisch sein soll. Das hängt doch ganz davon ab, ob man die Abbildrelation als eine Beziehung zwischen Komplexen von Sinnesempfindungen und Begriffen bzw. Worten betrachtet oder als eine Beziehung zwischen einer objektiv und real existierenden materiellen Welt und einem diese Welt abbildenden Bewußtsein, das in einem langen Entwicklungsprozeß selbst aus dieser materiellen Welt hervorgegangen ist"[91].

M. Reschke hat sich kritisch zu der von G. Klaus vertretenen Position geäußert. Ausgehend von der Kritik an der von G. Klaus vorgeschlagenen Beschränkung des Gegenstandsbereichs der Semiotik auf sprachliche Zeichen, stellt Reschke die Frage, inwieweit das Zeichen selbst dazu fähig ist, ein Abbild der von ihm bezeichneten Erscheinungen der Realität zu liefern, so wie man es von den Begriffen kennt[92]. Zur Beantwortung dieser Frage ist nach Reschke zu überprüfen, ob in der Zeichensituation eine unmittelbare Beziehung zwischen dem materiellen Zeichenträger und dem immateriellen Begriff vorliegt, der als spezielles Abbild des bezeichneten Gegenstandes zu beschreiben ist; oder es ist, in Umkehrung der Frage, zu untersuchen, ob zwischen dem Abbild des Objektes, das vom Zeichen bezeichnet wird, und dem Zeichen eine direkte Beziehung besteht[93]. Reschke gelangt zu dem Ergebnis, daß kein Anlaß dazu besteht,

„die realen Zusammenhänge zwischen den Erkenntnisprozessen und den sprachlichen Zeichen zu leugnen. Daß aber in der Zeichensituation eine reale Beziehung direkter Art zwischen den Elementen Z und O bestehen soll, können wir uns nicht vorstellen"[94].

Hinsichtlich der von G. Klaus vorgenommenen Funktionsbestimmung der Semiotik in erkenntnistheoretischer Sicht ist dann festzustellen:

„Bestreiten wir im oben ausgeführten Sinne direkte Beziehungen zwischen den Zeichen und den von ihnen bezeichneten Objekten, dann wird die ‚Sigmatik' gegenstandslos. Erst recht kann sie der ihr zugedachten Aufgabe, die Semiotik materialistisch zu fundieren, nicht nachkommen"[95].

G. Klaus' Auffassung und M. Reschkes Erwiderung bildeten den Ausgangspunkt einer intensiven, annähernd zehnjährigen Debatte, in die zahlreiche Wissenschaftler unterschiedlichster Disziplinen eingriffen. Erwähnt sei hier lediglich die Ansicht von H. Wessel, der die Rolle einer marxistisch betriebenen Semiotik bei der Entwicklung einer Methodologie der Einzelwissenschaften und in der Erkenntnistheorie sehr hoch einschätzt und dabei im Sinne Resnikows Semiotik als allgemeine Theorie der Zeichen und der Zeichensysteme beschreibt[96]. L. A. Abramjan, der Semiotik nicht als Teilgebiet der Philosophie, sondern als Einzelwissenschaft begreift, bestimmt die Zeichenbedeutung aus einer zweiseitigen Relation des Zeichens zum bezeichneten Gegenstand. Daraus folgt, daß die Bedeutung nicht den gleichen objektiven Status hat wie die Gegenstände der Realität, weil ein Zeichenbenutzer impliziert ist, so daß sich die Zeichenbedeutung als Bewußtseinstatsache erweist. Andererseits ist aber gleichzeitig ihre objektive Natur insofern zu betonen, als sie sich als

„abstrakte Bezogenheit der sinnlichen Hülle des Wortes zum bezeichneten Gegenstand darstellt, zudem gesellschaftlich gewachsen und im Bewußtsein einer bestimmten Sprachgemeinschaft fixiert und deshalb auch unabhängig vom Bewußtsein des Individuums sei"[97].

Wiederum eine andere Position vertritt A. A. Wetrow, der den Nachweis versucht, daß weder Logik noch Linguistik Bestandteile der Semiotik sind. Seiner Ansicht nach weisen Linguistik, Logik und Semiotik lediglich im Bereich der Theorie der Kalkülsprachen Berührungspunkte auf[98]. Wetrow kennzeichnet die Semiotik durch ihr Desinteresse an der *Struktur* der Sprache und ihre besondere Aufmerksamkeit für ihre

„Natur (einschließlich der Natur der Bedeutungen der sprachlichen Elemente). Indem sie Sprachsituationen von Menschen, Tieren und kybernetischen Systemen vergleicht, gibt sie die allgemeinste Definition der Sprache. Sie zeigt, was allen Sprachsituationen gemeinsam und was für jede derselben spezifisch ist. Unter diesem Gesichtswinkel wird die Sprache weder von der Linguistik noch von der Logik betrachtet. Gerade deshalb ist weder der Gegenstand der Linguistik noch der der Logik ein Teil des Gegenstandes der Semiotik"[99].

H. Spitzbardt weist auf die scheinbar triviale und dennoch oft übersehene Tatsache hin,

„daß im Kommunikationsakt nicht Gedanken als solche ausgetauscht werden, sondern – ganz im Gegenteil zur landläufigen Redewendung ‚mit jemandem in Gedankenaustausch treten' – deren dialektische materielle Komplemente als akustische oder schriftliche Zeichen. Unseres Erachtens stellt erst die bewußtseinsmäßige Verknüpfung unter den einander zugeordneten Objekt- und Zeichenabbildern, also die bei Klaus nicht vorhandene Relation R (O′, Z′) und nicht wie bei Klaus R (O, Z) eine ideelle Beziehung her, die wir schlechthin als ‚Bedeutungsfunktion' bezeichnen dürfen"[100].

Diese Überlegungen veranschaulicht Spitzbardt in folgender Weise:

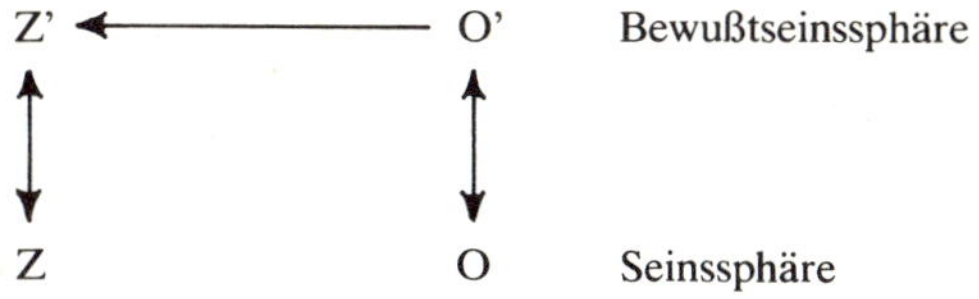

und erläutert:

„Wichtig ist die Wechselbeziehung zwischen Z′ und O′ in der Bewußtseinssphäre. Diese Verbindung ist nichts anderes als die Verbindung des widergespiegelten Objektes mit einem es bezeichnenden widergespiegelten Zeichen"[101].

G. Meinhold befaßt sich mit der ursprünglich von G. Klaus getroffenen Differenzierung von Zeichengestalten und Zeichenträgern, wobei er, ähnlich den Ergebnissen Spitzbardts, betont:

„Der Regelkreis *Struktur – Abbild (Gestalt, Invariante) – Realisation – erneutes Abbild* mit den korrektiven Einwirkungen durch die Analyse des Kommunikationseffektes bzw. der Reaktion des Empfängers, denen Praxiseigenschaften zuzuschreiben sind (wobei sie nur einen kleinen Ausschnitt der gesellschaftlichen Praxis darstellen), zwingt zu einer dialektischen Betrachtung des Verhältnisses von Zeichensubstanz (Zeichenträger) zu Zeichenabbild (Zeichengestalt), die einer Verabsolutierung und Fehleinschätzung der einen oder anderen Seite vorbeugt"[102].

Aus diesen Überlegungen zur Bestimmung des Verhältnisses von Semiotik und Erkenntnistheorie folgt, daß eine doppelte Widerspiegelungsbeziehung[103] anzusetzen ist, die einerseits das Erkenntnisobjekt betrifft und andererseits den soziokulturellen Kontext, der die konkreten Impulse des konkreten Erkenntnisprozesses hervorruft[104].
Die Übernahme dieser Auffassung zeichnet sich beispielsweise in dem Sammelband *Theoretische Probleme der Sprachwissenschaft* ab, wo es im Anschluß an A. W. Wostrikow heißt:

„Zum Unterschied von der idealistischen Zeichenauffassung betrachtet die dialektisch-materialistische Erkenntnistheorie jedes Zeichensystem als wichtigstes Mittel der Bildung und des Ausdrucks der Gedanken, Begriffe, wissenschaftlichen Theorien, die ihrerseits die objektive Realität widerspiegeln. Zeichen und Zeichensysteme werden als bedingte Bezeichnung irgendeines Objektes und als Mittel zur Bildung und zum Ausdruck des Gedankens über dieses Objekt betrachtet. Zwischen dem lautlichen oder graphischen Zeichen und dem von ihm Bezeichneten gibt es keine kausal bestimmte Beziehung. Die Verbindung [...] zwischen Zeichen und Objekt, die Wechselwirkung zwischen seiner Form und dem Objekt wird nur über das sinnliche oder gedankliche Abbild verwirklicht.

Die erkenntnistheoretische Rolle des Zeichens hängt unmittelbar von dem Abbild ab, in dem der Gegenstand und die entsprechende materielle Hülle des Zeichens selbst widergespiegelt werden“[105].

Die Verbindung zwischen der von der jeweiligen Sprachgemeinschaft vorgegebenen Lautfolge (dem Formativ) und dem entsprechenden Abbild (der Bedeutung) findet in Lehrsituationen statt, wobei hervorzuheben ist, daß die Zeichenrelation „nicht logischen, individuellen gnostischen oder von den Verhältnissen der Umwelt bestimmten Gesetzmäßigkeiten [entspricht], sondern im wesentlichen von der Gesellschaft, hier der Sprachgemeinschaft, bestimmt wird“[106].
Nach der Differenzierung der menschlichen Lebenspraxis in die drei vielfach miteinander verknüpften und ineinander übergreifenden Bereiche der Erkenntnis-, Kommunikations- und Arbeitstätigkeit kann jetzt das Verhältnis von Semiotik und Erkenntnistheorie folgendermaßen gefaßt werden: Semiotik als Theorie sprachlicher und nichtsprachlicher Zeichen und Zeichensysteme erscheint einerseits als übergreifende und integrierende Theorie, die in ihren Teilbereichen die speziellen Relationen untersucht, in denen Zeichen fungieren, und die andererseits auf Grund ihrer systemischen Natur den einheitlichen Charakter der Zeichenprozesse gewährleistet. Die Erkenntnistheorie ist im Sinne des dialektischen Materialismus vor allen Dingen auf die Erforschung der Struktur und der Regularitäten des individuellen und gesellschaftlichen Erfahrungs- und Erkenntnisprozesses gerichtet, wobei sie sich insbesondere um die Klärung des Verhältnisses von Realität, Sinneserfahrung, Sprache und Denken bemüht. Aus dieser Charakterisierung folgt, daß in den neuesten Arbeiten zur materialistischen Erkenntnistheorie zwischen Semiotik und Erkenntnistheorie kein Subordinationsverhältnis, sondern eine wechselseitige Implikationsbeziehung angenommen wird.
Bereits bei der Betrachtung der Entwicklung von Sprachwissenschaft, Philosophie und Semiotik in der Sowjetunion konnte seit etwa 1947 eine deutliche Abkehr von älteren dogmatischen Positionen konstatiert werden. M. Zubatý belegt anhand zahlreicher Textstellen, daß die ursprüngliche Widerspiegelungstheorie, wie sie von Lenin formuliert und von Stalin kanonisiert worden war, durch ‚Berücksichtigung der subjektiven Seite‘ des Erkenntnisprozesses, der ‚Spezifik des Psychischen‘ und der ‚relativen Autonomie des Theoretischen‘ revidiert wurde[107]. Auch wenn Zubatý und andere zu Recht von neuen Tendenzen in der Erkenntnistheorie des dialektischen Materialismus sprechen, die sich vom ‚dogmatischen Pseudoobjektivismus‘ abkehren, und die Erkenntnisleistung des Subjekts im Sinne einer relativen

Selbständigkeit des theoretischen Denkens verstärkt behandeln, bleiben dennoch einige Fragen der nach wie vor als Widerspiegelungstheorie bezeichneten materialistischen Erkenntnistheorie offen, die im folgenden etwas eingehender betrachtet werden sollen.

Vor der Erörterung einiger zentraler Aporien der Widerspiegelungstheorie ist festzustellen, daß eines ihrer immer wiederkehrenden Charakteristika in der Deduktion zentraler Argumentationsmuster aus nicht hinterfragten bzw. der Hinterfragung entzogenen Grundannahmen besteht. Als besonders markante Beispiele aus dem vorliegenden Zusammenhang seien lediglich das ‚Evolutions'-Konzept und die Annahme einer organischen Verbindung von Zeichen und Begriff erwähnt. Diese Vorbemerkung erscheint besonders deshalb erforderlich, weil in der oftmals ausbleibenden Begründung weitreichender Behauptungen ein Hauptmangel des zur Diskussion stehenden Ansatzes zu suchen ist.

Der erste gravierende Einwand gegen die Widerspiegelungstheorie richtet sich gegen das ihr zugrunde liegende Repräsentationsmodell, nach dem jedes Abbild – und mit ihm jedes sprachliche Zeichen – Objekte, Erscheinungen, Zusammenhänge der Realität repräsentiert bzw. widerspiegelt. Um eine Zeichenbeziehung herstellen zu können, muß eine Theorie der Repräsentation sowohl entwickelte Zeichengestalten annehmen als auch eine Ebene präexistenter Bedeutungen, denen die Zeichen zugeordnet werden können. Dieser Auffassung entsprechend erklären Verfechter der Widerspiegelungstheorie, daß

„ein materielles sprachliches Element einerseits und eine auf dem Abbild der Realität im menschlichen Gehirn beruhende Bedeutung anerkannt wird"[108].

Die Relation dieser beiden Pole erscheint dann folgendermaßen:

„Die Zuordnung zwischen Lautkörper und Bedeutung vollzieht sich in der Ontogenese des Kindes im Prozeß der Spracherlernung nach den von der vorhergehenden Generation gesetzten Normen"[109].

Ein solcher Begriff der Zuordnung muß jedoch letzten Endes auf eine Konvention zurückgreifen. Resnikow hat sich zwar mehrfach energisch gegen den Konventionalitätsbegriff ausgesprochen und die Zeichenbeziehung statt dessen als Determinationsverhältnis beschrieben, aber damit lassen sich Konventionalitätsvorstellungen nicht eskamotieren, denn was ist Determination in diesem Zusammenhang anderes als eine autoritäre Form der ihrerseits kritikbedürftigen Konventionalitätskonzeption?

Die Unhaltbarkeit der Widerspiegelungstheorie wird dort offenbar, wo sich erweist, daß sie ebenso wenig wie irgendein anderes Reräsenta-

tionsmodell zu einer befriedigenden Erklärung von ‚Innovation', ‚Entwicklung', ‚Veränderung' oder ‚Irrtum' in der Lage ist, da sie stets von der apodiktischen Geltung einer Repräsentationsbeziehung ausgehen muß. Versuchen, die bei grundsätzlicher Aufrechterhaltung des Repräsentationsschemas den Zuordnungsmechanismus und die Zeichenbildung mit der Einführung der sog. bilateralen Betrachtungsweise des sprachlichen Zeichensystems relativieren wollen, sind deshalb Grenzen gesetzt, weil sie zur Überbrückung der Kluft zwischen einem aus einem physikalischen Teil und der Bedeutung bestehenden Zeichen und der Realität letztlich doch auf die Mechanik der Widerspiegelung, und das heißt auf die Repräsentationsfigur angewiesen sind.
Nach Wundts bahnbrechender Entdeckung des Schlußcharakters unserer Sinneswahrnehmungen erscheint es angebracht, anstelle eines Repräsentationsmodelles ein Deutungsmodell im Sinne von C. S. Peirce anzunehmen, der die grundlegende Funktion von Zeichen nicht in der Repräsentation bereits bekannter Objekte, sondern im *hypothetischen Schluß auf an sich noch unbekannte Objekte* sah.
Wenn es Peirce gelungen ist, mit der Interpretanten-Relation das Zeichen aus dem Repräsentationsmodell zu lösen, so impliziert der abduktive Charakter seines Deutungsmodells keineswegs die Ablösung von der Erfahrungssituation, sondern verlangt vielmehr die Überprüfung der Adäquatheit der Zeichen in praktischen Sinnklärungsprozessen[110].
Gegen den Ansatz der Widerspiegelungstheorie ist wiederholt der Vorwurf erhoben worden, sie behaupte eine prinzipielle Unabhängigkeit des Erkenntnisobjektes von dem erkennenden Subjekt. Diese erkenntnistheoretische Position, die ohne Zweifel eine wichtige (partei-)politische Funktion dort einnahm, wo es sowohl um die Durchsetzung der leninschen Erkenntnistheorie gegenüber konkurrierenden Entwürfen als auch um die deutliche Abgrenzung von materialistischen und idealistischen Ansätzen in der Erkenntnistheorie ging, offenbart jedoch bei der Frage nach der ‚gesellschaftlichen Objektivität' individueller und gesellschaftlicher Erkenntnisprozesse dann ihre Unhaltbarkeit, wenn sie nicht zu einer angemesseneren, differenzierteren, materialistischeren Beantwortung der ‚Grundfragen der Philosophie' findet. Da die Lösung dieses umfangreichen Problems nur in langwieriger interdisziplinärer Forschungsarbeit erreicht werden könnte, ist im vorliegenden Zusammenhang die Beschränkung auf einige Bemerkungen zur Bestimmung des Verhältnisses von Natur und Gesellschaft erforderlich, um daraus verallgemeinernd auch auf die Beziehungen

zwischen Objektivismus und Subjektivismus, Sein und Bewußtsein, Arbeit und Sprache, Praxis und Erkenntnis, und nicht zuletzt Sprache und Denken schließen zu können.
Karl Marx hat sich in seinen Werken immer von der grundlegenden Einsicht in die wechselseitige Verschränkung von Natur und Gesellschaft leiten lassen, indem er Natur als gesellschaftliche Kategorie und Gesellschaft als Naturkategorie beschrieb, wobei er den Vermittlungscharakter der produktiven Tätigkeit des Menschen stetig hervorhebt:

„Als Bildnerin von Gebrauchswerten, als nützliche Arbeit, ist die Arbeit daher eine von allen Gesellschaftsformen unabhängige Existenzbedingung des Menschen, ewige Naturnotwendigkeit, um den Stoffwechsel zwischen Mensch und Natur, also das menschliche Leben zu vermitteln"[111].

Diese grundlegende Feststellung, die nicht von einer Trennung in Natur und Gesellschaft ausgeht, sondern vielmehr ihre soziohistorische Vermitteltheit als fundamental ansieht, erläutert Marx an anderer Stelle folgendermaßen:

„Die Arbeit ist zunächst ein Prozeß zwischen Mensch und Natur, ein Prozeß, worin der Mensch seinen Stoffwechsel mit der Natur durch seine eigene Tat vermittelt, regelt und kontrolliert. Er tritt dem Naturstoff selbst als eine Naturmacht gegenüber. Die seiner Leiblichkeit angehörigen Naturkräfte, Arme und Beine, Kopf und Hand, setzt er in Bewegung, um sich den Naturstoff in einer für sein eigenes Leben brauchbaren Form anzueignen. Indem er durch diese Bewegung auf die Natur außer ihm wirkt und sie verändert, verändert er zugleich seine eigene Natur"[112].

Wenn Marx *bei historischer Betrachtungsweise* die Priorität der Natur vor ihrer gesellschaftlichen Vermittlung betont, so geschieht das keineswegs im Sinne eines vermittlungslosen Objektivismus, sondern beschreibt einerseits in Übereinstimmung mit seiner Auffassung von Erkenntnistheorie als Philosophie der Weltgeschichte[113], daß sich „die Erde [...], wie sie den Menschen ursprünglich mit Proviant, fertigen Lebensmitteln ausrüstet, [...] ohne sein Zutun als der allgemeine Gegenstand der menschlichen Arbeit vorfindet"[114]; andererseits aber kommt der äußeren Natur historisch gesehen zwar die Priorität zu, aber „diese der menschlichen Geschichte vorhergehende Natur ist ja nicht die Natur [...], die heutzutage [...] existiert"[115], wie Marx und Engels gegen Feuerbach einwandten.
Dieses letztgenannte Zitat betont allerdings nicht nur die Existenz einer historisch präexistenten Natur, sondern verfolgt – im Zusammenhang mit der Feuerbach-Kritik – das Interesse, dadurch einen Ausweg aus den gesamten früheren Materialismuskonzeptionen zu finden, daß neben der in der Anschauung gegebenen Natur vor allem auch die

subjektive Komponente der menschlichen Erkenntnistätigkeit erfaßt wird:

„Der Hauptmangel alles bisherigen Materialismus (den Feuerbachschen mit eingerechnet) ist, daß der Gegenstand, die Wirklichkeit, Sinnlichkeit nur unter der Form des *Objekts oder der Anschauung* gefaßt wird; nicht aber als *sinnliche menschliche Tätigkeit, Praxis,* nicht subjektiv"[116].

Als wichtigstes Ergebnis der bisherigen Darstellung ist hervorzuheben, daß Marx keine Polarität zwischen Natur, Geschichte und Gesellschaft konstruierte, wie es die spätere stalinistische Trennung in dialektischen und historischen Materialismus suggeriert, die auch in der Subjekt-Objekt-Mechanik der Widerspiegelungstheorie ihren Niederschlag fand, sondern als erkenntnistheoretischen Basisbegriff die untrennbare Verschränkung von Natur und Gesellschaft durch die Vermittlung der menschlichen Tätigkeit ansah.
A. Leist betont die konstitutive Bedeutung der menschlichen Tätigkeit in gesellschaftlich organisierten Arbeitsprozessen in der Marxschen Erkenntnistheorie:

„Die dialektische Formung einer in ihrer formalen Struktur festgelegten menschlichen Natur, die zugleich substantiell die subjektive Natur als erarbeitete, den wirklichen Mensch als ‚Resultat seiner eigenen Arbeit begreift', die mit Arbeit als Vermittlungskategorie zwischen objektiver und subjektiver Natur nicht nur die Realität den Bedürfnissen gemäß umarbeitet, sondern im Aneignungsprozeß der äußeren Natur auch die innere erst herausstellt und Bedürfnisse ‚produziert', ist aber die Bestimmung von ‚Gegenständlichkeit', wie sie Marx in den *Pariser Manuskripten* in der Doppelung von Tätig-sein und Leidend-sein beschreibt"[117].

Daß die gesellschaftliche Praxis nicht nur erkenntnistheoretische Bedeutung besitzt, sondern als die primäre Erkenntniskategorie anzusehen ist, entwickelt Marx in seiner achten These gegen Feuerbach:

„Alles gesellschaftliche Leben ist wesentlich *praktisch*. Alle Mysterien, welche die Theorie zum Mystizismus veranlassen, finden ihre rationelle Lösung in der menschlichen Praxis und in dem Begreifen dieser Praxis"[118].

Stellt man diese grundlegende Feststellung in den Zusammenhang der von Engels formulierten Überlegung[119], daß es keine Materie als solche gibt, sondern Materie eine Abstraktion von sinnlich existierenden Materien ist, dann wird unmittelbar deutlich, daß eine materialistische Erkenntnistheorie ihren Ausgang nicht bei einem abstrakten Materiebegriff nehmen kann, sondern nur in der gesellschaftlichen Praxis. Gleichfalls einleuchtend ist unter dieser Voraussetzung, daß die kurzschlüssige Anwendung der Formel ‚das Sein bestimmt das Bewußtsein' dann sehr schnell zu mechanistischen Vorstellungen der tatsächlich vorherrschenden komplexen Wechselbeziehungen zwischen Natur und

Gesellschaft führen muß, wenn ein starrer Gegensatz von Natur und Gesellschaft verabsolutiert wird[120].

Aus den genannten Einwänden gegen eine mechanistische Erkenntnistheorie, die auf einer starren Subjekt-Objekt-Beziehung beharrt und dabei die entscheidende erkenntnisleitende Funktion der gesellschaftlichen Praxis aus dem Blick verliert, verbietet es sich, weiterhin von einer Auffassung auszugehen, die unter Erkenntnisresultaten nichts anderes verstehen kann als unmittelbare Einwirkungen von Objekten, da sie den historischen Vermittlungscharakter sozialer Beziehungen außer acht läßt. Zu diesem Ergebnis gelangt A. Schmidt:

„Damit entfällt auch die primitive Vorstellung von Erkenntnis als Abbild, bei der Bewußtsein und Gegenstand einander schroff entgegengesetzt werden und die für letzteren konstitutive Rolle der Praxis außer Betracht bleibt. Die gegenständliche Welt ist kein bloß abzubildendes An-sich, sondern in hohem Maße ein gesellschaftliches Produkt"[121].

Die angeführten Argumente gegen den Objektivismus in der Erkenntnistheorie implizieren nun keineswegs die Abwendung von dem Erkenntnismodell, das Sinnkonstitution aus der historisch gesellschaftlichen Vermittlung von Natur und Gesellschaft im Prozeß produktiver Tätigkeit beschreibt, sondern verlangen vielmehr die sorgfältige Klärung der Frage, wie unter der Perspektive der erwähnten ‚Klassiker'-Zitate Erkenntnis als Einheit von Sprache und Arbeit zu beschreiben ist. Zur systematischen Orientierung eines solchen Ansatzes geht A. Leist von der Einsicht aus:

„Arbeit und Erkenntnis werden dergestalt aufeinander bezogen, daß die nur in stofflichen Formen erfahrbare Welt nur erfahren werden kann, *weil* und *wie* diese Formen real produziert worden sind", und er fährt fort: „Da die Produktion der Natur zugleich Entfaltung der menschlichen Sinnlichkeit ist, wird wie die Aneignung der Natur auch ihre Erkenntnis nicht in einem Schlage vollzogen, sondern Erfahrung konstituiert sich für die ‚subjektive Natur' im Rahmen *objektiver* Bedingungen"[122].

Um unter dieser Voraussetzung sowohl zu einer Antwort auf die Frage, in welcher Weise die Vermittlungstätigkeit der historisch gesellschaftlichen Praxis vorzustellen ist, als auch zu einer Klärung der Ausdrucksfunktion gegenständlicher Beziehungen zu gelangen, sollen zusammenfassend einige Thesen zur erkenntnistheoretischen Funktion von Sprache aufgestellt werden.

Wenn man eingesehen hat, daß eine Polarisierung des Subjekts und des Objekts der Erkenntnisbeziehung unhaltbar ist, und die wirklichkeitskonstituierende Rolle der Einheit von subjektiven und objektiven Faktoren in einem übergreifenden Prozeß gesellschaftlicher Praxis festgestellt hat[123], ist die Konstitutionsfunktion der Sprache in ihrer

Beziehung zum Arbeitsprozeß und zur Gesellschaft zu betrachten. C. Hering stellt in seinem Aufsatz *Sprache, Arbeit, Gesellschaft* fest, daß die Priorität der Sprache

„auch dort, wo sie sich unter dem scheinhaften Aspekt von Autonomie und Selbständigkeit dessen gar nicht mehr bewußt ist, das Problem des gesamtgesellschaftlichen Reproduktionsprozesses ist, ohne dessen Gewährleistung und Bewältigung menschliches Leben überhaupt nicht existent wäre“[124].

Unter dieser Voraussetzung ist eine Betrachtungsweise ausgeschlossen, die von der Existenz von Arbeitsbeziehungen ausgeht, zu denen dann irgendwann die Sprache hinzutritt; vielmehr erfordert die gesellschaftliche Bearbeitung der Natur immer schon die gleichzeitige Bewältigung körperlicher und geistiger Reproduktionsbedingungen. Aus dieser Einsicht heraus warnt Hering davor, das ‚logische' Verhältnis zwischen Sprache, Arbeit und Gesellschaft in ein historisches Nacheinander aufzulösen, weil dann die konstituierende Funktion der Sprache für Arbeit und Gesellschaft nicht mehr sinnvoll bestimmt werden kann[125].

Wenn also grundsätzlich gilt, daß die Erfahrung der Realität nur durch die Vermittlung einer sprachlich formulierten Erkenntnis*hypothese* möglich ist, wie es C. S. Peirce in seinem abduktiv verfahrenden Zeichenmodell entwickelt hat, und wenn sich unter der umfassenderen Perspektive der langue-Entwicklung nicht leugnen läßt, „daß der Akt der Zeichenkonstitution im ‚regulären Leben der Sprache' keine ‚creatio ex nihilo' darstellt, sondern eingelassen ist in eine ‚Balance zwischen historischen und sozialen Faktoren'“[126], dann ist es gleichfalls offensichtlich, daß eine dichotomisch entwickelte Widerspiegelungstheorie den tatsächlich vorherrschenden Problemen der gegenstandskonstituierenden Leistung menschlicher Erkenntnis in der gesellschaftlichen Praxis nicht gewachsen ist. Wenn andererseits die vorangegangenen Erörterungen zu dem Ergebnis führten, daß sich das menschliche Denken weder als Abdruck oder Reflex der äußeren Natur und der gesellschaftlichen Umgebung noch als Entsprechung abstrakt vorgegebener Begriffe beschreiben läßt, die lediglich noch bezeichnet werden müssen, dann wird einsichtig, daß Erkenntnis nur beschreibbar ist als an ihrem jeweiligen historischen Ort vollzogene semiotische Konstitution lebenspraktisch relevanter Umweltbeziehungen.

III.

L. O. Resnikow hat sich in seinen sprachwissenschaftlich-philosophischen Arbeiten im wesentlichen auf die Behandlung der folgenden drei Themenkomplexe konzentriert:

1. In seinen sprach- und begriffsgeschichtlichen Studien *Zur Frage der Genesis des menschlichen Denkens* (1945), *Das Problem der Begriffsbildung in sprachgeschichtlicher Sicht* (1946), *Die erkenntnistheoretischen Grundlagen des Zusammenhangs von Denken und Sprache* (1958), *Kritik der relativistischen Auffassung vom Wort* (1958), *Wort und Begriff* (1958), *Zur Wahrheit der Begriffe* (1960) und *Das Problem der Bedeutung des Wortes im Lichte der Leninschen Theorie der Widerspiegelung* (1969) hat er einerseits in Anlehnung an Marrs *Neue Lehre von der Sprache* sprachhistorische Probleme erörtert, die zur Klärung des Verhältnisses von Sprache und Denken beitragen sollten. Da die Frage des Verhältnisses von Sprache und Denken zu einem der wichtigsten Probleme einer materialistischen Theorie der Logik und Erkenntnis gehört, versteht Resnikow diese Arbeiten gleichzeitig auch als Beiträge zum Aufbau einer dialektisch-materialistischen Erkenntnistheorie.

2. Ein zweiter Teil seiner Arbeiten ist der Rezeption westlicher Ansätze und der Kritik ‚nicht marxistischer', ‚antikommunistischer', ‚bürgerlicher' Philosophie gewidmet. In den Artikeln *Gegen den Agnostizismus in der Sprachwissenschaft* (1948), *Die Erkenntnistheorie des Pragmatismus und die Zeichentheorie der Sprache* (1962), *Die neopositivistische Erkenntnistheorie und die Zeichentheorie der Sprache* (1962), *Der unwissenschaftliche Charakter der pragmatistischen Auffassung von Zeichen, Bedeutung und Gegenstand* (1962), *Die Erkenntnistheorie des Pragmatismus und die Semiotik bei Ch. Morris* (1963), *Das Problem des Verhältnisses von Sprache, Denken und Wirklichkeit in der allgemeinen Semantik* (1964) und *Über die Abstraktionstheorie in der allgemeinen Semantik* (1964), die der ideologischen Auseinandersetzung mit einzelnen westlichen Philosophen oder den einflußreichsten Richtungen der ‚bürgerlichen' Philosophie dienen, verfährt Resnikow gewöhnlich nach dem Schema, einen ‚rationalen Kern' der betreffenden Positionen von ihrer ‚subjektiven, idealistischen Form' zu trennen, deren ideologische Position im Verhältnis zum dialektischen Materialismus festgestellt und bekämpft werden muß.

3. Der dritte Themenbereich, die Zeichentheorie, hat Resnikow in immer stärkerem Maße beschäftigt. Wenn er sich in seinen frühen

Arbeiten noch sehr ablehnend gegenüber zeichentheoretischen Überlegungen bei V. N. Vološinov, L. S. Wygotski und westlichen Autoren äußert, so dokumentieren seine Arbeiten *Über die Rolle der Zeichen im Erkenntnisprozeß* (1961), der Enzyklopädieartikel *Zeichen* (1962), *Erkenntnistheoretische Fragen der Semiotik* (1964; deutsch 1968), *Über die Rolle der Zeichensysteme im wissenschaftlichen Schaffen* (1964) und *Fragen der Erkenntnistheorie und Methodologie wissenschaftlicher Forschung* (1969) im Zusammenhang der Rezeption der westlichen Semiotik die deutlich veränderte Interessenlage.

Wie bereits mehrfach erwähnt wurde, entwickelte Resnikow seinen sprachwissenschaftlichen Ansatz aus der kritischen Auseinandersetzung mit N. J. Marrs Sprachtheorie. Er würdigte dabei einerseits die großen Verdienste, die sich Marr und seine Schüler bei der Entwicklung der ‚paläontologischen Methode' erworben haben, da sie den Zugang zu älteren und primitiveren Strukturen der Sprache und des Denkens eröffnet und eine große Hilfe für die Lösung konkreter sprachpolitischer Aufgaben in der Sowjetunion darstellt. Andererseits erhebt er gegen die marristische Sprachtheorie auch einige weitreichende Vorwürfe, insofern sie mit ihren oft phantastischen Überlegungen und Behauptungen, die einer kritischen Überprüfung nicht standzuhalten vermögen, dem Aufbau einer materialistischen Sprachwissenschaft eher schadet als nützt.

Resnikows Einwände gegen den marristischen Ansatz betreffen allerdings nicht nur unzulässige Verallgemeinerungen hinsichtlich der Genese und zukünftigen Entwicklung der Sprachen, sondern er kritisiert vor allem auch die mechanistische Auffassung dieser Sprachtheorie, daß sich die jeweils vorherrschenden Produktionsverhältnisse determinierend auf den Charakter der Sprache auswirken. Dieser mechanistischen Sichtweise gegenüber bestreitet Resnikow die unmittelbare, einseitige Beeinflussung der Sprache durch die Produktionsverhältnisse, weil eine solche eindimensionale Konditionierung weder der Dialektik von Basis und Überbau noch der relativen Eigengesetzlichkeit der Sprache gerecht zu werden vermag.

Kennzeichnend für Resnikows sprachtheoretischen Ansatz ist seine These, daß die Entwicklung von Sprache und Denken nur *in letzter Instanz* von den Bedingungen der produktiven Tätigkeit determiniert wird. Er schreibt 1946:

„Im Gegensatz zum sensualistischen Materialismus im engen Sinne, der den gesamten Erkenntnisprozeß der materiellen Welt auf die von ihr erhaltenen Empfindungen, deren Gruppierung und Systematisierung reduziert, erkennt der dialektische Materialismus die

Einheit des sinnlich wahrnehmbar-empirischen und des rational-logischen Momentes im Erkenntnisprozeß an und geht davon aus, daß durch Verarbeitung und Verallgemeinerung der Sinneseindrücke im Denken das Allgemeine, die Beziehung zwischen den Gegenständen und Erscheinungen in der materiellen Wirklichkeit aufgedeckt werden".

Daraus folgt, daß nicht länger von einer unmittelbaren Determinierung der Entwicklung von Sprache und Denken durch die jeweils vorherrschenden Produktionsverhältnisse die Rede sein kann, sondern ein komplexes, langwieriges, vermitteltes, wechselseitiges Beziehungsverhältnis anzusetzen ist[127].
Aus diesen Vorüberlegungen leitet Resnikow die folgenden Untersuchungsschwerpunkte ab:

1. Worin sind die Gemeinsamkeiten sprachlicher Zeichen verschiedener Individuen einer sozialen Gemeinschaft begründet?
2. Wie ist zu erklären, daß das sprachliche Zeichensystem gleichzeitig als Kommunikationsmedium und Widerspiegelung der Wirklichkeit fungiert?
3. Wie sind zur Bestimmung des Verhältnisses von Sprache und Realität die Fragen nach den Ursachen sprachlicher Entwicklung, der Herausbildung sprachlicher Traditionen und den Gründen für Veränderungen dieser Traditionen zu beantworten[128]?

Um zu einer Antwort gelangen zu können, die den Ansprüchen einer materialistischen Sprachtheorie genügt, hält es Resnikow für erforderlich, grundsätzlich zwischen zwei in der Linguistik vertretenen Tendenzen zu unterscheiden, die er den ‚psychologisch-individualistischen' und den ‚psychologisch-sozialen' Ansatz nennt.
Die psychologisch-individualistische Schule nimmt ihren Ausgang beim individuellen Bewußtsein, so daß Sprache als Bewußtseinszustand erscheint und als System von Zeichen den Bezug zu Designaten herstellt. Da die Schaffung einer Vielzahl von Zeichensystemen möglich ist, die alle irgendeinen Grad an Übereinstimmung mit ihren Designaten aufweisen, und weiterhin eine willkürliche Entscheidung für ein spezielles Zeichensystem angenommen wird, gerät der Entwicklungsprozeß zu einem subjektiven, individualistischen Ereignis, das sich außerdem nicht auf die Realität bezieht, sondern lediglich willkürlich gewählte Zeichen der Realität erfaßt. Wenn dem individuellen Bewußtsein eine solche entscheidende Funktion beigemessen wird, erhebt sich die Frage, wie dann noch die Gemeinsamkeit von Zeichenrepertoire und -benutzung innerhalb einer Sprachgemeinschaft erklärt werden soll. Die psychologisch-individualistische Schule sah sich auf Grund dieses Dilemmas dazu veranlaßt, Zuflucht zu Konzepten wie z.B.

‚Volksseele‘ zu nehmen oder Sprache als Summe der individuellen Zeichenverwendungen zu beschreiben. Solange aber die soziale Natur der Sprache in der Weise ignoriert wird, wie es die psychologisch-individualistische Schule tut, kann nach Resnikows Meinung weder der erkenntnistheoretische noch der kommunikative Aspekt der Sprache in seinem Verhältnis zur produktiven Tätigkeit zureichend erfaßt werden.

Gegen den psychologisch-sozialen Ansatz, der zwischen einer Ausdrucks- und einer Kommunikationsfunktion der Sprache unterscheidet, und als dessen Vertreter Resnikow Forscher wie Saussure, Meillet, Sapir, Vendryes und andere nennt, führt er sieben Kritikpunkte an:

1. Der *Konventionalismus* erscheint als Charakteristikum dieses Ansatzes, insofern Sprache nur auf eine Art Konvention gegründet wird, die zwischen den Mitgliedern einer Gemeinschaft getroffen wird. Dagegen wendet Resnikow ein, daß zur Vereinbarung dieses ‚Vertrages‘ Sprache bereits vorhanden sein müßte.

2. Der *Idealismus im Begriff des Sozialen* führt zur Identifizierung des Sozialen und der kollektiven Psyche, wie es etwa von Durkheim, Saussure oder Vendryes vertreten wurde.

3. Die *Trennung der Sprache von den materiellen Lebensbedingungen*, der produktiven Tätigkeit, den ökonomischen Verhältnissen und den vorherrschenden Klassenbeziehungen führt letztlich dazu, die ideologische Bedeutung der Sprache in ihrer Klassenzugehörigkeit zu leugnen.

4. Die *Trennung von Sprache und Denken* macht die Sprache zu einem System autonomer sprachlicher Zeichen, das letztlich internen, immanenten Regeln unterliegt, so daß die Sprache in gewisser Hinsicht losgelöst von ihrem tatsächlichen Inhalt betrachtet wird.

5. Die *Unzulänglichkeit des Geschichtsbegriffs* veranlaßt selbst diejenigen Linguisten, die der Semantik das Primat gegenüber der Phonetik zuweisen, zu der Annahme, Gesellschaft sei ein Konglomerat einer Vielzahl voneinander unabhängiger sozialer Phänomene (Geographie, Ökonomie, Geschichte, Politik, Ideologie usw.), die eine je eigene Entwicklung aufweisen.

6. Der *Entwicklungsbegriff* läßt nur langsame, quantitative Modifikationen zu, betrachtet die Masse in sprachlicher wie in anderen Hinsichten als unbeweglich und konservativ und negiert jede Möglichkeit radikaler, qualitativer Änderungen, in denen sich im Bereich der Sprache grundlegende revolutionäre Veränderungen in der gesellschaftlichen Struktur und der menschlichen Denkweise manifestieren.

7. Der *undialektische Begriff des Sozialen* verleitet dazu, gegensätzliche Erscheinungen unvermittelt nebeneinander zu setzen: Sprache und Denken, Subjektives und Objektives, Psychologisches und Ideologisches, und natürlich Sprache und Sprechen. Diese Elemente werden nicht in ihrer Dialektik begriffen, sondern lediglich als Menge von Begriffen[129].

Um den fehlerhaften Annahmen der kritisierten Sprachtheorien zu entgehen, verlangt Resnikow die Beachtung folgender Voraussetzungen:

1. Im Sinne der Einheit (das bedeutet allerdings nicht Identität) von Sprache und Denken dürfen diese beiden Bereiche nicht isoliert voneinander behandelt werden.
2. Sprache und Denken sind durch die Einheit des Objektiven und des Subjektiven charakterisiert: sie erweisen sich einerseits als Widerspiegelung der objektiven Realität und der sozialen Verhältnisse, andererseits aber auch als Manifestation der Veränderungen, die die Natur durch den Menschen erfährt.
3. Die Einheit der individuellen und sozialen Aspekte von Sprache und Denken basiert auf der Tatsache, daß die sprachliche und die intellektuelle Tätigkeit eines der Elemente des kollektiven Daseins konstituiert.
4. Die dialektische Einheit dieser Elemente ist in der praktischen kollektiven Tätigkeit, dem Arbeitsprozeß, begründet, wobei sich Sprache und Denken in gleicher Weise als ideologische Funktion des sozialen Lebens erweisen[130].

Erst wenn diese elementaren Bestimmungen eingehalten werden, erscheint es Resnikow möglich, die tatsächlich vorherrschenden Beziehungen zwischen Sprache, Denken und Gesellschaft zutreffend zu erfassen und zu bestimmen[131].

Resnikow hat seine Ansichten über die Relevanz semiotischer Studien im Laufe weniger Jahre grundlegend geändert. Während er 1958 die Auffassung vertrat:

> „Die Zeichentheorie der Sprache [...] ist ihrem Wesen nach eine idealistische Theorie. Sie ist zutiefst antiwissenschaftlich. Sie dient als Mittel für das Eindringen der schädlichsten agnostischen Ansichten in das Gebiet der Linguistik. Sie muß deshalb scharf kritisiert und abgelehnt werden“[132],

stellte er in der Einleitung des Buches *Erkenntnistheoretische Fragen der Semiotik* von 1964 fest:

> „Die Frage nach der Rolle der Zeichen im Erkenntnis- und Kommunikationsprozeß der Menschen ist von gewaltiger theoretischer und praktischer Bedeutung, denn zweifellos besitzen die Zeichen im Leben der Menschen eine wichtige Funktion. Nur mit ihrer Hilfe sind die Menschen imstande, sich der sie umgebenden Wirklichkeit bewußt zu werden“[133].

Seine ursprüngliche Aversion gegen semiotische Forschung resultierte aus der – nicht unbegründeten – Befürchtung, der Zeichenbegriff könnte nicht nur an die Stelle des ideologisch bedeutsamen Abbildbegriffs treten, sondern gleichzeitig auch die mit dem Abbildbegriff verbundenen theoretischen Positionen in entscheidenden Hinsichten in Frage stellen. Diese Befürchtung erklärt, weshalb er beispielsweise gegen V. N. Vološinovs Auffassung polemisierte, der in seinem 1930 erschienenen Buch den Nachweis zu führen versuchte, daß das Wort als ideologisches Phänomen par excellence anzusehen sei, und diese Ansicht damit begründete, daß

„everything ideological possesses meaning: it represents, depicts, or stands for something lying outside itself. In other words, it is a *sign. Without signs, there is no ideology*"[134].

In gleicher Weise wandte sich Resnikow auch gegen L. S. Wygotski und verschiedene andere Wissenschaftler, da er in der Vorstellung, Worte als Zeichen zu beschreiben, eine Solidarisierung mit ‚agnostischen Symboltheorien' zu erkennen glaubte.

Wenige Jahre später definierte Resnikow den Zeichenbegriff in dem Enzyklopädieartikel *Zeichen* jedoch bereits folgendermaßen:

„Zeichen ist ein materieller, sinnlich wahrnehmbarer Gegenstand (Erscheinung, Ereignis, Einwirkung), der in der menschlichen Erkenntnis und Kommunikation als Vertreter eines oder mehrerer Gegenstände, einer Eigenschaft oder Beziehung von Gegenständen auftritt und zur Erlangung, Speicherung, Umwandlung und Weitergabe von Mitteilungen (Informationen, Kenntnissen) oder von Komponenten von Mitteilungen irgendeiner Art dient"[135].

In seiner Monographie von 1964 schließlich, in der er die Notwendigkeit semiotischer Forschung und die „bedeutenden Fortschritte bei der Erforschung der Zeichensysteme" mit der „stürmischen Entwicklung der mathematischen Logik und der Kybernetik, der Automatisierung und der Telemechanik in den letzten Jahrzehnten"[136] begründet, hat sich der informationstheoretisch orientierte ‚unilaterale' Zeichenbegriff durchgesetzt, wie er in der *Philosophischen Enzyklopädie* 1962 formuliert worden war[137].

Die Wandlungen in der Einschätzung der Relevanz semiotischer Forschung und der jeweilig gewählte Stil der Ablehnung oder Wertschätzung spiegeln deutlich die inneren Veränderungen in der Sowjetunion. So wie C. N. Momdžjan sich 1967 gegen einen Wissenschaftsbegriff wandte, der sich damit begnügt, „sich mit einem Knüppel auszurüsten und dem anderen auf den Kopf zu schlagen, der seine Gedanken anders ausgedrückt hat"[138], und so wie 1973 die Forderung erhoben wurde, daß „die Polemik unserer Seite nicht einen leeren phraseologischen, sondern einen inhaltlichen wissenschaftlich-fundierten Charakter tragen soll"[139], wurden auch Resnikows Beurteilungen und Darstellungen westlicher Ansätze differenzierter.

Wenn von einer ‚Philosophie mit dem Knüppel' die Rede ist, die Resnikow besonders in seinen Aufsätzen zur Kritik westlicher Ansätze praktizierte, sind zumindest zwei Motive zu benennen, die diesen Stil begründen, wenn auch nicht rechtfertigen können. Abgesehen davon, daß in der Sowjetunion erst relativ spät westliche Arbeiten im Original rezipiert wurden, so daß sich nun die Beurteilung ganzer Philosophie- und Linguistikschulen nicht mehr auf pauschalisierende Enzyklopädieartikel und Zusammenfassungen zu stützen brauchte, erfüllte die oftmals grob entstellende Darstellung kritisierter Ansätze eine Funktion, die M. Zubatý als ‚Autoprojektion' bezeichnet hat[140].

Unter dieser Perspektive erscheint es wenig sinnvoll, mit philologischer Akribie all die Zitate richtigzustellen, die Resnikow z.B. bei der Auseinandersetzung mit Morris, Schlick, Vološinov, Wygotski und anderen unvollständig oder sinnentstellend wiedergegeben hat, denn das Ziel einer solchen Vorgehensweise kann nicht darin bestehen, ein zutreffendes Referat der betreffenden Meinung zu geben, sondern sollte als Beschreibung von Resnikows Selbstverständnis und seiner Position angesehen werden[141]. Es ist ohne ausführliche Erklärungen einsichtig, daß Resnikow in seinen „Kritik"-Artikeln diese Absicht verfolgte, d.h. westlichen Autoren eigene Positionen unterstellte oder ihnen solche Aussagen in den Mund legte, die er an sowjetischen Ansätzen kritisieren wollte[142].

Auch wenn die Art und Weise der vorgetragenen Kritik sehr unter den häufig gravierenden inhaltlichen Mängeln und der nivellierenden, dogmatischen Art der Einteilung in ein ‚fortschrittliches' und ein ‚reaktionäres' Lager leidet, auch wenn die „amorphen Mischungen von Thesen der Klassiker und der Parteiresolutionen, von Haßpolemiken gegen die ideologischen Gegner, von tendenziösem Soziologisieren, von emotionalen Aufforderungen und von utopischen Prophezeiungen"[143] kaum dazu geeignet sind, die dringend erforderliche Auseinandersetzung mit den angegriffenen Tendenzen in Sprachwissenschaft und Philosophie voranzutreiben, können sie doch – gegen den Strich gelesen – als Aufforderung betrachtet werden, die Aufgabe erneut in Angriff zu nehmen.

Anmerkungen

[1] Vgl. Bocheński, I. M.: *Der sowjetrussische dialektische Materialismus*, 5. Aufl., Bern 1967, 35f. Girke, W. u. Jachnow, H.: *Sowjetische Soziolinguistik. Probleme und Genese*, Kronberg 1974, Kap. 2. Zubatý, M.: *Die innere Wandlung in der Sowjetphilosophie. Der dogmatische, der wissenschaftlich-technokratische und der humane Denkstil*. Diss. Bochum 1975. Goerdt, W.: *„Fragen der Philosophie". Ein Materialbeitrag zur Erforschung der Sowjetphilosophie im Spiegel der Zeitschrift „Voprosy Filosofii" 1947–1956*, Köln u. Opladen 1960. Kirschenmann, P.: *Kybernetik Information Widerspiegelung. Darstellung einiger philosophischer Probleme im dialektischen Materialismus*, München u. Salzburg 1969. Eimermacher, K.: *Arbeiten sowjetischer Semiotiker der Moskauer und Tartuer Schule* (Auswahlbibliographie), Kronberg 1974.

[2] Vgl. Lenin, W. I.: *Der „Linke Radikalismus", die Kinderkrankheit im Kommunismus*, Berlin 1970, 25, 31f., 87, 98.

[3] H. Marcuse weist auf verschiedene Widersprüche des sowjet-marxistischen Staatskapitalismus hin, der die ‚Atempause' der Koexistenz des „sozialistischen" und „imperialistischen" Lagers zur Intensivierung der Produktion in der Sowjetunion braucht, wobei „das Ansteigen des Niveaus der materiellen und geistigen Kultur kein bloßes Nebenprodukt, sondern das Ziel der gesellschaftlichen Anstrengung ist". Marcuse, H.: *Die Gesellschaftslehre des sowjetischen Marxismus*, 2. Aufl., Neuwied 1969, 105. Die bestehenden äußeren Widersprüche als Überführung des Klassenkampfes auf die internationale Ebene zu interpretieren, erscheint insofern sinnlos, als der Klassenkampf im Marxschen Verständnis seinem ganzen Wesen nach international ist. Marcuse deutet diesen Begriff der Verlagerung, der für die Folgezeit vorrangige Bedeutung erlangte, als den Versuch, „die Marxsche Theorie des Klassenkampfes an die historische Tatsache seiner ‚Neutralisierung' in den fortgeschrittenen Industrieländern anzupassen [...]. Der Klassenkampf wird zu einem Kampf um Räume und Bevölkerungen, und die gesellschaftlichen Streitfragen werden zu einer Funktion von politischen" (ebd. 102f.).

[4] Goerdt, W.: *„Fragen der Philosophie"*, a.a.O. 12.

[5] Die Übersetzer von Vološinovs Buch, L. Matejka und I. R. Titunik, stellen in ihrer Einleitung fest: „Recently, thanks to the current phenomenal renaissance of semiotics in the Soviet Union, new and intriguing information has come to light concerning a whole school of semioticians operating during the period of the late 1920s and early 1930s. M. M. Baxtin, whose masterworks on Dostoevskij and Rabelais have now achieved international acclaim, has been identified as the leader of this school and V. N. Vološinov as his closest follower and collaborator" (Vološinov, V. N.: *Marxism and the Philosophy of Language*. New York 1973, Vorwort der Übersetzer. 6.).

[6] Girke, W. u. Jachnow, H.: *Sowjetische Soziolinguistik*, a.a.O. 18.

[7] Ebd. 19.

[8] W. Girke und H. Jachnow erwähnen beispielsweise L. Jakubinskijs generelle Verurteilung der westlichen Sprachsoziologie, die sich keineswegs mit den theoretischen Positionen dieser Schule auseinandersetzt, sondern sich mit den Vorwürfen begnügt, Saussure beispielsweise habe „bei seinen Ausführungen das Subjekt der Sprache, das Kollektiv, vergessen. Er hätte weder die Klassendifferenziertheit der Gesellschaft noch die Dialektik der gesellschaftlichen und sprachlichen Entwicklung berücksichtigt. Saussures Lehre spiegele die reaktionäre Ideologie der Bourgeoisie wider, die verzweifelt die Unzulänglichkeit der ‚ererbten' sozialen Gesetze beweisen wolle" (Girke, W. u. Jachnow, H.: *Sowjetische Soziolinguistik*, a.a.O. 32f.). Diese „Beurteilung", die den zunehmenden Einfluß der marristischen Doktrin deutlich spüren läßt, dokumentiert bereits anschaulich den Stil zukünftiger „Widerlegungen", der die ideologisierenden Polemiken der Marristen charakterisiert.

[9] Vgl. Bocheński, I. M.: *Der sowjetrussische dialektische Materialismus*, a.a.O. 38f.

[10] Vgl. ebd. 39.
[11] Goerdt, W.: „*Fragen der Philosophie*“, a. a. O. 12.
[12] Bei der von Blakeley genannten Ausgabe der *Philosophischen Hefte* handelt es sich allerdings um die erste Einzelausgabe. Die Originalausgabe erfolgte bereits in den Jahren 1929 und 1930 in den Lenin-Sammelbänden IX und XII.
[13] Blakeley, T. J.: *Soviet Theory of Knowledge*, Dordrecht 1964, 2. Blakeley weist in diesem Zusammenhang außerdem darauf hin, daß eine kurze Zeit lang Sprache in der Sowjetunion eine vorrangige erkenntnistheoretische Bedeutung erlangte, so daß die Erkenntnistheorie sprachlichen Charakter annahm. Nach Blakeleys Auffassung wurde diese Entwicklung von L. O. Resnikow und L. M. Archangel'skij dominiert. Vgl. ebd. 8.
[14] Girke, W. u. Jachnow, H.: *Sowjetische Soziolinguistik*, a. a. O. 50.
[15] Zu einer Selbstdarstellung seines sprachtheoretischen Ansatzes vgl. Marr, N. J.: „Über die Entstehung der Sprache“. In: *Unter dem Banner des Marxismus*. Berlin 1 (1925/26), 558 ff.
[16] Als drittes Konstituens der Sprachtheorie Marrs ist die bereits erwähnte, oftmals grob vereinfachende Darstellung und unbegründete Ablehnung westlicher linguistischer Methoden zu nennen, denen vorgeworfen wurde, sie „hätten zwar den Versuch unternommen, die Krise der bürgerlichen Linguistik durch die Einbeziehung soziologischer Verfahren zu überwinden. Dies sei aber nicht gelungen, sie betrachteten nach wie vor Sprache psychologistisch und physiologistisch und würden nicht erkennen, daß Sprache ein gesellschaftliches Phänomen sei, für sie seien Korrelationen von gesellschaftlichen und sprachlichen Erscheinungen äußerlich und keine gesetzmäßigen dialektischen Dualitäten“ (Girke, W. u. Jachnow, H.: *Sowjetische Soziolinguistik*, a. a. O. 52). Wie an späterer Stelle verdeutlicht werden soll, gewinnt diese Form der Polemik gegen bürgerliche Theorien eine andere Dimension, wenn sie im Zusammenhang der innersowjetischen theoretischen Auseinandersetzungen diskutiert wird. Diese Vermutung wird im vorliegenden Fall dadurch bestärkt, daß sich die marristische Sprachtheorie nicht nur gegen die benannten westlichen Linguisten richtete, sondern ihren eigentlichen und gefährlichsten Gegner in der Gruppe der sog. „Jazykovednyi front“ erblickte, zu denen Danilov, Sor, Jakovlev, Vološinov, Lomtev, Alaverdov, Drezen u. a. zählten, und die sich um eine kritische Weiterentwicklung der westlichen Linguistik bemühte, ohne sie von vornherein pauschal abzulehnen (vgl. ebd. 53).
[17] L. O. Resnikow, der sich mit dem gleichen Forschungsbereich befaßte, entwickelt seine Auffassungen – wie später näher zu untersuchen ist – in kritischer Auseinandersetzung mit Marrs ‚Neue Lehre von der Sprache‘.
[18] Vgl. Goerdt, W.: „*Fragen der Philosophie*“, a. a. O. 90 ff.
[19] Vgl. Girke, W. u. Jachnow, H.: *Sowjetische Soziolinguistik*, a. a. O. 55. Da sich die ‚Neue Lehre von der Sprache‘ als einzig mögliche Grundlegung einer materialistischen Sprachwissenschaft begriff, sah sie eine ihrer Hauptaufgaben in der Bekämpfung aller andersgearteten Ansätze. Girke/Jachnow gelangen bei ihrer Einschätzung der marristischen Sprachtheorie zu dem Ergebnis: „In ihrer dogmatischen Haltung, die schließlich zur wissenschaftlichen Sterilität und zur Isolation der sowjetischen Linguistik führte, muß das Hauptübel der Richtung gesehen werden. Nicht die wissenschaftliche Unhaltbarkeit zahlreicher ihrer Aussagen und ihre innere Inkonsistenz machten die ‚neue Lehre‘ verhängnisvoll, sondern deren Kanonisierung zu einem festen Teil der offiziellen Staatsideologie“ (ebd. 59).
[20] Wie die Rednerliste dieses Kongresses, die in der ersten Nummer der *Voprosy Filosofii* abgedruckt wurde, ausweist, hat sich auch L. O. Resnikow aktiv an dieser Diskussion beteiligt.
[21] Vgl. Bocheński, I. M.: *Der sowjetrussische dialektische Materialismus*, a. a. O. 42.
[22] Ebd. 43.
[23] W. Goerdt nennt folgende Daten der *Voprosy Filosofii*, deren Untertitel lautet: „Theoretische Zeitschrift zur wissenschaftlichen Bearbeitung der Fragen der marxistisch-

leninistischen Philosophie – des dialektischen und historischen Materialismus, der Philosophie der Naturwissenschaft, der Logik, Ethik, Ästhetik und anderer angrenzender Wissensgebiete". „Die VF erschienen 1947 in zwei Heften, von 1948 bis 1950 in je drei Heften, von 1951 bis 1957 in je sechs Heften. Ab 1958 werden sie in je zwölf Heften pro Jahr herausgegeben. [...] Vor der Zeitschrift steht die Aufgabe, den Zustand der wissenschaftlichen Forschungsarbeit im Gebiet der Philosophie an den Hochschulen widerzuspiegeln und zur Erhöhung ihres theoretischen Niveaus beizutragen. Chefredakteur ist M. T. Iovčuk, im Redaktionskollegium befinden sich u.a. V. F. Asmus, G. S. Vaseckij, F. I. Georgiev" (Goerdt, W.: *„Fragen der Philosophie"*, a.a.O. 347). Resnikow hat verschiedene seiner Aufsätze in dieser Philosophiezeitschrift veröffentlicht; die Mehrzahl seiner Arbeiten erschien jedoch in Leningrader Universitätszeitschriften.

[24] Stalins Äußerungen zum Verhältnis von Marxismus und Sprachwissenschaft erschienen in deutscher Übersetzung unter dem Titel: *Der Marxismus und die Fragen der Sprachwissenschaft*, Berlin 1953.

[25] Girke, W. u. Jachnow, H.: *Sowjetische Soziolinguistik*, a.a.O. 64.

[26] Ebd. 67. Eine ähnliche Begründung für die Kritik der Sprachtheorie Marrs gibt H. Marcuse: „Die ‚marristischen' Theorien mögen eine nützliche Funktion bei der ‚magischen' Anwendung der Marxschen Theorie erfüllt haben, aber mit dem technischen und industriellen Fortschritt der Sowjetgesellschaft, mit der wachsenden politischen und strategischen Macht des Sowjetstaates gerieten sie mit grundsätzlicheren Zielen in Konflikt. Als die sowjetische Politik anfing, sich am Übergang zur ‚zweiten Phase' zu orientieren, mußten die marristischen Lehren universalistischeren, ‚normaleren' und internationalistischeren Konzeptionen weichen. Weit davon entfernt, ein ‚Stillegen' der Dialektik im Interesse der Stabilisierung des erreichten Entwicklungsniveaus zu bedeuten, scheint die beständige Wiederholung des allgemeinmenschlichen Charakters von Funktion und Inhalt der Sprache und Logik darauf abzuzielen, die Ideologie mit dem Vorstoß zur ‚nächsthöheren Phase' der Entwicklung in Einklang zu bringen, das heißt mit der zweiten Phase des Sozialismus und mit der Politik einer ‚Normalisierung' der Ost-West-Beziehungen, wie sie dieser Übergang mit sich bringt" (Marcuse, H.: *Die Gesellschaftslehre des sowjetischen Marxismus*, a.a.O. 155).

[27] Girke, W. u. Jachnow, H.: *Sowjetische Soziolinguistik*, a.a.O. 68. Resnikow hat sich dieser Forderung verschiedentlich sehr ausgiebig unterzogen, wie einige seiner Aufsätze anschaulich belegen. Weiter unten wird die Rede davon sein, daß die ‚Überprüfungen' oftmals in sehr oberflächlicher und ungenauer Weise vorgenommen wurden, die den überprüften westlichen Arbeiten nicht gerecht wird.

[28] In: *Voprosy Jazykoznanija*, Nr. 4 (1956).

[29] Girke, W. u. Jachnow, H.: *Sowjetische Soziolinguistik*, a.a.O. 72. Vgl. ebd. 73–81.

[30] Eimermacher, K.: *Arbeiten sowjetischer Semiotiker der Moskauer und Tartuer Schule*, a.a.O. IX.

[31] Ebd. Xf.

[32] Diese Beobachtung bestätigt H. Marcuse in seinem Vorwort zur 2. Aufl. seines Buches *Die Gesellschaftslehre des sowjetischen Marxismus*: „Die Entwicklungstendenz zu Reform und Liberalisierung innerhalb der Sowjetunion hat angehalten. Dezentralisierung der Verwaltung, Betonung der Gesetzlichkeit gegenüber unberechenbarer Willkür, ein Übergang in der Durchsetzung militärischer Disziplin von Brutalität zu ‚Überzeugung', ein größerer Spielraum der Freiheit für Schriftsteller, Künstler und Kritiker und – was am wichtigsten ist – die allmähliche Einführung eines verkürzten Arbeitstages und die zunehmende Erhältlichkeit von Konsumgütern bezeugen diese Entwicklungstendenz" (a.a.O. 11f.).

[33] Zubatý kennzeichnet diese Unterscheidung in folgender Weise: „Die Begriffe ‚dogmatischer Denkstil' und ‚wissenschaftlich-technokratischer Denkstil' sind gewissermaßen idealtypische Konstruktionen, denn im überwiegenden Teil der sowjetphilosophischen Abhandlungen findet man eine Mischung von beiden. Der charakteristische

Ausdruck des dogmatischen Stils war die Denkweise in der stalinistischen Zeit. Die meisten seiner Merkmale finden wir aber auch in der gegenwärtigen Sowjetphilosophie" (Zubatý, M.: *Die innere Wandlung in der Sowjetphilosophie*, a.a.O. 25).

[34] Vgl. ebd. 32.

[35] Vgl. ebd. 56.

[36] Zubatý weist z.B. auf S. 15 seiner Arbeit darauf hin, daß im zweiten Jahrzehnt der *Voprosy Filosofii* 200 von 400 Abhandlungen von Naturwissenschaftlern verfaßt wurden. Vgl. ebd. 15.

[37] Vgl. ebd. 13.

[38] Vgl. ebd. 87.

[39] Um einen möglichst geschlossenen Eindruck der sogenannten „orthodoxen" Theorie zu erreichen, werden aus systematischen Gründen erst im Anschluß an diese Darstellung einige kritische Kommentare angefügt.

[40] Lenin, W. I.: *Materialismus und Empiriokritizismus. Kritische Bemerkungen über eine reaktionäre Philosophie*, 10. Aufl., Berlin 1971, 85.

[41] Vgl. *MEW*, Bd. 20, 499.

[42] Vgl. ebd. 355.

[43] Vgl. Autorenkollektiv unter Leitung von Götz Redlow u.a.: *Einführung in den dialektischen und historischen Materialismus*, Frankfurt a.M. 1971, 150f.; vgl. dazu auch: Autorenkollektiv unter Leitung von F. W. Konstantinow: *Grundlagen der marxistisch leninistischen Philosophie*, Frankfurt a.M. 1971, 106.

[44] Pawlow, T.: *Die Widerspiegelungstheorie*, Berlin 1973, 69.

[45] Vgl. Leontjew, A. N.: *Probleme der Entwicklung des Psychischen*, Frankfurt a.M. 1973, 42.

[46] Vgl. ebd. 44.

[47] Pawlow, T.: *Die Widerspiegelungstheorie*, a.a.O. 106.

[48] Ebd. 107. Vererbung wird bei ihm definiert als „ein Effekt der konzentrierten Einwirkung der Bedingungen des äußeren Milieus, die von den Organismen in einer Reihe vorhergehender Generationen akkumuliert wurden" (ebd. 117).

[49] Ebd. 135.

[50] Ebd. 138.

[51] Vgl. Kannegiesser, K. u. Rochhausen, R.: „Widerspiegelung und Erkenntnis". In: *Deutsche Zeitschrift für Philosophie* 20: 4 (1972), 450ff.

[52] Vgl. Schmidt, H. D.: *Allgemeine Entwicklungspsychologie*, Berlin 1973, 82ff. Zit. nach: Autorenkollektiv unter Leitung von W. Neumann: *Theoretische Probleme der Sprachwissenschaft*, Berlin 1976, 148.

[53] Vgl. *MEW*, Bd. 21, 274.

[54] Leontjew, A. N.: *Probleme der Entwicklung des Psychischen*, a.a.O. 15.

[55] Sensibilität betrachtet Leontjew zwar als eine Form von Reizbarkeit mit Orientierungs- und Signalfunktion, er versucht sie jedoch von ihr zu differenzieren, indem er bei der Reizbarkeit keine Empfindungen im Sinne von Reaktionen sieht. Vgl. ebd. 13. Den Übergang von Reizbarkeit zur Sensibilität vermutet er in dem Eingehen immer komplizierterer und mannigfaltigerer Beziehungen des Organismus zur Umwelt unter gleichzeitiger Differenzierung und sensomotorischer Spezialisierung der Organe. Vgl. ebd. 38.

[56] Rubinstein, S. L.: *Grundlagen der allgemeinen Psychologie*, Berlin 1971, 27.

[57] Leontjew, A. N.: *Probleme der Entwicklung des Psychischen*, a.a.O. 197.

[58] Vgl. ebd. 190. Vgl. dazu auch: Leontjew, A. N.: „Aktuelle Entwicklung der sowjetischen Psychologie". In: Kussmann, T. (ed.): *Bewußtsein und Handlung*, Stuttgart 1971, 42. Die Notwendigkeit, Widerspiegelung und Abbildung sorgfältig voneinander zu unterscheiden, wird in verschiedenen neueren Arbeiten besonders betont. Vgl. hierzu beispielsweise Kap. II in: Autorenkollektiv unter Leitung von B. A. Serébrennikow: *Allgemeine Sprachwissenschaft*, Bd. 1, Berlin 1975. Sowie Kap. III in: Autorenkollektiv

unter Leitung von W. Neumann: *Theoretische Probleme der Sprachwissenschaft*, Bd. 1, a.a.O.

[59] Schaff, A.: *Sprache und Erkenntnis*, Wien 1964, 153. Er wendet sich deshalb gegen diese unfruchtbare Auseinandersetzung, weil die materialistische Erkenntnistheorie grundsätzlich von einem Stufenmodell der sinnlichen Erkenntnis ausgeht, das diese Diskussion erübrigt. Er fügt an: „Man kann nicht gleichzeitig behaupten, daß die Spezifik der marxistischen Erkenntnistheorie auf ihrer ununterbrochenen und ständigen Bezugnahme auf die Praxis beruht, was stimmt, und dann die Meinung vertreten, daß die Praxis erst in der Endetappe als Kriterium der Wahrheit in den Erkenntnisprozeß eingeht" (ebd. 155). Seine Einwände gegen die Interpretation der marxistischen Erkenntnistheorie sind insofern unvollständig, als er außer acht läßt, daß der Zeitfaktor deshalb im Erkenntnisprozeß eine wesentliche Funktion einnimmt, als er neben der materiellen und lokalen Orientierung als dritter grundlegender Faktor die Ausrichtung des Erkenntnisprozesses gewährleistet.

[60] Vgl. Autorenkollektiv unter Leitung von W. Neumann: *Theoretische Probleme der Sprachwissenschaft*, a.a.O. 334f.

[61] Pawlow, T.: *Die Widerspiegelungstheorie*, a.a.O. 189.

[62] Diesen Aspekt betonen auch R. Rochhausen und G. Ilgenfritz: „Der Erkenntnisprozeß als Widerspiegelungsprozeß ist alles andere als passives Reflektieren. Er setzt die Aktivität des Subjekts voraus, die im wesentlichen zwei Aspekte hat, nämlich einen praktisch-gegenständlichen und einen theoretischen." In: *Deutsche Zeitschrift für Philosophie* 23: 2 (1975), 265.

[63] Autorenkollektiv unter Leitung von W. Neumann: *Theoretische Probleme der Sprachwissenschaft*, a.a.O. 335.

[64] Weiter unten wird eingehender erörtert, daß die Wahrnehmung, Darstellung und Entwicklung sinnlicher Korrelate der Realität notwendig an Sprache gebunden sind.

[65] Ebd. 336.

[66] Von besonderem Interesse erscheinen hier V. N. Vološinovs Überlegungen zum Verhältnis von Ideologie und Gesellschaft zu sein, die lange Zeit in Vergessenheit geraten waren.

[67] Vgl. Kannegiesser, K. u. Rochhausen, R.: „Widerspiegelung und Erkenntnis", a.a.O. 456f.

[68] T. Pawlow nennt als beeinflussende subjektive Faktoren des Erkenntnisprozesses vor allem: „Die Struktur und die funktionellen Besonderheiten unseres Zentralnervensystems, unserer Sinnesorgane, unserer physiologisch und sozial bedingten Individualität und schließlich, [...] die Begrenztheit und die Vielfalt unserer Praxis selbst" (Pawlow, T.: *Die Widerspiegelungstheorie*, a.a.O. 185). Noch weiter differenzieren die Autoren der „Theoretischen Probleme der Sprachwissenschaft" die subjektiven Faktoren des Erkenntnisprozesses. Sie führen folgende Aspekte an: a) die individuelle, sinnesphysiologische Abbildfähigkeit; b) zeitlich beschränkte Hemmungen; c) emotionale Faktoren; d) Einstellungsfaktoren auf Grund gesellschaftlicher oder persönlicher Erfahrungen; e) Überwiegen phantastischer Einbildungen; f) selektive Einstellungen auf Grund von Wunschvorstellungen u.a.; g) schöpferische Vorstellungen, Neuerdachtes, Erfindungen u.ä. (vgl. Autorenkollektiv unter Leitung von W. Neumann: *Theoretische Probleme der Sprachwissenschaft*, a.a.O. 337).

[69] Ebd. 338.

[70] Lenin, W. I.: *Philosophische Hefte*, Werke Bd. 38, Berlin 1973, 111.

[71] Autorenkollektiv unter Leitung von W. Neumann: *Theoretische Probleme der Sprachwissenschaft*, a.a.O. 369.

[72] Klaus, G. u. Buhr, M. (ed.): *Philosophisches Wörterbuch*, Bd. 1, 11. Aufl. Berlin 1975, s.v. ‚Abbild'.

[73] Vgl. ebd.

[74] Autorenkollektiv unter Leitung von W. Neumann: *Theoretische Probleme der Sprachwissenschaft*, a.a.O. 369f.
[75] Ebd. 370.
[76] Ebd.
[77] Leontjew, A. N.: „Zeichen und Bedeutung". In: Kussmann, T. (ed.): *Bewußtsein und Handlung*, a.a.O. 57.
[78] Wygotski vertritt die Ansicht, daß in phylogenetisch wie in ontogenetisch frühen Entwicklungsstadien von Sprechen und Denken die konstitutiven Faktoren und Tendenzen voneinander unabhängig sind. Diese Auffassung schließt dabei jedoch nicht aus, daß sich die beiden Entwicklungsstränge zu einem bestimmten Zeitpunkt, der Entwicklung sprachlichen Denkens, treffen, und von dann an eine Einheit bilden.
[79] Vgl. Meyer, A.: *Zur Funktion der Sprache in der Entwicklung des Vorschulkindes. Eine kritische Untersuchung des Vorschulprogramms von K. Schüttler-Janikulla unter besonderer Berücksichtigung der Konzeptionen von J. Piaget und L. S. Wygotski*, MA-Arbeit, Masch. Aachen 1974, 73–75. Obwohl Wygotski mehrfach von der Einheit von Sprache und Denken und der Einheit von Verallgemeinerung und sprachlicher Interaktion spricht, darf diese Auffassung nur im Zusammenhang mit der Sichtweise betrachtet werden, daß jedes Wort bereits eine Verallgemeinerung ist.
[79a] Obwohl Wygotski zur adäquaten methodologischen Begründung der Wahl einer geeigneten Analyseeinheit den Anspruch einer *systematischen* Betrachtungsweise erhebt, ist seine tatsächliche Vorgehensweise *genetisch* orientiert.
[80] Ebd. 72.
[81] Ebd.
[82] Leontjew, A. N.: *Zeichen und Bedeutung*, a.a.O. 58. A. Schaff gelangt bei der Diskussion des Verhältnisses von Sprache und Denken zu folgendem Ergebnis: „Jegliche Verhaltensweisen des Organismus sind mit irgendeiner Orientierung in der Welt verbunden. Aber unter verschiedenen Typen der Orientierung in der Welt zeichnet sich derjenige aus, der dank der Funktion des Abstrahierens und Verallgemeinerns, die den Sprachzeichen eigentümlich ist, *nur* für den Menschen charakteristisch ist, und zwar für den Menschen, dem keine Krankheit die Fähigkeit des Sprachgebrauchs genommen hat. Die Untersuchungen auf dem Gebiet der Sprachpathologie werfen ein neues Licht auf dieses Problem, insbesondere durch die Unterscheidung zwischen konkreter und abstrahierender Handlung, also Verhaltensweise. Erst dort, wo die zuletzt genannte in Erscheinung tritt, kann man von der *Sprache* reden, von ihrer symbolisierenden Funktion, ihrer nominal-beschreibenden Funktion, von der Konorski spricht, und vom *Denken* im eigentlichen Sinne dieser beiden Worte" (Schaff, A.: *Sprache und Erkenntnis*, a.a.O. 120). An anderer Stelle schreibt er: „Denken und Gebrauch der Sprache muß man auffassen als zwei Seiten eines einzigen, einheitlichen Prozesses der menschlichen Welterkenntnis, der Reflexion über die Erkenntnis und auch die Selbsterkenntnis und der Mitteilung der Ergebnisse dieser Erkenntnisse an andere" (ebd. 141).
[83] Vgl. Panfilov, V. Z.: *Wechselbeziehung zwischen Sprache und Denken*, Berlin 1974, 37. Vgl. dazu auch: *MEW*, Bd. 20, 449. Sowie: Leontjew, A. N.: *Probleme der Entwicklung des Psychischen*, a.a.O. 200.
[84] Schaff, A.: *Sprache und Erkenntnis*, a.a.O. 139. In diesem Zusammenhang ist es von Interesse, daß Resnikow speziell den dualistischen Charakter des marristischen Erkenntnismodells, das den Ausgangspunkt seines Begriffs vom sprachlichen Denken bildete, entwickelt hat. Vgl. Meier, G. F.: „Das Verhältnis von Sprache und Denken in der Sicht sowjetischer Arbeiten", in: *Zeitschrift für Phonetik, Sprachwissenschaft und Kommunikationsforschung* 26: 3–4 (1973), 222. Meier geht in seinem äußerst informativen Aufsatz auf eine Vielzahl sowjetischer Beiträge zum vorliegenden Problemkreis ein, die in vielen Hinsichten wichtige Ergänzungen der vorliegenden Darstellung bieten.
[85] Vgl. Schaff, A.: *Sprache und Erkenntnis*, a.a.O. 126f.
[86] Panfilov, V. Z.: *Wechselbeziehung zwischen Sprache und Denken*, a.a.O. 55.

[87] Schaff, A.: *Sprache und Erkenntnis*, a. a. O. 128.
[88] Vgl. ebd. 136f.
[89] Resnikow, L. O.: *Erkenntnistheoretische Fragen der Semiotik*, Berlin 1968, 119.
[90] Autorenkollektiv unter Leitung von B. A. Serébrennikow: *Allgemeine Sprachwissenschaft*, Bd. 1, a. a. O. 85.
[91] Klaus, G.: *Semiotik und Erkenntnistheorie*, 2., neubearbeitete Aufl., Berlin 1969, 11. Vgl. dazu auch: Görlich, J. W.: *Semantik und dialektischer Materialismus. Darstellung und Analyse der modernen marxistisch-leninistischen Wissenschaftstheorie in der DDR*, Berlin 1969, 9–12.
[92] Vgl. Reschke, M.: „Semiotik und marxistische Erkenntnistheorie". In: *Deutsche Zeitschrift für Philosophie* 13: 1 (1965), 89.
[93] Vgl. ebd. 94.
[94] Ebd. 99.
[95] Ebd. 101.
[96] Vgl. Wessel, H. (rev.): Klaus, G.: Semiotik und Erkenntnistheorie. In: *Deutsche Zeitschrift für Philosophie* 13: 4 (1965), 514f.
[97] Mühlner, W. (rev.): Abramjan, L. A.: Gnoseologičeskie Problemy Teorii Znakov. In: *Deutsche Zeitschrift für Philosophie* 15: 10 (1967), 1258.
[98] Vgl. Wetrow, A. A.: „Linguistik, Logik und Semiotik". In: *Sowjetwissenschaft. Gesellschaftswissenschaftliche Beiträge* 8 (1968), 848.
[99] Ebd. 853. Wetrows Überlegungen demonstrieren anschaulich, daß eine Abgrenzung von Logik, Linguistik und Semiotik solange beliebig bleiben muß, bis eine inhaltliche Füllung seiner Konzeption gegeben wird.
[100] Spitzbardt, H.: „Erkenntnis als Abbildungsprozeß und das Zusammenwirken von Sprache und Denken", in: *Wissenschaftliche Zeitschrift der Friedrich-Schiller-Universität, Jena, Ges. u. sprachwiss. R.* 19: 1 (1970), 138f.
[101] Ebd. 138. Vgl. dazu auch: Korschunow, A. M. u. Prushinin, B. I.: „Die Aktivität des Subjekts und die Widerspiegelung". In: *Marxismus Digest* 1 (1972), 83.
[102] Meinhold, G.: „Probleme der Zeichenabbildung". In: *Wissenschaftliche Zeitschrift der Friedrich-Schiller-Universität, Jena, Ges. u. sprachwiss. R.* 19: 5 (1970), 876f.
[103] Vgl. Kosing, A.: „Karl Marx und die dialektisch-materialistische Abbildtheorie". In: *Marxismus Digest* 1 (1972), 13.
[104] Vgl. Okun, B.: „Arbeitstagung zur marxistisch-leninistischen Erkenntnistheorie", a. a. O. 1039.
[105] Autorenkollektiv unter Leitung von W. Neumann: *Theoretische Probleme der Sprachwissenschaft*, Bd. 1, a. a. O. 369.
[106] Ebd. 395. Vgl. dazu auch: Autorenkollektiv unter Leitung von B. A. Serébrennikow: *Allgemeine Sprachwissenschaft*, Bd. 1, 106.
[107] Vgl. Zubatý, M.: *Die innere Wandlung in der Sowjetphilosophie*, a. a. O. 85–88. Einen ausführlicheren Bericht über diese Tendenzen gibt B. Okun: „Arbeitstagung zur marxistisch-leninistischen Erkenntnistheorie". In: *Deutsche Zeitschrift für Philosophie* 20: 8 (1972), 1036–1044.
[108] Autorenkollektiv unter Leitung von W. Neumann: *Theoretische Probleme der Sprachwissenschaft*, a. a. O. 370.
[109] Ebd.
[110] Dieser Hinweis auf den hypothetischen Charakter des Zeichenprozesses kann selbstverständlich in dieser Kürze keine überzeugende Widerlegung des Repräsentationsmodells leisten. Zu einer eingehenderen Behandlung der Zeichenkonstitution vgl. vor allem: Stetter, C.: „Peirce und Saussure". Masch. Aachen 1976 (voraussichtlich in: *Zeitschrift für Germanistische Linguistik*). Sowie: Lorenzer, A.: *Kritik des psychoanalytischen Symbolbegriffs*, Frankfurt 1972. Ders.: *Zur Begründung einer materialistischen Sozialisationstheorie*, Frankfurt 1973. Ders.: *Die Wahrheit der psychoanalytischen Erkenntnis. Ein historisch-materialistischer Entwurf*, Frankfurt 1976.

111 *MEW*, Bd. 23, 57.
112 Ebd. 192.
113 Vgl. Rohrmoser, G.: *Das Elend der kritischen Theorie. Theodor W. Adorno, Herbert Marcuse, Jürgen Habermas*, 2. Aufl., Freiburg 1970. Vgl. dazu auch: Schmidt, A.: *Der Begriff der Natur in der Lehre von Marx*, a. a. O. 108.
114 *MEW*, Bd. 23, 193.
115 *MEW*, Bd. 3, 44.
116 Ebd. 5.
117 Leist, A.: „Widerspiegelung der Realität – Realität der Widerspiegelung". In: *Das Argument* 81 (1973), 586.
118 *MEW*, Bd. 3, 7
119 Engels hatte in den Notizen zur *Dialektik der Natur* hervorgehoben: „Die Materie als solche und die Bewegung als solche hat noch niemand gesehen oder sonst erfahren, sondern nur die verschiedenen, wirklich existierenden Stoffe und Bewegungsformen. Der Stoff, die Materie, ist nichts anderes als die Gesamtheit der Stoffe, aus der dieser Begriff abstrahiert, die Bewegung als solche nichts als die Gesamtheit aller sinnlich wahrnehmbaren Bewegungsformen; Worte wie Materie und Bewegung sind nichts als *Abkürzungen*, in die wir viele verschiedene sinnlich wahrnehmbare Dinge zusammenfassen nach ihren gemeinsamen Eigenschaften" (*MEW*, Bd. 20, 503).
120 Vgl. Haug, W. F.: „Was soll materialistische Erkenntnistheorie?" In: *Das Argument* 81 (1973), 561f.
121 Vgl. Schmidt, A.: *Der Begriff der Natur in der Lehre von Marx*, a. a. O. 205.
122 Leist, A.: „Widerspiegelung der Realität – Realität der Widerspiegelung", a. a. O. 588f.
123 H. Marcuse spricht von einem gemeinsamen Nenner von Denken und Gegenstand, „der selbst ‚wirklich' ist und die Substanz des Denkens ebenso wie die seines Gegenstandes konstituiert" (Marcuse, H.: *Die Gesellschaftslehre des sowjetischen Marxismus*, a. a. O. 138).
124 Hering, C.: „Sprache, Arbeit, Gesellschaft. Kritische Anmerkungen zu Ulrich Erckenbrecht". In: Leist, A. (ed.): *Ansätze zur materialistischen Sprachtheorie*. Kronberg 1975, 61.
125 Vgl. ebd.; vgl. dazu auch: Zimmermann, R.: „Der Begriff der Praxis bei Marx und die Elimination der Abbildtheorie". In: *Das Argument* 92 (1975). Sowie: Zimmermann, R.: „Sprache und Praxis. Der späte Wittgenstein und die Frage nach einer materialistischen Sprachtheorie". In: Leist, A. (ed.): *Ansätze zur materialistischen Sprachtheorie*, a. a. O. 297 u. 307.
126 Jäger, L.: „F. de Saussures historisch-hermeneutische Idee der Sprache". In: *Linguistik und Didaktik* 27 (1976), 226.
127 J. B. Marcellesi und B. Gardin heben ebenfalls diesen Gesichtspunkt hervor: „Le langage et la pensée doivent s'expliquer ainsi grâce à la théorie du ‚reflet', précisée comme suit: la conscience humaine reflète le monde objectif, par des phénomènes d'interaction, elle a aussi un ‚rôle organisateur et créateur' dans la mesure où l'activité humaine est finalisée. Son ‚action en retour' exerce ‚une influence puissante sur l'évolution du travail, sur la transformation du réel" (Marcellesi, J. B. u. Gardin, B.: *Introduction à la sociolinguistique*, Paris 1974, 65f.).
128 Ebd. 66.
129 Vgl. ebd. 68.
130 Vgl. ebd. 69.
131 Ebd. 70.
132 Resnikow, L. O.: *Wort und Begriff*, Leningrad 1958, 26.
133 Resnikow, L. O.: *Erkenntnistheoretische Fragen der Semiotik*, a. a. O. 9.
134 Vološinov, V. N.: *Marxism and the Philosophy of Language*, a. a. O. 9.
135 Resnikow, L. O.: ‚Zeichen'. In: *Filosofskaja Enciklopedija*, Bd. 2, Moskau 1962, 177.

[136] Resnikow, L. O.: *Erkenntnistheoretische Fragen der Semiotik*, a.a.O. 9.
[137] Vgl. ebd. 14.
[138] Mondžjan, C. N.: „O merach po dal' nejšem razvitiju obščestvennych nauk i povyšenii ich roli v kommunističeskom stroitel'stve". In: *Voprosy Filosofii* 9 (1967), 3ff. Zit. nach: Zubatý, M.: *Die innere Wandlung in der Sowjetphilosophie*, a.a.O. 13.
[139] Zit. nach: Ebd. 175.
[140] Ebd. 175ff.
[141] Vgl. ebd.
[142] M. Zubatý beschreibt die Technik dieser Verfahrensweise folgendermaßen: „Zu der jeweils vertretenen oppositionellen Meinung wird im Westen ein ‚Ersatz'-Gegner gesucht – es ist nicht schwer, eine ähnliche Meinung zu finden –, der dann ‚widerlegt' wird. Das Ideal der ideologischen Homogenität wird dadurch nicht verletzt, und dem internen Gegner wird die ‚bürgerliche Inspiration' unterstellt. Neben der Übertragung der eigenen Rolle auf die westlichen Philosophen und der Einschaltung der Polemik gegen die eigene Opposition ist der ideologische Kampf schließlich ein Ausdruck des subjektiven Kampfes eines Marxisten-Leninisten für seine eigene richtige Überzeugung" (ebd. 176).
[143] Ebd. 49.

Das Problem der Begriffsbildung in sprachgeschichtlicher Sicht (1946)

1. Einleitung

Die Begriffsbildung ist eines der wichtigsten Probleme der marxistisch-leninistischen Erkenntnistheorie und der Logik.

Die logische Analyse des Problems der Begriffsbildung muß von einer historischen Untersuchung des Entstehungs- und Entwicklungsprozesses der Begriffe ausgehen, da die Logik, wie Lenin sagt, Fazit und Schlußfolgerung aus der Geschichte der Erkenntnis ist.

Bei einer Untersuchung des historischen Prozesses der Begriffsbildung kommt den Erkenntnissen der Sprachwissenschaft über die Entwicklung der Sprache eine außerordentliche Rolle zu; sie erhellen die Geschichte des menschlichen Denkens seit den ältesten Zeiten.

Zwischen Denken und Sprache besteht eine organische Einheit. Lenin hebt die prinzipielle Bedeutung des Zusammenhangs von Denken und Sprache besonders hervor, da dank dieses Zusammenhangs die Erkenntnisse der Sprachgeschichte dazu genutzt werden können, Probleme in der Geschichte des Denkens zu klären[1].

Die Sprache ist das Instrument des menschlichen Gedankens, das mit der intellektuellen Entwicklung der Menschheit immer vollkommener wurde: „Die Sprache ist so alt wie das Bewußtseins“[2].

In der Sprachgeschichte haben die Formen des menschlichen Denkens in seinen verschiedenen Entwicklungsphasen ihre Spuren hinterlassen und sich objektiviert. Die Veränderung und Entwicklung des Denkens fand zwangsläufig in der Entwicklung der Sprache ihren Niederschlag. Deshalb unterstreicht Lenin bei der Aufzählung derjenigen Wissensgebiete, aus denen sich die Erkenntnistheorie des dialektischen Materialismus aufbauen soll, insbesondere die *Sprachgeschichte*[3].

Gestützt vor allem auf die Erkenntnisse der Sprachwissenschaft, wollen wir versuchen, einige wesentliche Merkmale des Denk- und Begriffsbildungsprozesses in der ältesten Periode der Menschheitsgeschichte zu rekonstruieren. In diese historische Phase, in der es noch keine Schrift gab, fällt die Entstehung grundlegender Begriffe, die in verallgemeinerter Form die objektive Welt widerspiegeln: der Begriffe von Materie und Bewegung, Raum und Zeit, Form und Zahl, Ursache und Wirkung,

Subjekt und Objekt usw., aber auch wandelbarer Begriffe wie: Geist, Gott usw.
Die Untersuchung des ursprünglichen Prozesses der Begriffsbildung soll die genetische Grundlage abgeben, auf der im weiteren dieser Prozeß und das Operieren mit Begriffen anhand der Erkenntnisse der Philosophie und der Einzelwissenschaften untersucht werden kann.
Die Untersuchung dieser Frage ist darüber hinaus notwendig, um die idealistischen und metaphysisch-materialistischen Auffassungen zum Problem der Entstehung von allgemeinen Begriffen einer Kritik zu unterziehen. Die Loslösung des Denkens und der Sprache vom realen Leben, das sie widerspiegeln, ist eine der gnoseologischen Wurzeln des Idealismus. Hegel beispielsweise, der die materialistische Erkenntnistheorie darauf reduziert, nur die sinnliche Wahrnehmung der Umwelt zu akzeptieren, und feststellt, daß in der sinnlichen Wahrnehmung nur *einzelne* Gegenstände widergespiegelt werden, während die Aufgabe der Wissenschaft und der Philosophie in der Erkenntnis des *Allgemeinen* bestehe, kommt zu der Schlußfolgerung, daß der Materialismus keine wahre Philosophie sein kann. Die Philosophie ist die Wissenschaft vom Allgemeinen, argumentiert er, und das Allgemeine ist ein Produkt des Gedankens. Also hat die wahre Philosophie, so folgert er, nicht die sinnlich wahrnehmbare materielle Welt, sondern das reine Denken als solches zum Gegenstand. Da die Sprache die Ausdrucksform des Gedankens ist, so ist sie nach seiner Auffassung ein reines Produkt des Geistes. Das Wort als Ausdruck des Begriffes drückt nur das *Allgemeine* aus – das Produkt des Gedankens; Begriffe und sinnliche Wahrnehmung sind verschieden geartet; zwischen Wörtern und sinnlich wahrnehmbaren Dingen besteht ein fataler, unüberwindlicher Gegensatz. „… im Wort, Sprache, einer Existenz aus dem Geiste geboren, (kann) das Einzelne, wie es gemeint wird“, schreibt Hegel, „gar nicht Platz finden …“[4]. Damit wird die Sprache von der Wirklichkeit, von ihrem materiellen Ursprung völlig abgelöst.
Ludwig Feuerbach, der einen materialistischen Sensualismus vertritt, kritisierte scharf die Behauptung Hegels von der Unwahrhaftigkeit des sinnlich wahrnehmbaren Seins, der sinnlich wahrnehmbaren einzelnen Erscheinungen. Demgegenüber behauptete er, daß nicht die abstrakten, allgemeinen Begriffe, sondern die sinnlich wahrnehmbaren, konkreten einzelnen Gegenstände und Erscheinungen das wahre Sein ausmachten. Wenn in der Sprache dennoch nur das Allgemeine seinen Ausdruck findet, so sei das um so schlimmer für die Sprache.

„Dem sinnlichen Bewußtsein ist eben die Sprache das Unreale, das Nichtige. Wie soll also das sinnliche Bewußtsein dadurch, daß das einzelne Sein sich nicht sagen läßt, sich widerlegt finden oder widerlegt sein. Das sinnliche Bewußtsein findet eben gerade darin eine Widerlegung der Sprache, aber nicht eine Widerlegung der sinnlichen Gewißheit"[5].

Es läßt sich unschwer erkennen, daß Feuerbach sich mit seinen Überlegungen zwar scharf gegen den Hegelschen Idealismus wendet, selbst aber begrenzt-sensualistische Anschauungen in dieser Frage vertritt. Seine Kritik der Hegelschen Ideen ist schwach; er sieht in ihnen keinen „rationellen Kern". Feuerbach erfaßte nicht die ganze Schwierigkeit und Tiefe des Problems der Einheit vom Allgemeinen und Besonderen im Denken und in der Sprache. Dieses Problem vermochte erst die Philosophie des dialektischen Materialismus richtig zu lösen.

Im Zusammenhang mit den oben angeführten Argumenten Hegels schreibt Lenin: „Damit trifft Hegel jeden Materialismus außer dem dialektischen"[6], da im Gegensatz zum eng sensualistischen Materialismus, der den gesamten Erkenntnisprozeß der materiellen Welt auf die von ihr erhaltenen Empfindungen, deren Gruppierung und Systematisierung reduziert, der dialektische Materialismus die Einheit des sinnlich wahrnehmbar-empirischen und des rational-logischen Momentes im Erkenntnisprozeß anerkennt und davon ausgeht, daß durch Verarbeitung und Verallgemeinerung der Sinneseindrücke im Denken das Allgemeine, die Beziehung zwischen den Gegenständen und Erscheinungen in der materiellen Wirklichkeit aufgedeckt werden. Eine solche Auffassung des Erkenntnisprozesses wird auch, wie wir weiter unten sehen, voll und ganz durch die Erkenntnisse der Sprachgeschichte bestätigt.

Die Klassiker des Marxismus haben die idealistischen Versuche, das Denken und die Sprache zu einem autonomen Reich des Geistes zu machen, das sich nach seinen eigenen, immanenten, von der materiellen Wirklichkeit unabhängigen Gesetzen entwickelt, entlarvt. „Die unmittelbare Wirklichkeit des Gedankens ist die *Sprache*"[7], sagen Marx und Engels.

„Wie die Philosophen (Idealisten – L. R.) das Denken verselbständigt haben, so mußten sie die Sprache zu einem eignen Reich verselbständigen. Dies ist das Geheimnis der philosophischen Sprache worin die Gedanken als Worte einen eignen Inhalt haben. Das Problem, aus der Welt der Gedanken in die wirkliche Welt herabzusteigen, verwandelt sich in das Problem, aus der Sprache ins Leben herabzusteigen"[8].

„... daß weder die Gedanken noch die Sprache für sich ein eignes Reich bilden; daß sie nur *Äußerungen* des wirklichen Lebens sind"[9].

Die genialen Ideen der Klassiker des Marxismus-Leninismus über den Zusammenhang von Sprache und Denken, über deren soziale Natur, ihre Bedingtheit durch die materielle Produktion und den Charakter der gesellschaftlichen Beziehungen, ihre historische Entstehung, Veränderung und Entwicklung werden von der modernen materialistischen Sprachwissenschaft glänzend bestätigt, weiterentwickelt und anhand eines reichen sprachlichen Faktenmaterials konkretisiert. Große Verdienste haben sich in dieser Hinsicht das Akademiemitglied N. J. Marr und seine Anhänger erworben, wenn auch einige ihrer Thesen strittig sind.

Vor Marr wurde weitgehend vergleichende Sprachwissenschaft betrieben, eine Methode, die darauf beruhte, Fakten zu konstatieren, ohne deren Entstehung und insbesondere deren Veränderungen und Entwicklung zu untersuchen; zwar leugnete man eine Entwicklung nicht, reduzierte sie aber auf die formalen, quantitativen Veränderungen bei den überkommenen Elementen der sogenannten Ursprachen, die anhand von Schriftdenkmälern untersucht wurden.

Marr befriedigte dieser methodische Ansatz nicht. Er strebte eine tiefergehende historische Untersuchung an und entwickelte die Methode der paläontologischen Analyse, die darin besteht, in den modernen Sprachen Schichten und Ablagerungen verschiedener Perioden der Sprachgeschichte nacheinander freizulegen. Die Bedeutung dieser Analyse für eine historische Untersuchung wird offenbar, wenn man berücksichtigt, daß „die Analyse", wie Marx sagt, „notwendige Grundlage der genetischen Darstellung des Begreifens des wirklichen Gestaltungsprozesses in seinen verschiedenen Phasen ist"[10]. Marr hat bewiesen, daß die Untersuchung von sprachlichen Relikten in den modernen entwickelten Sprachen die Möglichkeit bietet, zu älteren und primitiveren Strukturen und Formen des Denkens und der Sprache vorzudringen als denjenigen, die in Schriftdenkmälern vorhanden oder bei Völkern anzutreffen sind, die heute auf einer niederen Entwicklungsstufe stehen (den sogenannten „archaischen" Völkern der Gegenwart). Die Paläontologie der Sprache eröffnet den Weg zur Paläontologie des Denkens. In Verbindung mit der paläontologischen Methode erhält auch die vergleichende Sprachwissenschaft eine reale historische Grundlage.

Wir stützen uns bei der Untersuchung des Problems der Begriffsbildung auf die Erkenntnisse der Sprachwissenschaft, hielten es aber für notwendig, neben speziellen linguistischen Untersuchungen auch ethnographische Arbeiten heranzuziehen. Diese bieten ein reichhaltiges Material an Sprach- und Denkformen von heute lebenden Stämmen und Völkerschaften, die auf einer niedrigen Entwicklungsstufe stehen und weitgehend urgemeinschaftliche Züge aufweisen (Arbeiten von Lubbock, Tylor, Frazer, Miklucho-Maklaj, Lévy-Bruhl u.a.).

Marx sagte: „Das industriell entwickeltere Land zeigt den minder entwickelten nur das Bild der eignen Zukunft“[11].
In Abwandlung dieses bemerkenswerten Gedankens von Marx könnte man sagen, daß die primitiven Stämme und Völkerschaften der Gegenwart den entwickelteren Völkern nur das Bild ihrer eigenen Vergangenheit zeigen. Ein solches Herangehen an die Sprachen der primitiven Stämme und Völkerschaften der Gegenwart entspricht voll und ganz den Prinzipien der wissenschaftlichen Sprachforschung, die alle modernen Sprachen – von den primitivsten bis zu den entwickeltesten – als verschiedene Stadien bzw. Stufen eines einheitlichen weltumfassenden glottogonischen Prozesses versteht.

2. Begriffsbildung und Lautsprache

Die Menschheit verfügte nicht immer über die Fähigkeit, Begriffe zu bilden und mit ihnen zu operieren. Im Laufe der ganzen älteren und zu Beginn der mittleren Altsteinzeit vollzog sich das Denken der Menschen nur mit Hilfe von sinnlich wahrnehmbaren Bildern, nur im Rahmen von Wahrnehmungen und Vorstellungen; es konnten jedoch noch keine Begriffe gebildet werden[12]. Obwohl das im Rahmen von sinnlich wahrnehmbaren Bildern verlaufende Denken die Fähigkeit zur Abstraktion und Verallgemeinerung besitzt, setzt das Fehlen von Begriffen der Entwicklung dieser Fähigkeit doch bestimmte Grenzen. Deshalb war das Aufkommen des konzeptualistischen Denkens in engem Zusammenhang mit der Lautsprache die Voraussetzung für eine sehr starke Ausbildung dieser Fähigkeit, die für die intellektuelle Entwicklung der Menschheit von außerordentlicher Bedeutung war.
Die Entstehung des begrifflichen Denkens und der ihm adäquaten Lautsprache als dominierender Bewußtseins- und Kommunikationsformen fällt in die zweite Periode der mittleren Altsteinzeit (oberes Paläolithikum), die etwa von 30000 bis 15000 v. u. Z. dauerte[13]. In anthropologischer Hinsicht war dies die Periode des Crô-Magnon-Menschen und des Übergangs zum heutigen Menschentyp (Homo sapiens); in sozialökonomischer Hinsicht war dies die Periode, in der die Steinwerkzeuge vervollkommnet in großem Umfang entwickelt wurden und die Arbeitsteilung nach Geschlecht und Alter erfolgte; in sozial-historischer Hinsicht war es die Periode der Entstehung der Gentilordnung. Die sich in dieser Zeit vollziehenden Veränderungen des gesellschaftlichen Seins der Menschen bedingten entsprechende Verschiebungen auch im Bereich des Denkens und der Sprache.

In dieser Periode nimmt mit der Entwicklung der Jagd die Bedeutung der Fleischnahrung zu, die den Stoffwechsel, den Chemismus des Bluts, die physische Kraft und die Entwicklung des Menschen günstig beeinflußt.

„Am wesentlichsten aber war die Wirkung der Fleischnahrung auf das Gehirn, dem nun die zu seiner Ernährung und Entwicklung nötigen Stoffe weit reichlicher zuflossen als vorher, und das sich daher von Geschlecht zu Geschlecht rascher und vollkommener ausbilden konnte“[14].

Mit vermehrter und komplizierter werdender Produktionstätigkeit werden allmählich auch die Formen der Werkzeuge entsprechend der unterschiedlichen Produktionsfunktionen immer differenzierter. Es gibt verschiedene Formen von Messern, Schabeisen, Meißeln, Bohrern, Speerspitzen usw., und ihre Ausführung wird immer mehr vervollkommnet. Ebenso wird eine Vielzahl von Werkzeugen aus Knochen und Hörnern hergestellt (Spitzen, Ahlen, Harpunen, Schaufeln u. a.). Für die Herstellung dieser Werkzeuge sind bereits viel Überlegung und Verstand, der Einsatz verschiedenartiger Verfahren, Genauigkeit der Bewegung usw. erforderlich. Zusammen mit den Werkzeugen nimmt auch die Vielfalt der Arbeitsobjekte und -produkte zu. Die Formen der Jagd werden bei den zahlenmäßig wachsenden Kollektiven komplizierter und erfordern eine genauere Koordinierung der Bewegungen der Jäger. Die natürliche Arbeitsteilung wird verstärkt. Es entsteht das Bedürfnis nach engerer Zusammenarbeit und gegenseitiger Verständigung. Das praktische Verhältnis der Menschen zur umgebenden Natur und zueinander wird immer komplizierter und vermittelter. Das bedingt entsprechende Veränderungen und Verschiebungen im Denk- und Sprechprozeß. In diesem beginnen jetzt ebenfalls mittelbare Formen der Widerspiegelung der Wirklichkeit zu überwiegen – das Operieren mit Vorstellungen und dann mit Begriffen, die durch die Lautsprache ausgedrückt werden.

Die Lautsprache besitzt eindeutige Vorteile gegenüber der kinetischen Sprache. Sie erfordert Organe, die nicht unmittelbar an den Arbeitsgängen beteiligt sind; die Dunkelheit stellt kein Hindernis für sie dar; sie kann über verhältnismäßig große Entfernungen (was beispielsweise bei der Jagd von großer Bedeutung ist) und auch dann, wenn der Gesprächspartner nicht sichtbar ist, eingesetzt werden; sie ist in entwickelter Form weitaus reicher an Vielfältigkeit, Feinheit, Kompliziertheit und emotionalen Nuancen (Veränderung einzelner Laute des Wortes oder der Intonation) und erfordert einen vergleichsweise geringen physischen Kraftaufwand.

Von entscheidender Bedeutung sind jedoch die großen *intellektuellen* Vorzüge der Lautsprache. Die Entwicklung der Arbeit, die Komplizierung des Milieus und aller Formen des gesellschaftlichen Lebens treiben die Entwicklung des Denkens voran, erzeugen das Bedürfnis nach höherer Abstraktion und Verallgemeinerung, sowie nach Begriffen, die die Vielfalt der Erscheinungen erfassen (wenn auch zunächst noch in begrenztem Maße). Die Realisierung dieses Bedürfnisses erfordert ihrerseits entsprechende sprachliche Mittel sowohl für die Präzisierung des Denkprozesses selbst als auch für einen differenzierteren und präziseren Ausdruck erkannter Inhalte im Prozeß der sozialen Kommunikation. Mit dem Übergang der Menschen zur Herstellung und systematischen Anwendung vervollkommneter Arbeitsmittel beschränkt sich die Technik der Arbeitsgänge immer weniger auf unmittelbare Bewegungen der Hände, sondern konzentriert sich immer mehr auf deren künstliche „Erweiterung" – in der Funktion künstlicher Werkzeuge. Die unmittelbaren Bewegungen der Hände können die ganze Kompliziertheit des Arbeitsprozesses und der damit verbundenen Werkzeuge und Objekte nicht erfassen und ausdrücken. Die Gebärdensprache erweist sich als unzureichend. Das gesellschaftliche Leben erfordert immer dringender vollkommenere sprachliche Mittel.

Zwischen Gebärden- und Lautsprache besteht ein enger historischer Zusammenhang. Die Lautsprache entstand bereits, als die Gebärdensprache noch vorherrschte, im Schoße der alten Formen der Arbeit, des Denkens und der Kommunikation. Jedoch spielten die ursprünglichen diffusen Lautsignale nur eine untergeordnete Rolle. Die Gebärdensprache konnte erst dann von der Lautsprache verdrängt werden, als die letztere einen solchen Entwicklungsstand erreichte, daß sie die erstere in ihrer Differenziertheit, Genauigkeit und Fähigkeit, Allgemeines auszudrücken, übertraf. Begriffe in der Sprache der Gebärden auszudrücken, ist außerordentlich schwer, wenn nicht gar unmöglich. Deshalb wurde auf einer bestimmten Entwicklungsstufe der anschaulich-konkrete Charakter der Gebärdensprache zum Hemmnis für die Entwicklung des Denkens. Die Menschen brauchten sprachliche Mittel, die dem abstrahierenden und verallgemeinernden Gedanken breiten Spielraum boten und zu dessen klarem und präzisem Ausdruck dienten. Ein solches Mittel war das lautliche Sprechen.

Die Lautsprache konnte sich jedoch nicht sofort durchsetzen. Zunächst sprachen die Menschen weiterhin eine lineare Sprache mit Gebärden und streuten nur ab und zu Laute ein. Lange Zeit existierten Gebärden- und Lautsprache nebeneinander[15]. Ebenso wie sich die Begriffe im

Prozeß der allmählichen dialektischen Trennung vom Denken in Vorstellungen bildeten, demgegenüber die entstehenden Begriffe lange Zeit eine Nebenrolle spielten, entstanden auch die Wörter „in einer allmählich verlaufenden dialektischen Trennung von der kinetischen Sprache, der Sprache der Gebärden und der Mimik, neben der die Elemente der Lautsprache lange nur als Hilfsmittel dienten ...“[16]. Da sie aber eine höhere Entwicklung des Denkens und der sozialen Kommunikation darstellte, erlangte die Lautsprache, die sich anfangs neben der kinetischen verbreitete, allmählich immer größere Bedeutung, bis sie schließlich zur herrschenden Sprachform wurde.
Die Entwicklung der Arbeit und der durch sie bedingten Sprache hatte großen Einfluß auf die Vervollkommnung des menschlichen Gehirns und seine Tätigkeit. Die Arbeitsprozesse machten die Funktion des Gehirns komplizierter, bewirkten eine weitere Differenzierung der verschiedenen Gruppen von Gehirnzellen, brachten neue Regulationszentren hervor usw.[17]. Die durch die Arbeit und die Sprache gesammelte soziale Erfahrung wurde von einer Generation zur anderen, von einem Menschen zum anderen weitergegeben, wobei sich das Gehirn entwickelte und das Bewußtsein bereichert wurde. Deshalb können wir, wie Engels sagte, mit Recht behaupten, daß die Arbeit in körperlicher wie geistiger Hinsicht den Menschen geschaffen hat.
Die Entwicklung des menschlichen Gehirns und seiner intellektuellen Tätigkeit hatte ihrerseits eine Rückwirkung auf die Arbeitstätigkeit und die Sprache.

„Die Rückwirkung der Entwicklung des Gehirns und seiner dienstbaren Sinne, des sich mehr und mehr klärenden Bewußtseins, Abstraktions- und Schlußvermögens auf Arbeit und Sprache gab beiden immer neuen Anstoß zur Weiterbildung ...“[18].

Das Auftreten der artikulierten Lautsprache stellte zweifellos eine qualitativ neue Stufe in der Entwicklung des Gehirns und des menschlichen Bewußtseins dar. Dies wird durch eine vergleichende Untersuchung der höheren Nerventätigkeit von Mensch und Tier voll und ganz bestätigt. Akademiemitglied I. P. Pawlow betrachtet die Lautsprache als zweites, spezifisches menschliches Signalsystem.

„Das Wort ist natürlich für den Menschen ein ebenso realer bedingter Reiz, wie alle anderen bedingten Reize, die auch bei den Tieren auftreten. Daneben aber ist das Wort ein so viel umfassender Reiz, wie kein anderer, und für die Tierwelt gibt es überhaupt keine Reize, die in quantitativer oder qualitativer Hinsicht dem Wort des Menschen auch nur annähernd vergleichbar sind. Für einen erwachsenen Menschen ist ja die Sprache durch das ganze frühere Leben mit allen äußeren und inneren Reizen verbunden, die in die Großhirnhemisphären gelangt sind. Worte können ihnen alles signalisieren, sie können alle Reize ersetzen und sie können deshalb auch alle Tätigkeiten und Reaktionen des Organismus hervorrufen, die durch diese Reize bedingt werden“[19].

Die Sprache komplizierte den Mechanismus der Nerventätigkeit ungewöhnlich und erweiterte gleichzeitig die Sphäre des intellektuellen Lebens des Menschen, indem sie dieses auf eine für das Tier nicht erreichbare Höhe hob. Die Lautsprache war dazu berufen, eine große Rolle in der Geschichte der menschlichen Kultur zu spielen, vor allem deswegen, weil sie den sozialen und intellektuellen Bedürfnissen entsprach und mit dem Prozeß der Bildung und Festigung von Begriffen, der Vereinheitlichung homogener Begriffe und des logischen Operierens mit diesen korrelierte.

Wie Marx sagt, liegen jeder produzierenden Tätigkeit des Urmenschen seit den ältesten Zeiten zwei wesentliche, einander entgegengesetzte Funktionen zugrunde – Vereinigung und Teilung, Verbindung und Trennung. Die Einheit dieser beiden entgegengesetzten Funktionen ist für alle mehr oder weniger entwickelten Arbeitsprozesse charakteristisch, was natürlich nicht ausschließt, daß in dem einen oder anderen Fall eine der Funktionen vorherrscht. Objektive Grundlage dieser Prozesse ist die Tatsache, daß die Einheit von Vereinigung und Trennung eine der allgemeinsten und grundlegenden Gesetzmäßigkeiten der materiellen Welt selbst darstellt. Diese Funktionen der Arbeitsprozesse werden wiederum im Denken widergespiegelt. Trennung und Vereinigung in der Produktion bzw. in der Praxis sind die Grundlage für Trennung und Vereinigung der Gegenstände und Erscheinungen im Denken, im Bewußtsein, d.h. sie sind die Grundlage der Prozesse der Analyse und Synthese. Ohne diese eng miteinander verbundenen Prozesse ist ein Denken überhaupt nicht möglich.

„Denken kann nur der, der ausreichend geteilt hat, um zu verbinden, ausreichend verbunden hat, um erneut zu teilen“[20].

Diese beiden entgegengesetzten Funktionen sind fundamentale Funktionen jeder Denktätigkeit. Daher

„... besteht das Denken ebensosehr in der Zerlegung von Bewußtseinsgegenständen in ihre Elemente, wie in der Vereinigung zusammengehöriger Elemente zu einer Einheit. Ohne Analyse keine Synthese“[21].

Diese Funktionen, die ansatzweise bereits den höheren Lebewesen zu eigen sind, entwickeln sich beim Menschen unter dem Einfluß der Arbeit, unter dem Einfluß des Bedürfnisses, die verschiedenen Seiten und Eigenschaften der sie umgebenden Dinge zu nutzen.

„Jedes solches Ding ist ein Ganzes vieler Eigenschaften und kann daher nach verschiedenen Seiten nützlich sein. Diese verschiedenen Seiten und daher die mannigfachen Gebrauchsweisen der Dinge zu entdecken ist geschichtliche Tat“[22].

Analyse und Synthese bilden ihrerseits die Grundlage für die Fähigkeit zu *Abstraktion und Verallgemeinerung*, die ebenfalls eine Einheit von entgegengesetzten Funktionen bildet. Der Gebrauch einzelner praktisch nützlicher Eigenschaften der Dinge (z.B. die Eigenschaft der Axt als Arbeitsgerät, die Eigenschaft des Fleisches als Nahrungsmittel usw.) bewirkt, daß diese Eigenschaften aus der Gesamtheit der übrigen Eigenschaften, mit denen sie verbunden sind, herausgelöst und – von den übrigen abstrahiert – gedanklich fixiert werden. Die praktische Funktion der *Abtrennung* (des Herauslösens) entspricht der Denkfunktion des Abstrahierens; der praktischen Funktion des gleichen Gebrauchs von ihren Eigenschaften nach gleichen Erscheinungen entspricht die Denkfunktion der Vereinigung des Gleichen im Bewußtsein – der *Verallgemeinerung*.

Die Vorstellung enthält bereits eine gewisse Verallgemeinerung der Bilder wahrgenommener Dinge. Aber das vorgestellte Bild verfügt immer noch über einen individuell-ganzheitlichen, sinnlich-anschaulichen Charakter; es enthält ungegliedert eine Vielzahl konkreter Merkmale. Infolgedessen läßt die Vorstellung keine willkürliche Abstraktion und Erfassung einer Qualität oder Eigenschaft der Dinge zu. Ebenso kann auch der wesentliche, notwendige Zusammenhang der Dinge nicht abstrahiert, in der Vorstellung klar erfaßt und genau ausgedrückt werden. Eine solche Abstraktion ist aber Voraussetzung für eine klare und genaue Verallgemeinerung der Gegenstände und Prozesse der Umwelt nach bestimmten wesentlichen Merkmalen und Zusammenhängen von ihnen.

Deshalb sind in entwickelter Form Abstraktion und Verallgemeinerung nur durch die Bildung von *Begriffen* möglich. Der Begriff ist die *mittelbare verallgemeinerte Widerspiegelung* der Wirklichkeit. Der Begriff spiegelt wesentliche Zusammenhänge, Beziehungen und Vermittlungen der Dinge wider, die durch unmittelbare Betrachtung nicht erschlossen werden können. So „... bedeutet schon die einfachste *Verallgemeinerung*, die erste und einfachste Bildung von *Begriffen* (Urteilen, Schlüssen etc.)“, sagt Lenin, „die immer mehr fortschreitende Erkenntnis des tiefen objektiven Weltzusammenhangs durch den Menschen“[23].

Auf einer früheren Entwicklungsstufe waren die Begriffe untrennbar mit konkreten, anschaulichen Vorstellungen verbunden. Das Denken operierte weiterhin mit vorwiegend sinnlich wahrnehmbaren Bildern, um die Beziehungen und Zusammenhänge der Dinge in anschaulicher Form darzulegen. Wenn im weiteren das Operieren mit Begriffen auch von Wahrnehmungen und anschaulichen Vorstellungen frei wurde, so verschwand doch der Zusammenhang von Begriffen und Vorstellungen niemals absolut, da er die Einheit und die gegenseitige Durchdringung von Allgemeinem und Einzelnem, von Wesen und Erscheinung in der objektiven Welt widerspiegelt.

Die Vorstellungen nehmen am Prozeß des begrifflichen Denkens entweder in Form anschaulicher Bilder gegenständlichen Charakters oder zumindest in Form akustisch wahrnehmbarer Bilder der gesprochenen Rede teil. Das Denken kann nicht ohne materielle, sinnlich wahrnehmbare Momente existieren.

„Der ‚Geist' hat von vornherein den Fluch an sich, mit der Materie ‚behaftet' zu sein, die hier in der Form von bewegten Luftschichten, Tönen, kurz der Sprache, auftritt"[24].

Dieser materielle Charakter der sprachlichen Mittel macht die Wahrnehmung der Rede und die Darstellung der inneren Rede möglich. Das begriffliche Denken kann jedoch nur mit den Mitteln der Sprache erfolgen. Daher sind die Begriffe in irgendeinem Maß und in irgendeiner Form immer direkt oder indirekt, unmittelbar oder entfernt, klar oder verdeckt mit irgendwelchen bildlichen Vorstellungen verbunden, Ausmaß und Form sind jedoch auf den verschiedenen Entwicklungsstufen unterschiedlich. Das konkrete anschauliche Denken war vorwiegend mit visuellen Bildern verbunden (besonders in der Periode der Vorherrschaft der kinetischen Sprache). Das abstrakte Denken hingegen ist hauptsächlich mit akustisch-wahrnehmbaren Bildern verbunden (was mit der Entwicklung der Lautsprache in direktem Zusammenhang steht).

Ebenso wie die Sprache die Existenzform des Denkens ist, bildet der Satz die Existenzform des Urteils und das Wort (oder mehrere Wörter) die Existenzform des Begriffs. Der Inhalt des Begriffs erschließt sich im Urteil, der Inhalt des Wortes im Satz. Bei der historischen Entstehung der Wörter wird dieser oben erwähnte enge Zusammenhang zwischen Begriffen und Vorstellungen deutlich. Das Wort drückt zunächst das Besondere, Spezifische aus, allerdings immer im Denken des Sprechenden und Wahrnehmenden mit der Vorstellung von einem Einzelgegenstand. Erst allmählich wird das Wort zur Ausdrucksform des Allgemeinen im eigentlichen Sinne und erweist sich gegenüber dem Begriff als adäquat.

Der verallgemeinernde Gedanke kann nur mit sprachlichen Mitteln der äußeren und inneren Rede erfolgen. „Weil die menschliche Vernunft", schrieb Herder, „nicht ohne Abstraktion seyn kann: und jede Abstraktion nicht ohne Sprache wird: so muß die Sprache auch in jedem Volk Abstraktionen enthalten"[25]. „Das Wort", schrieb Hegel, „gibt demnach den Gedanken ihr würdigstes und wahrhaftestes Dasein"[26]. Lenin unterstrich in den *Philosophischen Heften* mehrfach die Adäquatheit der Sprache gegenüber dem Denken mit allgemeinen Begriffen: „In der Sprache gibt es nur *Allgemeines*", schreibt Lenin; „jedes Wort *verallgemeinert* schon", „die Sinne zeigen die Realität; Denken und Wort das Allgemeine". Auch die Worte, die speziell zur Bezeichnung einzelner konkreter Gegenstände und Erscheinungen dienen sollen, haben dennoch unweigerlich allgemeinen Charakter: „(‚Dieses'? Das allgemeinste Wort). ‚Wer ist *das*? *Ich*. Alle Menschen sind ich. *Das* Sinnliche? Dies ist ein *Allgemeines* etc. etc.' ‚Dieser'?? Jeder ist ‚Dieser'"[27].

Die Lautsprache ist vorwiegend eine symbolische Sprache. Um die allgemeinen Merkmale einer Vielzahl von Erscheinungen zu abstrahieren und auszudrücken, muß die Form der Sprache vom unmittelbaren Zusammenhang und von der Ähnlichkeit mit den konkreten Einzelgegenständen und deren Merkmalen befreit werden; sie muß ihres anschaulich-bildlichen Charakters enthoben werden. Einer solchen Forderung kann nur eine symbolische Sprache, wie es die Lautsprache ist, gerecht werden. Das wurde auch von den Klassikern des Marxismus-Leninismus hervorgehoben. „Der Name einer Sache", schreibt Marx, „ist ihrer Natur ganz äußerlich"[28]. Dasselbe bestätigt auch die moderne Linguistik.

Das Wort ist jedoch nur in *einer* Beziehung ein Zeichen, und zwar nur von seiner Lautform (Phonetik) her. Von seinem Sinngehalt (Semantik) her ist das Wort ein *Bild*, da die Bedeutung, der Sinn des Wortes mit einem bestimmten Bewußtseinsinhalt, mit einer Wahrnehmung, einer Vorstellung, einem Begriff übereinstimmt, der die Gegenstände und Erscheinungen der Umwelt *widerspiegelt*[29]. Dieser bildlich-symbolische Doppelcharakter der Lautsprache ist ihr größter Vorzug. Hier sind die Lautsymbole organisch mit dem intellektuellen Inhalt verbunden. Die Symbolik selbst dient als Mittel zur verallgemeinerten Widerspiegelung der Wirklichkeit.

Aber diese Doppelrolle birgt auch die Möglichkeit in sich, das Wort als Symbol von seiner Bedeutung (dem Begriff) zu trennen, die Möglichkeit, das Wort zu zerstören, seinen objektiven Inhalt zu vergessen. In diesem Zusammenhang ist der Hinweis auf Lenins Äußerung in den *Philosophischen Heften* angebracht.

„Zu erwähnen nur [...] die Bemerkungen über *Symbole*, daß gegen sie im allgemeinen nichts zu sagen sei. Aber ‚*gegen alle Symbolik*' ist zu sagen, daß sie manchmal nichts ist als ein ‚bequemes Mittel, es zu ersparen, die *Begriffsbestimmungen* zu fassen, anzugeben und zu rechtfertigen'. Aber gerade das ist Sache der Philosophie"[30].

Im Verlauf der historischen Entwicklung der Sprache entstand allmählich aus einer Sprache mit einer *bildlichen* Form, die unmittelbar durch Gebärden diese oder jene *einzelnen* Gegenstände und Prozesse darstellte, eine Sprache mit einer *symbolischen* Form, die mittelbar über Wörter die Vielfalt der Gegenstände, Beziehungen und Zusammenhänge bezeichnete. Ein solches Abgehen der Sprachform von der anschaulichen äußeren Darstellung einzelner Gegenstände zu einem symbolischen, verallgemeinerten Ausdruck ihrer Vielfältigkeit und ihres wesentlichen Zusammenhangs stellte eine notwendige Voraussetzung für die sprachliche Abstraktion und Verallgemeinerung und folglich für die *Vertiefung* der menschlichen Erkenntnis dar. Dank ihrer spezifischen Besonderheiten war die Lautsprache ein wichtiges Mittel zur Entwicklung des abstrakten Denkens. Sie hatte großen Einfluß auf dessen Struktur und Form. Nur dank der Lautsprache konnte die Fähigkeit entwickelt werden, allgemeine Begriffe zu bilden und mit diesen zu operieren. Das war ein überaus großer Fortschritt. Es war und ist jedoch auch einer der wichtigsten Gründe für eine mögliche Lösung der Sprache und des Denkens vom Leben und der objektiven Wirklichkeit, für die Verwandlung der Wörter (und der durch sie ausgedrückten Begriffe) in selbständige Wesen usw. Außerdem können Wörter, die eine rein symbolische Bedeutung angenommen haben, jeglicher Realität entbehren, „denn Zeichen oder Symbole sind auch in bezug auf eingebildete Gegenstände durchaus möglich, und jeder kennt Beispiele *solcher* Zeichen oder Symbole"[31]. Wenn wir mit Worten operieren, müssen wir also immer ihren Inhalt klar im Auge haben, der letztendlich auf die richtige oder illusorische Widerspiegelung der objektiven materiellen Dinge und Beziehungen hinausläuft.

3. Diffuse Begriffe und polysemantische Wörter

Die primäre Entwicklungsstufe der Lautsprache nennt Marr das Stadium der „kosmischen" Wortschöpfung. Unter dem Einfluß der Entwicklung der produzierenden Tätigkeit und der Erweiterung des Kreises der in den Produktionsprozeß einbezogenen Gegenstände aus der Natur vergrößerte sich auch der Bewußtseinsinhalt. Die Vorstellungen der Menschen von den Produktivkräften der Arbeit erstreckten sich

in ungegliederter Form auf alle *Menschen*kräfte (vor allem die Hand) und alle *Natur*kräfte, die im Leben der Urgemeinschaft eine wichtige Rolle spielten und – nach der Vorstellung der Menschen – an ihrer Arbeitstätigkeit beteiligt waren. Sie wurden deshalb als kosmische Kräfte aufgefaßt und gedacht. Das war für die Urmenschen durchaus natürlich.
Marx charakterisierte die Natur als natürliche Voraussetzung für die Existenz einer menschlichen Gesellschaft.

„Die Erde (worunter ökonomisch auch das Wasser einbegriffen), wie sie den Menschen ursprünglich mit Proviant, fertigen Lebensmitteln ausrüstet, findet sich ohne sein Zutun als der allgemeine Gegenstand der menschlichen Arbeit vor. Alle Dinge, welche die Arbeit nur von ihrem unmittelbaren Zusammenhang mit dem Erdganzen loslöst, sind von Natur vorgefundne Arbeitsgegenstände. So der Fisch, der von seinem Lebenselement, dem Wasser, getrennt, gefangen wird, das Holz, das im Urwald gefällt [...] wird“[32].
Wie die Erde seine ursprüngliche Proviantkammer, ist sie sein ursprüngliches Arsenal von Arbeitsmitteln. Sie liefert ihm z.B. den Stein, womit er wirft, reibt, drückt, schneidet usw.“[33].

Ursprünglich waren die Menschen nicht in der Lage, ihre materiellen Existenzbedingungen klar im Bewußtsein zu gliedern. Als aber die ungegliederte Vorstellung von der Produktion (einschließlich des arbeitenden Subjekts, des Arbeitsgerätes und des Gegenstandes der Arbeit) differenzierter wurde, trat im Bewußtsein vor allem das Objekt auf, und zwar nicht als etwas Passives, sondern als tätige, produzierende Naturkraft: Zu dieser Naturkraft gehörte auch die Urgemeinschaft selbst, die als erste große Produktivkraft auftrat, ihr Totem, das Eigene und das Fremde, sowie ihre Arbeitskraft und -tätigkeit, die in der Hand – dem hauptsächlichen Arbeits- und Sprechorgan – konzentriert ist. Da die Menschen noch nicht die gesetzmäßige Rolle und Bedeutung jener gesellschaftlichen Kräfte erkannten, die ihre einzelnen, praktisch nützlichen Handlungen bedingten und bestimmten, begannen sie, ihre Handlungen als Ergebnis der durch ihre Vermittlung wirkenden allmächtigen Naturkräfte zu betrachten, als Ergebnis der Tätigkeit des Totems – des Vermittlers zwischen Natur und Mensch, der Naturkraft und gleichzeitig der Kraft des Kollektivs. In der Vorstellung war die Natur (Sonne, Wasser, Steine, Tiere, Pflanzen usw.) in dieser Periode nicht vom Kollektiv, vom Produktionsprozeß getrennt. Das Arbeitskollektiv verstand sich nur in der Einheit mit dem Arbeitsprozeß, mit den Geräten und Objekten der Arbeit. In der Vorstellung des Kollektivs bestand eine äußerst enge und untrennbare Beziehung zu jenen Gegenständen der Natur, die in seinem Leben eine erstrangige, wesentliche Rolle spielten. Die Erfassung des unauflöslichen Zusammenhangs und der Gemeinschaft mit diesen Gegenständen durch das Kollektiv lag auch den totemistischen Vorstellungen zugrunde, die mit dem Produktionsprozeß eng verbunden waren (Produktionstotemismus). Das Allgemeine und das Besondere gingen in dieser Zeit im Bewußtsein ineinander über. Das Totem, die Urgemeinschaft und jedes Mitglied dieses Kollektivs waren identisch und hatten denselben Namen. Überbleibsel hiervon sind noch bei einigen Stämmen der Gegenwart mit Gentilordnung zu finden, z.B. bei den Bororostämmen im nördlichen Brasilien (Steinen).

Auf dieser Entwicklungsstufe des menschlichen Denkens waren also Subjektives und Objektives, Einzelnes und Allgemeines, Individuelles und Kollektives, Soziales und Natürliches noch nicht gegliedert, sondern gingen ineinander über und vermischten sich. In dieser Vermischung und Vermengung spiegelte sich elementar, naiv und verworren die wirkliche Einheit dieser unterschiedlichen und entgegengesetzten Seiten der Welt wider.

„Das Urwort der Sprache", sagt Marr, „war die Hand des arbeitenden Menschen – des Schöpfers unserer gesamten materiellen und geistigen Kultur, darunter auch die Sprache". Hierbei bezeichnete das Wort „Hand" zunächst die Hand des Menschen und das Arbeitsgerät als Verkörperung der Arbeitskraft des Kollektivs, seines Totems (letzten Endes der Natur). Erst später, mit der Gliederung der Begriffe, nahm das Wort „Hand" eine differenziertere Bedeutung an (die eigentliche Hand und das Arbeitsgerät). Da aber die Form der Werkzeuge, die den verschiedenen Zwecken dienten (zur Nahrungsbeschaffung, Selbstverteidigung usw.) zunächst noch ungenügend differenziert war, bestand die Möglichkeit einer weiteren Gliederung dieser Begriffe nur beschränkt.

Wegen der oben genannten Koinzidenz der Begriffe des Kollektivs und seiner Arbeitstätigkeit sowie der Natur und ihrer Kräfte dienten die ersten Lautkomplexe in ihrer allgemeinsten, ungegliederten, synkretistischen Form zur Bezeichnung kosmischer Kräfte. Sie bezogen sich sowohl auf die Urgemeinschaft als auch auf die sie umgebende Natur bzw. die vielfältigen Gegenstände dieser Natur (Himmel, Wolken, Vögel, Wald, Tiere, Wasser, Fische usw.), da die letzteren als Teil des ganzheitlichen Komplexes der Dinge und Erscheinungen aufgefaßt wurden, die auf die eine oder andere Art am Produktionsprozeß und am Leben des Kollektivs überhaupt beteiligt waren. Diese Lautkomplexe waren bereits Ausdruck ziemlich umfassender Vorstellungen von der Umwelt. Ein jedes solches Lautzeichen bezeichnete eine Vielzahl konkreter Gegenstände und Erscheinungen, die sich im Bewußtsein des Menschen zu einem einzigen Komplex verbanden. (Zum Beispiel gab es für Himmel, Donner und Vögel ein und dieselbe Bezeichnung, desgleichen für Wald, eine Gruppe von Bäumen und jeden einzelnen Baum.) Der Teil eines ganzheitlichen Komplexes von Gegenständen und Erscheinungen wurde in unauflöslichem Zusammenhang mit dem Ganzen begriffen und mit diesem identifiziert. Deshalb wurden der Teil und das Ganze, das Einzelne und das Allgemeine, die Eigenschaft eines Gegenstandes und der Gegenstand selbst einander gleichgesetzt und gleich bezeichnet. Überbleibsel dieser Gleichsetzung sind auch heute noch bei den amerikanischen Indianern anzutreffen, z.B. Adler und Adlerfeder, Hirsch und Hirschschwanz usw. (Lumholtz), ebenso bei uns in Aserbaidschan und Armenien, wo bei der Opferung anstelle des Hirsches oder Hammels deren Hörner als Opfer dargebracht werden, und bei einigen Völkerschaften, die dem Verstorbenen bei der Bestattung statt seines Pferdes das Zaumzeug beigeben usw. (Meščaninov).

Das Anfangsstadium der Lautsprache ist durch eine ungewöhnliche Polysemie (Mehrdeutigkeit) der Wörter gekennzeichnet. Jedes Wort stellt eine Einheit aus verschiedenartigen Bedeutungen dar. Diese Polysemie ist die größte Besonderheit im Anfangsstadium der Sprachentwicklung. Sie zeugt von dem verworrenen, ungegliederten, diffusen Charakter der ersten Begriffe, die in primitiver synkretistischer Einheit eine Vielzahl verschiedenartiger Erscheinungen umfaßten. Solche Begriffe waren keine Verallgemeinerungen im heutigen Sinne. Die wirkliche Verallgemeinerung setzt in hohem Maße die Kenntnis des Unterschiedlichen und Vielfältigen voraus. Bevor man verallgemeinern kann, muß man gut gliedern können, und das konnte man noch nicht.

So wurden beispielsweise die drei Grundbereiche des Kosmos (Erde, Meer und Himmel), obwohl sie in der unmittelbaren Wahrnehmung und Vorstellung natürlich unterschieden wurden, begrifflich jedoch nicht gegliedert waren, anfangs mit ein und demselben Wort bezeichnet – „Himmel". Und da sich der Himmel oben befindet, die Erde unten, das Meer aber noch weiter unten, in der Tiefe, so wurden auch die konkreten räumlichen Vorstellungen (die untrennbar verbunden waren mit den genannten Objekten) – „oben", „unten" und „unter" – ebenfalls mit einem Wort bezeichnet. Wie schon erwähnt, wurde in dieser Periode noch nicht zwischen dem Allgemeinen, dem Besonderen und dem Einzelnen unterschieden. Alle Tiere hatten eine Bezeichnung, z.B. Hirsch, Pferd, Elch, Fisch usw., da der sie umfassende diffuse

Begriff ihre Grundbedeutung als Objekte einer produzierenden Tätigkeit, der Jagd und des Fischfangs, widerspiegelte. Um diese Vieldeutigkeit der ursprünglichen Wörter verstehen zu können, muß nicht nur berücksichtigt werden, wie wenig entwickelt dissoziierende Denkoperationen waren, sondern auch, wie gering der vorhandene Wortschatz der Lautsprache war, die sogar hinter dem schon in dieser Periode erreichten Entwicklungsstand des Denkens zurückblieb.

Nichtsdestoweniger entwickelte sich das Denken allmählich zu einer differenzierten Erkenntnis der Gegenstände, Erscheinungen und Beziehungen weiter. Das Denken überholte die Sprache, und es wurde notwendig, ein und dieselben Wörter differenziert anzuwenden. Das wurde durch Aufzeigen der konkreten Wortbedeutung im Gesamtkontext der Rede und in Zusammenhang mit der gegebenen konkret-materiellen Situation erreicht. Um den Sinn eines Wortes zu präzisieren, wurden vor allem Gebärden, Mimik, aber auch Heben und Senken der Stimme, Lautverlängerungen und -verkürzungen, Lautverdoppelungen, Veränderungen der Tonlage, Präzisierung der Artikulation und Kombinationen lautlicher Mittel eingesetzt.

In dieser Periode gab es noch keine logisch gegliederten Begriffe für den Gegenstand, die Qualität, die Quantität, die Tätigkeit und die Beziehung, und entsprechend gab es auch keine unterschiedlichen Bestandteile der Sprache, „es gab nur einen Lautkomplex, der zum Ausdruck des Bildes, der Vorstellung und des Begriffs angewendet wurde, doch ob die Anwendung dieses Bildes, dieser Vorstellung und dieses Begriffs statisch oder dynamisch erfolgte, d. h. einerseits entweder als Substantiv, Adjektiv, Pronomen, Numerale oder Konjunktion oder andererseits als Verb, hing von den Erfordernissen der Sprache ab“[34]. Der Gegenstand, seine Qualität und Tätigkeiten wurden mit ein und demselben Wort bezeichnet, dessen Sinn sich im konkreten Kontext eröffnete.

Überbleibsel eines solchen Gebrauchs derselben Wörter sowohl als Substantiv als auch als Adjektiv, Verbum oder Numerale findet man bei einigen Stämmen und Völkern der Gegenwart. Beispielsweise bedeutet in der Sprache der Bewohner einer der Neuen Hebriden das Wort „ihlup“ „heiß“ und „Hitze“, das Wort „alupas“ „groß“ und „wachsen“; in der Sprache eines der malaiischen Stämme bezeichnet das Wort „dakel“ sowohl die Größe als auch die Eigenschaft (groß); in der adygeischen Sprache bedeutet „l-é“ „Fuß“ und „spring“, das Wort „icy“ „Stemmeisen“ und „stemme“, usw.

Dieses Stadium der Lautsprache ist amorph-synthetisch zu nennen. Es charakterisiert den komplexen, ungegliederten, konkreten und anschaulichen Charakter des „kosmischen“ Denkens. Marr unterstreicht auf Grund seiner Forschungen die Bildhaftigkeit des Denkens auf dieser Stufe. Es ist nicht zu bzweifeln, daß sich in einem solchen Denken primitiv, blind und elementar der faktische unverbrüchliche Zusammenhang der vielfältigen Seiten der Wirklichkeit widerspiegelt. In dieser Zeit gliederten sich die Urteile noch nicht in Begriffe, das Denken vollzog sich in der Form von Begriffen-Urteilen, die sich als ungegliederte Gedanken darboten. Entsprechend waren auch die Sätze noch nicht in Wörter unterteilt, das Sprechen vollzog sich in Form von Wörter-Sätzen, d.h. mit ungegliederten Elementen der Sprache. Einzelne Wörter im heutigen Sinn gab es noch nicht.

Als Folge der allmählichen Gliederung der verschiedenen Gegenstände und Erscheinungen im Bewußtsein wurden die Wörter semantisch immer mehr besetzt. Auf einer bestimmten Entwicklungsstufe mußte dies unausbleiblich die Polysemie der ursprünglichen Wörter sprengen und ihren Zerfall herbeiführen.

Der Gliederungsprozeß der diffusen Vorstellungen und Begriffe begann damit, daß aus den Vorstellungen und Begriffen eine Teilbedeutung herausgelöst wurde und frühere Bezeichnungen in modifizierter Form für eine lange Zeit beibehalten wurden. Beispielsweise wurde im Prozeß der weiteren sprachlichen Gliederung der Himmel im eigentlichen Sinne als „sonniger“ oder „wolkiger“ Himmel bezeichnet, die Erde als „Pflanzenhimmel“ und das Meer als „Höllenhimmel“[35]. In dieser Richtung – in Übereinstimmung mit dem sich erweiternden Kreis der Vorstellungen und deren Dissoziationen – erfolgte auch die Bildung immer *speziellerer* Benennungen, fand „das Herauslösen der im Bewußtsein schon abgetrennten speziellen Formen aus einem einheitlichen allgemein verstandenen Bild statt. [...] So erklärte sich beispielsweise, daß die Vögel als ‚Himmel‘ verstanden wurden, als Teil des Himmels, [...] und deshalb bedeuteten, wie die japhetitische Paläontologie erklärt, sowohl die allgemeinen, als auch die speziellen oder Artbezeichnungen eigentlich ‚der Himmel‘ bzw. ‚die Himmel‘; erst in der Folge, nach Ausarbeitung der Formen, bedeuteten sie ‚Himmelsvögel‘“[36].

N. J. Marr deckte den primitiv-synthetischen und naiv-dialektischen Charakter des primitiven Denkens auf. Er zeigte, daß in der Periode, in der die ganzheitlichen Bilder der Umwelt im Bewußtsein allmählich in verschiedene Bestandteile, Aspekte und Merkmale aufgegliedert wurden (was letztlich durch die Entwicklung der gesellschaftlichen Produktion bedingt war), das Denken diese Teile und Aspekte noch nicht voneinander trennte, sie einander nicht absolut gegenüberstellte und sie nicht als völlig losgelöst und unabhängig voneinander begriff (wie es später für das formal-logische Denken charakteristisch war). Daher wurden direkt gegensätzliche Teile, Seiten und Eigenschaften der Gegenstände und Erscheinungen der Umwelt in ihrer Einheit und ihrem untrennbaren Zusammenhang wahrgenommen und begriffen. Die im Denken gebildeten Begriffe dieser Gegenstände, Qualitäten und Eigenschaften waren vielseitige, gegensätzliche Abbilder ein und derselben Wirklichkeit. Sie wurden nicht getrennt von den im Prozeß der sinnlichen Wahrnehmung und Vorstellung entstehenden ganzheitlichen Bildern der Umwelt gedacht. Der primitiv-synthetische Charakter des primitiven Denkens beruhte auf der unmittelbaren, kontemplativen Synthese der wahrgenommenen Erscheinungen – entsprechend jenen Beziehungen und Zusammenhängen, die vor allem bei der praktischen Erfahrung der Menschen ins Auge fielen. Die genannten Besonderheiten des primitiven Denkens, die von außerordentlich großer Bedeutung für die Genesis späterer Formen des begrifflichen Denkens sind, fanden ihren charakteristischen Ausdruck in der Sprache. „Früher“, sagt Marr, „gab es Vorstellungen, aber es gab noch keine exakten Begriffe; als sich jedoch mit zunehmender Präzisierung zunächst Vorstellungen herauslösten und mit ihnen dann im Prozeß der Entwicklung der Produktion und der Produktionsverhältnisse Begriffe aufkamen, wurden in ein und derselben Gesellschaft [...] diametral entgegengesetzte Gegenstände und entsprechend entgegengesetzte Vorstellungen und Begriffe mit ein und demselben Wort bezeichnet ...“[37]

Der Dissoziationsprozeß allgemeiner Vorstellungen und Begriffe sowie das Herauslösen von besonderen Begriffen, die das erkannte Objekt von entgegengesetzten Seiten aus charakterisieren und die nur eine relative Selbständigkeit besitzen, aber nicht die Verbindungen zu den ganzheitlichen „Mutterbegriffen“ verlieren, dieser Prozeß tritt in der Sprachgeschichte deutlich zutage. Das Wort, das das Objekt bis zu dessen Aufgliederung in verschiedene Teile und Seiten bezeichnet hatte, wurde danach auf diese Teile und Seiten übertragen. Der hieraus rührende unterschiedliche Sinn eines Wortes wurde als natürliche Variante und Präzisierung seiner ursprünglichen Bedeutung verstanden. Auf diese Weise wurde dem der Gesellschaft zu dieser Zeit schon zur Verfügung stehenden Wort die Realisierung des Bedürfnisses übertragen, unterschiedliche neue Bedeutungen auszudrücken. Dieses Wort war gleichsam das „Mutterwort“ gegenüber den in der Folge von ihm gebildeten Wortbezeichnungen. Neue (gegliederte und oft gegensätzliche) Bedeutungen wurden mit demselben Wort ausgedrückt, das aber neben der früheren Bedeutung einen neuen, begrenzten Sinn (wobei das Allgemeine durch eine Teilfunktion eingeschränkt wurde) erlangte. „Indem so die Einheit des Mutterwortes zwischen zwei aus ihm entstandenen Formen aufgespalten wird, behält das neue Wort", sagt Marr, „folglich nicht seine materielle ‚Mutter' (den Lautkomplex) mit der früheren semantischen Funktion bei; genau wie in der Produktion der Stein als Werkzeug, der in die Form seiner Funktion – nämlich ‚spalten' – umgebildet wurde, die Rolle des Werkzeugs und Produzenten übernimmt und dem Stein die Rolle des Steins und Stoffes (Materials) überläßt"[38]; ein und dasselbe Wort (Stein) beginnt, zur Bezeichnung neuer, unterschiedlicher Begriffe zu dienen – zur Bezeichnung des Werkzeugs, der Funktion (Spalten) und des Materials.

In den Untersuchungen von N. Jakovlev und D. Ašchamaf über die adygeische Sprache finden wir interessantes Material, das eine gewisse Gesetzmäßigkeit des Gliederungsprozesses der ursprünglichen Begriffe und Wörter bestätigt[39]. In der Periode, als es noch keine Obstkulturen gab, bedeutete das Wort „wir" „Apfel" (dabei dachte man sich den „Apfel" in verworrener, ungegliederter Form, meinte aber „wild wachsender Apfel", da nur dieser zu der Zeit bekannt war). In der Folge wird der Begriff „Apfel" im Zusammenhang mit der Entwicklung des Obstbaus gegliedert, was seinen Ausdruck in den entsprechenden Aspekten des Wortes findet – es treten die Wörter „wild wachsender Apfel" (mit dem Begreifen des wilden Zustandes) und „wilder Apfel mit den Händen gepflanzt" auf (innerer Widerspruch, unvermeidlich bei einer solchen Übertragung von Bezeichnungen). In der Periode, in der nur hölzerne Nägel in Gebrauch waren, bedeutete das Wort „iun" „Nagel" (wobei ebenso „hölzerner Nagel" gemeint war). Als aber später auch eiserne Nägel aufkamen, wurde der Begriff Nagel aufgegliedert, und es tauchten die entsprechenden Wörter „pch-eiun" (hölzerner Nagel) und „g-učiyiun" (eiserner Nagel) auf. In der Periode, als es nur den Ochsenkarren mit Deichsel und Joch als Transportmittel gab, bedeutete das Wort „ku" „Karren" (worunter man Ochsenkarren verstand). In der Folge fand mit dem Auftreten neuer Transportarten eine Gliederung des Begriffs statt, und es bildeten sich die Worte: „cu-ku" (Ochsenkarren) und „šy-ku" (Pferdefuhrwerk); noch später aber bewirkte das Gesetz der funktionellen Semantik die Entwicklung des Wortes „měšio-ku" (Feuerwagen – womit der Zug gemeint war). In der Periode, als von den Getreidearten nur Gerste angebaut wurde, bedeutete das Wort „Korn" natürlich „Gerstenkorn". Als jedoch begonnen wurde, auch andere Kulturen anzubauen, gliederte sich der Begriff Korn, und es entstanden die Worte: „Gerstenkorn", „Hirsekorn", „Weizenkorn", „Maiskorn" usw. (wobei sich in allen diesen Fällen jener Widerspruch zeigte, der schon oben in bezug auf den Apfel hervorgehoben wurde). Erst auf der Basis einer weitgehenden Gliederung der Begriffe (der Wörter) und mit dem Auftreten einer Vielzahl von Teilbedeutungen konnten in der Folge allgemeine Begriffe im eigentlichen Sinne dieses Wortes entstehen, als bewußte Widerspiegelungen der Einheit in der Vielfalt, wie beispielsweise die Begriffe „Apfel" allgemein, „Nagel" allgemein, „Mittel zum Wagentransport" allgemein, „Getreide" allgemein usw. (hiervon wird später noch die Rede sein). In der adygeischen Sprache gab es diesen Begriffen entsprechende Wörter noch nicht.

Diese Gesetzmäßigkeit der Wortbildung, die den Prozeß der Begriffsbildung widerspiegelt, ist eine der allgemeinsten Gesetzmäßigkeiten der Sprachentwicklung. Mit ungewöhnlicher Deutlichkeit zeigt sich hier der dialektische Charakter der Entwicklung des Denkens und der Sprache: die Spaltung des Einheitlichen in gegensätzliche Bestandteile, Seiten und Funktionen. Im Verlauf vieler Jahrtausende schlug sich das elementare Bewußtwerden der Einheit und des Zusammenhangs dieser Gegensätzlichkeit in der Sprache nieder. Das geschah auch noch, als das Denken schon die Fähigkeit zur Begriffsbildung entwickelt hatte; es geschah so lange, wie das formal-logische Denken die Herkunft der abstrakten Begriffe noch nicht ignorierte, sie noch nicht in tote, erstarrte Begriffe verwandelte und einander absolut gegenüberstellte und noch nicht jegliche lebendige Verbindung und wechselseitige Abhängigkeit zwischen ihnen zerstörte.

Die Erkenntnisse der modernen Linguistik über die Sprache der Urgesellschaft bestätigen in glänzender Weise die genetische Einheit gegensätzlicher Begriffe. Die Begriffe sind Widerspiegelungen der Dinge, die unter dem Aspekt ihrer speziellen Funktionen im Leben der Urgemeinschaft gesehen werden. Aber da jeder Gegenstand in neuen Verhältnissen neue, andere Funktionen zeigt, wird sich natürlich auch der Begriff des Gegenstandes unbedingt aufgliedern und als Ausgangspunkt für neue, unterschiedliche und sogar gegensätzliche Begriffe dienen. Dabei geht die Bezeichnung vom „Mutterbegriff" auf den „Tochterbegriff" über und erlangt zwei unterschiedliche und sogar gegensätzliche Bedeutungen. Die so unter dem Einfluß der Erfordernisse des Lebens gebildeten, direkt gegensätzlichen Begriffe wurden mit ein und demselben Wort bezeichnet. So wurden beispielsweise qualita-

tiv gegensätzliche Begriffe mit demselben Wort bezeichnet: „Helfendes“ und „Hemmendes“, „Schaffendes“ und „Zerstörendes“, „Nützliches“ und „Schädliches“, „Gutes“ und „Schlechtes“, „Weißes“ und „Schwarzes“, „Lebendes“ und „Totes“, „Freund“ und „Feind“, „Licht“ und „Dunkel“, „Tag“ und „Nacht“, „Kopf“ und „Schwanz“, „Anfang“ und „Ende“, „oben“ und „unten“ usw. Aber auch quantitativ gegensätzliche Begriffe wurden mit ein und demselben Wort bezeichnet, wie z. B.: „Ganzes“ und „Teil“, „viel“ und „eins“ usw. Das seiner ursprünglichen Bedeutung nach allgemeinere (diffusere) Wort nahm durch Spaltung neue, gegensätzliche Teilbedeutungen an. Beispielsweise gliederte sich der Begriff (das Wort) „Fremder“ in „Freund“ und „Feind“ auf (wobei die frühere, allgemeine Bezeichnung entsprechend mit neuen, gegensätzlichen Bedeutungen versehen wurde); der Begriff (das Wort) „Mensch“ gliederte sich in „Seele“ und „Körper“, der Begriff (das Wort) „verboten“ in „geheiligt“ und „entweiht“ usw. In der abchasischen Sprache bedeutete „psy“ „Leben (Seele)“ und „Tod“. In der russischen Sprache entwickelten sich aus dem Wort „č-n-kon“ „Anfang“ und „Ende“. Dieser Zusammenhang ist auch in den Worten „iskonc“ (von Anfang an) und „konec“ (Ende) ersichtlich.
N. J. Marr wies in glänzender Weise nach, daß der Herausbildung des formal-logischen Denkens eine überaus lange Periode vorausging, in deren Verlauf die Menschheit elementar-dialektisch dachte. Dennoch überwog auf den frühen Stufen fast immer eine blindlings oberflächliche und willkürliche Annäherung gegensätzlicher Merkmale, ohne daß die innere Widersprüchlichkeit der Erscheinungen klar erkannt wurde.
Diese Denkweise ist auch für die primitiven Stämme der Gegenwart charakteristisch. Ihre Gleichgültigkeit gegenüber dem formal-logischen Gesetz des Widerspruchs ruft unter den bürgerlichen Ethnographen und Soziologen Verwunderung hervor. „In den Kollektivvorstellungen des primitiven Denkens“, schreibt Lévy-Bruhl, „können die Gegenstände, Wesen und Erscheinungen auf eine uns unverständliche Weise sie selbst und zugleich etwas anderes als sie selbst sein. [...] Für diese geistige Beschaffenheit führt der Gegensatz zwischen dem einen und dem vielen, demselben und dem anderen usw. nicht notwendig dazu, eine dieser Bestimmungen zu verneinen, wenn man die andere bejaht, und umgekehrt. Der Gegensatz hat nur ein sekundäres Interesse. Manchmal wird er bemerkt, manchmal auch nicht“[40]. Lévy-Bruhl meint, daß solche Gleichgültigkeit gegenüber Widersprüchen nur durch die mystische Orientierung des primitiven Denkens erklärt werden kann. Sie erklärt sich jedoch voll und ganz durch den primitiv-synthetischen Charakter

dieses Denkens, das – richtig oder falsch – in den ganz realen Dingen eine Verbindung gegensätzlicher Merkmale sieht. Und wenn wir sogar in modernen entwickelten Sprachen als geschichtliches Erbe Wörter finden, die gegensätzliche Bedeutungen besitzen, dann zeugt das nur davon, daß die Sprache den in seinem tiefsten Grunde dialektischen Charakter des menschlichen Denkens elementar bewahrte.

„[...] es kann dem Denken eine Freude gewähren, auf solche Wörter zu stoßen und die Vereinigung Entgegengesetzter, welches Resultat der Spekulation für den Verstand aber widersinnig ist, auf naive Weise schon lexikalisch als ein Wort von den entgegengesetzten Bedeutungen vorzufinden“[41].

So bedeutet z.B. das lateinische Wort „tollere“, das viele Bedeutungen aufweist, einerseits „erhöhen“, „sehr hoch schätzen“, aber andererseits „wegbringen“, „beseitigen“, „entfernen“. Das deutsche Wort „aufheben“ bedeutet „zurücklegen“, „bewahren“, gleichzeitig aber auch „abbrechen“, „ein Ende machen“.
Die auf der anfänglichen Entwicklungsstufe der Lautsprache vorhandene Polysemie der Wörter führte mit wachsendem Bedarf an einer präziseren Sprache im weiteren Verlauf zu ihrer Differenzierung, zur Abspaltung einer Vielzahl von Wörtern von jedem einzelnen Wort. Dieser Prozeß war durch die komplizierter werdende materielle Welt bei der produzierenden Tätigkeit des Menschen und die entsprechende Erweiterung seines geistigen Horizontes bedingt.

„Die mit der Ausbildung der Hand, mit der Arbeit, beginnende Herrschaft über die Natur erweiterte bei jedem neuen Fortschritt den Gesichtskreis des Menschen. An den Naturgegenständen entdeckte er fortwährend neue, bisher unbekannte Eigenschaften“[42].

Alle diese neuen Erscheinungen und Eigenschaften prägten sich dem Menschen ein und mußten sprachliche Bezeichnungen erhalten. Infolgedessen spalteten sich die ursprünglichen poly-semantischen Wörter und bildeten durch Hervorbringung einer Vielzahl neuer Wörter Varianten, die eine bestimmtere, begrenztere und speziellere Bedeutung besaßen. So erweiterte sich allmählich, mit wachsender Mannigfaltigkeit der materiellen Kultur und der Entwicklung der gesellschaftlichen Verhältnisse die Lexis des Urmenschen.

4. Begriffsbildung und funktionelle Semantik

Auf Grund ihrer symbolischen Form können die Wörter in immer größerem Maße als Ausdruck nicht für einzelne sinnlich wahrnehmbare Bilder, sondern für aufkommende *Begriffe* dienen, die einen bestimmten festgelegten Kreis von Erscheinungen verallgemeinern. Gerade im Wort als qualitativ neuer Form der Sprache war von Anfang an der Keim des künftigen geistigen Fortschritts enthalten. Das Wort war ein hervorragendes Mittel zur Verallgemeinerung und Bewahrung der menschlichen Erfahrung; es eröffnete außerordentliche Möglichkeiten für die intellektuelle Entwicklung. Diese Möglichkeiten konnten und wurden unter dem Einfluß der zwingenden Erfordernisse des materiellen Lebens der Gesellschaft realisiert.

Auf welchem Wege entstanden indessen die in Wörtern fixierten Begriffe? Worauf basierten Abstraktion und Verallgemeinerung und folglich auch Wortbildung und Benennung? Die richtige Antwort hierauf konnte nur die marxistische Erkenntnistheorie vermitteln. Letztliche Quelle und Grundlage der Bildung von Begriffen und Wörtern war die Arbeitstätigkeit der Menschen, ihre materielle Beziehung zur Natur und zueinander, ihre materiellen Bedürfnisse.

Die gemeinschaftliche Arbeit der Urmenschen, ihr Stammeigentum an den Produktionsmitteln und Arbeitsprodukten veranlaßte sie, die Gemeinschaftlichkeit ihrer Tätigkeit, den gemeinschaftlichen Besitz an den Werkzeugen und erworbenen Lebensmitteln als besonders wesentlichen Zusammenhang und als Gemeinsamkeit der Menschen selbst und der sie umgebenden Gegenstände und Erscheinungen einzuschätzen.

„Im primitiven Gemeinwesen, worin z.B. die Lebensmittel gemeinschaftlich produziert und verteilt werden unter den Gemeindegenossen, befriedigt das gemeinsame Produkt direkt die Lebensbedürfnisse jedes Gemeindegenossen, jedes Produzenten, der gesellschaftliche Charakter des Produkts, des Gebrauchswerts, liegt hier in *seinem* (*gemeinsamen*) *gemeinschaftlichen Charakter*“[43].

Außerdem stießen die Menschen in ihrer Praxis – bei aller Vielfältigkeit der einzelnen Situationen, die sich im Prozeß ihrer Arbeit und ihres Lebens herausgebildet hatten – ständig auf ähnliche, gleichartige Kennzeichen und Eigenschaften der sie umgebenden Gegenstände, auf eine Wiederholung bzw. Reproduktion bestimmter Erscheinungen. Der ständig von neuem beginnende Produktionsprozeß, bei dem die im wesentlichen gleichen physischen Voraussetzungen galten und die im wesentlichen gleichen Verfahren, auch gleichen Werkzeuge und Materialien angewendet und erlangt wurden, war Hauptgrundlage der Verallgemeinerung.

„Auf einer bestimmten, äußerst niedrigen Entwicklungsstufe der Gesellschaft entsteht das Erfordernis, als allgemeine Regel die sich von Tag zu Tag wiederholenden Akte der Produktion, der Verteilung und des Tauschs von Produkten zu erfassen, sich darum zu kümmern, daß das Individuum sich den allgemeinen Bedingungen der Produktion und des Tauschs unterwarf“[44].

Diejenigen praktisch wichtigen Zusammenhänge und Eigenschaften von Gegenständen und Menschen, die sich notwendigerweise im Prozeß der Produktion und Konsumtion wiederholten, erschienen als dauerhaft und *besonders wesentlich.* Vor allem auf sie war das menschliche Denken gerichtet, von diesen Eigenschaften aus begann der Abstraktionsprozeß, und über sie erfolgte die Verallgemeinerung einer Vielzahl von Gegenständen und Erscheinungen. *Natürliche* Unterschiede der Gegenstände spielten dabei keine entscheidende Rolle[45]. Wenn die Gegenstände *ein und dieselbe Funktion in der Produktion* hatten und die Fähigkeit besaßen, *ein und dasselbe Bedürfnis* zu befriedigen, stellten sie sich dem ursprünglichen Denken als *ähnlich* bzw. *gleichartig* dar, ungeachtet ihrer sonstigen Unterschiede; sie wurden in einem *Begriff* verallgemeinert und mit *einem Wort* bezeichnet. Die in der Praxis zutage tretende Wiederholbarkeit der Erscheinungen diente als besonders deutlicher Ausdruck der *wesentlichen objektiven Zusammenhänge* zwischen den Dingen und bildete daher die Grundlage für die Verallgemeinerung. Eine solche Form der Verallgemeinerung und Benennung war in eben dieser Zeit bei der sozialen Kommunikation der Menschen unbedingt erforderlich zur Aufrechterhaltung und Entwicklung ihrer Kontakte im Arbeitsprozeß, im Prozeß der Einwirkung auf die Gegenstände ihrer Umgebung und der Befriedigung ihrer Bedürfnisse. Bei jeder anderen Form der Verallgemeinerung und Benennung hätten die Menschen nicht gleichartig denken und einander nicht verstehen können.

In diesem Zusammenhang muß darauf hingewiesen werden, daß ein solcher Prozeß der Verallgemeinerung von Gegenständen und Erscheinungen in Begriffen unbedingt die Entdeckung der Einheit in der Vielfalt, des Ähnlichen im Unterschiedlichen, des Bleibenden im Vergänglichen, des Wesens von Erscheinungen usw. voraussetzte. Wenn eine einfache Reproduktion der Gegenstände und Prozesse stattgefunden hätte, eine einfache Wiederholung der einmal wahrgenommenen Situation ohne jegliche Veränderungen und Umgestaltungen, dann wäre die Wahrnehmung automatisiert worden, dann wären auf gleichartige Reize gleichartige Reaktionen reflektorischen Charakters erfolgt, das Bewußtsein wäre nicht zur Tätigkeit angeregt und nicht durch eine Veränderung der wahrgenommenen Lage und der Arbeitsbedingungen verblüfft worden. Erst in dem Maße, in dem die *Wiederholbarkeit* bei *sich verändernden* Bedingungen auftrat und sich das Allgemeine (die einheitlichen, notwendigen und wesentlichen Eigenschaften und Zusammenhänge) in der Vielfalt einzelner (veränderlicher, vorübergehender, in unterschiedlichen Situationen auftretender) Gegenstände und Erscheinungen zeigte, konnte das menschliche Denken sich auf dieses Allgemeine konzentrieren, es intensiv suchen, herauslösen, erfassen und benennen.

Folglich spiegelte sich das, was in der objektiven Wirklichkeit und der Praxis der Produktion als allgemein, gleichartig erschien, im Denken als allgemeiner Begriff wider und wurde in der Sprache mit entsprechenden Wörtern ausgedrückt. „Das Denken", sagt Engels, „kann, ohne Böcke zu schießen, nur diejenigen Bewußtseinselemente zu einer Einheit zusammenfassen, in denen oder in deren realen Urbildern diese Einheit schon *vorher bestanden*"[46].

„Auf gewissem Grad der Fortentwicklung, nachdem unterdes auch ihre Bedürfnisse und die Tätigkeiten, wodurch sie befriedigt werden, sich vermehrt und weiterentwickelt haben, werden sie auch bei der ganzen Klasse diese erfahrungsmäßig von der übrigen Außenwelt unterschiednen Dinge sprachlich taufen. Dies tritt notwendig ein, da sie im Produktionsprozeß – i. e. Aneignungsprozeß dieser Dinge – fortdauernd in einem werktätigen Umgang unter sich und mit diesen Dingen stehn und bald auch im Kampf mit andern um diese Dinge zu ringen haben. Aber diese sprachliche Bezeichnung drückt durchaus nur aus als Vorstellung, was wiederholte Bestätigung zur Erfahrung gemacht hat, nämlich daß den in einem gewissen gesellschaftlichen Zusammenhang bereits lebenden Menschen (dies der Sprache wegen notwendige Voraussetzung) gewisse äußere Dinge zur Befriedigung ihrer Bedürfnisse dienen. Die Menschen legen diesen Dingen nur einen besonderen (generic) Namen bei, weil sie bereits wissen, daß dieselben zur Befriedigung ihrer Bedürfnisse dienen, weil sie ihrer durch mehr oder minder oft wiederholte Tätigkeit habhaft zu werden und sie daher auch in ihrem Besitz zu erhalten suchen; sie nennen sie vielleicht ‚Gut' oder sonst etwas, was ausdrückt, daß sie praktisch diese Dinge gebrauchen, daß diese Dinge ihnen nützlich, und geben dem Ding diesen Nützlichkeitscharakter als von ihm besessen, obgleich es einem Schaf schwerlich als eine seiner ‚nützlichen' Eigenschaften vorkäme, daß es vom Menschen eßbar ist.
Also: die Menschen fingen tatsächlich damit an, gewisse Dinge der Außenwelt als Befriedigungsmittel ihrer eignen Bedürfnisse sich anzueignen etc. etc.; später kommen sie dazu, *sie auch sprachlich* als das, was sie in praktischer Erfahrung für sie sind, nämlich als *Befriedigungsmittel ihrer Bedürfnisse* zu bezeichnen, als Dinge, die sie ‚befriedigen'"[47].

Diese Ideen wurden in der Lehre von N. J. Marr über die *funktionelle Semantik* weiterentwickelt und konkretisiert.

Anhand von umfangreichem linguistischen Material begründete Marr vor allem den materialistischen Grundsatz, daß die Erweiterung des Kreises der in den Prozeß der gesellschaftlichen Produktion einbezogenen Erscheinungen Hauptursache für die Erweiterung des Kreises von Vorstellungen und Begriffen und folglich auch von Wörtern und ihren Abwandlungen ist. Das gesellschaftliche Sein bestimmt das Denken und die Sprache. L. Noiré bemerkte völlig richtig, wie Plechanov sagt, daß „alle Gegenstände in das Blickfeld des Menschen geraten, d. h. für ihn nur in dem Maße zu Dingen werden, in dem sie seinem Einfluß unterworfen werden, und dementsprechend erhalten sie ihre Bezeichnungen, d.h. Namen"[48]. Die Menschen schaffen erst bestimmte Gegenstände und geben ihnen dann Namen. Die Begriffe und Worte „Hammer", „Axt", „Messer", „Speer", „Bogen", „schneiden", „feilen" usw. konnte es erst geben, seitdem es die entsprechenden Werkzeuge gab; die Worte „anzünden", „braten" usw. konnten erst zur Zeit der Anwendung des Feuers entstehen usw. „Jedes produzierende Kollektiv", sagt Marr, „schafft gleichzeitig mit den Gegenständen der Produktion auch die Bezeichnungen für diese Gegenstände und die Bezeichnungen für die technischen Fertigungsverfahren, die dann je nach ihrer Notwendigkeit in den allgemeinen Sprachgebrauch einzelner Gruppierungen von Menschen übergehen, bald aller, bald nur einer, und zwar einer Gruppierung, die mit dem schöpferischen produzierenden Kollektiv eine gemeinsame Sprache spricht"[49].

Marr bewies, daß die Bedeutung der Wörter, die diese oder jene Gegenstände und Prozesse bezeichneten, vor allem durch die *Funktion* bestimmt wurde, die diese Gegenstände und Prozesse im produktiven Leben, im wirtschaftlichen Leben bzw. in den sozialen Wechselbeziehungen erfüllten. Entsprechend der Gemeinsamkeit ihrer sozialen Funktion wurden die Gegenstände und Erscheinungen verallgemeinert, klassifiziert und mit bestimmten Bezeichnungen versehen. Diese These beweist einmal mehr, daß die menschliche Sprache – wie auch das Denken – kein passiver Prozeß ist, sondern sich im Prozeß der aktiven praktischen Tätigkeit formt und entwickelt. Sie ist auch sehr wichtig für die Kritik der metaphysischen Auffassung von der Entstehung allgemeiner Begriffe überhaupt, der formal-logischen insbesondere. Die Gegenstände (Steine, Bäume, Tiere usw.) wurden nicht nach der Ähnlichkeit ihrer äußerlichen Merkmale begriffen, verallgemeinert und benannt, nicht nach der Gemeinsamkeit ihrer natürlichen Eigenschaften, sondern vor allem nach der Gleichartigkeit ihrer Bedeutung für die Produktion, ihrer Rolle in der gesellschaftlichen Praxis, ihrer Beziehung zum Menschen und seinen Bedürfnissen. Man darf jedoch nicht, wie N. J. Marr, die sozial-praktischen Funktionen der Gegenstände ihren natürlichen Eigenschaften absolut gegenüberstellen (siehe beispielsweise *Izbrannye raboty*, Bd. III, 111). In der Wirklichkeit ist der Unterschied zwischen ihnen äußerst *relativ*, da der möglichen praktischen Nutzung der Gegenstände immer ihre *natürlichen* Eigenschaften zugrunde liegen. Die praktische und geistige Begrenztheit der Urmenschen bedingte, daß ihr Denken sich nur auf solche natürlichen Eigenschaften konzentrierte, die in Produktion und Konsumtion von *unmittelbarer* und vorrangiger Bedeutung waren. Mit wachsender materieller und geistiger Kultur erlangten immer mehr natürliche Eigenschaften, Beziehungen und Vermittlungen direkte oder indirekte Bedeutung für die Befriedigung praktischer Bedürfnisse der Menschen; die Wissenschaft dringt immer tiefer in die objektiven Gesetzmäßigkeiten der Natur ein. Dennoch ist die menschliche Praxis auf allen Kulturstufen die wichtigste und entscheidende Grundlage unseres Wissens von der gegenständlichen Welt.

Die *gemeinsamen* Arbeitstätigkeiten der Urgemeinschaft mit Werkzeugen, die *Stammeigentum* waren, sowie die *Wiederholbarkeit* dieser Tätigkeiten und der erlangten Lebensmittel stellten die Grundlage für den Prozeß der Bildung allgemeiner Begriffe und Bezeichnungen dar. Jedes Arbeitsinstrument wurde sowohl als *einzelner* konkreter Gegenstand wahrgenommen, der die eine oder andere Teilfunktion erfüllte, als auch als *allgemeines* Arbeitsinstrument begriffen, das vielfältige Funktionen in der Wirtschaft der Urgemeinschaft erfüllte. Mit ein und demselben Wort wurde bezeichnet, was gleichzeitig sowohl einen konkreten als auch einen allgemeinen Sinn besaß. Dies bezieht sich auf das arbeitende Subjekt und auch auf seine Arbeitsinstrumente. Das arbeitende Subjekt wurde sowohl als Individuum als auch als gesamtes Kollektiv der Urgemeinschaft begriffen. Der einzelne Mensch eines Stammes und der Stamm selbst trugen dieselbe Bezeichnung. Dies gilt gleichermaßen für das Werkzeug.

„Ein solcher Gegenstand, wie beispielsweise die Axt, die sich im Besitz des ganzen produzierenden Kollektivs der Urgesellschaft befand, wurde auf zweifache Weise begriffen – sowohl als konkreter Gegenstand Axt als auch als allgemeiner Begriff ‚Werkzeug', weshalb auch ein Wort, das diesen Gegenstand signalisierte, sowohl ‚Axt' als auch ‚Werkzeug' bedeutete ..."[50].

Folglich besaß jedes Wort neben dem konkreten Sinn noch eine umfassendere allgemeine Bedeutung.

Die Abhängigkeit der Begriffe und Wörter von der praktischen Funktion der widergespiegelten Gegenstände schlug sich in der *historischen Entwicklung* der Begriffe und ihrer Wortbezeichnungen nieder. Als im Leben der Gesellschaft neue Gegenstände und Erscheinungen auftraten, die im wesentlichen die gleiche *Funktion* erfüllten wie auch die vorher benutzten Gegenstände, wurde sie als *homogen* bzw. als gleichartig *begriffen* und mit *demselben Namen* wie die früheren bezeichnet. So wurde beispielsweise die Bezeichnung „Stein" (Steinwerkzeug) nach deren Auftreten auf Bronze-, Kupfer- und Eisenwerkzeuge übertragen, da sie alle dieselbe Funktion erfüllten – die Funktion eines Arbeitsinstruments. Ebenso wurde beim Wechsel der Tiere, die als Fortbewegungsmittel dienten, die Bezeichnung „Hirsch“ auf den „Hund“ übertragen, die Bezeichnung „Hund“ auf das „Pferd“ usw. usf. „Das Wort ‚kon‘“, schreibt Marr, „bedeutete irgendwann einmal ‚Hund‘, bis dieser in der Wirtschaft durch das ‚Pferd‘ ersetzt wurde, und ein Überrest ist im Russischen in dem gemischten Stamm kon + ur – a // kan + ur – a erhalten, was ursprünglich ‚sobač-e pomeščenie‘ (Hundehütte, d. Ü.) hieß“[51].

Es ist charakteristisch, daß in weiter Vergangenheit, wie Marr erläuterte, auch die Bezeichnung für das Organ zum Wahrnehmen der Sprache diesen Prozeß des Übertragens durchlief: in der Gebärdensprache wurde die Sprache mit dem Auge aufgenommen, in der Lautsprache ging diese Funktion auf das Ohr über; entsprechend ging die Bezeichnung des Auges auf das Ohr über. Beispielsweise weist das grusinische Wort „kbur-i“ – „Ohr“ – die gleiche Wurzel auf wie das Verb „kbur-eba“ – „schauen“ –, das mit dem Substantiv „Auge“ zusammenhängt (im Grusinischen bedeutet „kur-ci“ – „Träne“ – wörtlich „Augenwasser“). Und in der russischen Sprache ist das Wort „yxo“ (Ohr, d. Ü.) von der Wurzel her mit dem Wort „oko“ (alt für Auge, d. Ü.) verbunden, wobei der übliche Wechsel von labialen Vokalen (o||u) und velaren Konsonanten – explosiven und langen – (k||ch) zu beobachten ist.

Die weiter oben gezeigte Verallgemeinerung der Gegenstände nach ihren wesentlichen Funktionen (unter Berücksichtigung der praktischen Interessen der Menschen) und ihre entsprechende Zusammenfassung in semantische Reihen oder Gruppen bedeutet durchaus nicht, daß die menschliche Wahrnehmung bzw. das Bewußtsein überhaupt ihre vielfältigen, mitunter sehr in die Augen fallenden Unterschiede nicht bemerkte. Indessen richtete sich das Denken auf das *wesentliche Allgemeine*, das sich in der Einheit der Funktion zeigte und im Begriff und im Wort widerspiegelte. Aber im konkreten Prozeß des Operierens mit Begriffen und des Wortgebrauchs besaß jedes Wort sowohl eine *allgemeine* Bedeutung (nach der allgemeinen Funktion der Gegenstände) als auch eine *besondere* Bedeutung (entsprechend den Besonderheiten der konkreten Träger dieser Funktion).

Der regelmäßige Wechsel von Wortbedeutungen, der die in der Wirklichkeit vor sich gehenden Veränderungen widerspiegelt, macht im Grunde genommen auch die *Geschichte der Begriffe* aus. „Die Sprache“, sagt Lafargue, „nimmt im Rahmen der Entwicklung des Verstandes einen zu großen Platz ein, als daß die etymologische Bildung von Wörtern und deren spätere Bedeutung nicht die Lebensbedingungen und den geistigen Zustand der Menschen widerspiegelte, die sie geschaffen haben und die sie anwenden“[52].

Der Mechanismus des Übertragens von Bezeichnungen entsprechend der funktionellen Semantik kann bei den heutigen rückständigen Stämmen sehr gut verfolgt werden. Er zeigt sich besonders deutlich, wenn neue Gegenstände auftreten. So beschreibt z. B. der Ethnograph Karl von den Steinen den Prozeß der Bezeichnung neuer Dinge bei dem brasilianischen Stamm der Bakairi folgendermaßen: „Höchst bemerkenswert war die Schnelligkeit, mit der sie ihnen unbekannte Dinge mit bekannten verbanden und sie auch sofort und ohne jeden einschränkenden Zusatz mit den Namen der ihnen bekannten Dinge belegten. Sie schneiden das Haar mit scharfen Muscheln oder Zähnen des Piranyafisches, und meine Schere, ein Gegenstand grenzenlosen Entzückens, der das Haar so glatt und gleichmäßig abschnitt, hieß bei ihnen einfach ‚Piranyazahn‘. Der Spiegel erschien ihnen als *Wasser*. ‚Zeig das Wasser‘, riefen sie, wenn sie in den Spiegel sehen wollten“[53]. Dazu bemerkt von den Steinen, daß diese Bezeichnungen für sie keineswegs metaphorischen Charakter hatten; für sie war die Schere ihrem Wesen nach dem Piranya ähnlich, der Spiegel dem Wasser, da ihre Funktionen identisch waren, und das war das Entscheidende.

Wenn die wesentliche Funktion eines Gegenstandes unbekannt und unverständlich war, wurde der Gegenstand nach einem ins Auge fallenden unwesentlichen Merkmal bezeichnet. Dabei blieb die Wirkung des Gesetzes der funktionellen Semantik erhalten. Beispielsweise begannen einige australische Stämme, als sie zum ersten Mal Bücher sahen, sie „muyum“ (Muschelchen) zu nennen, da sie ähnlich wie Muscheln geöffnet und geschlossen werden. Alle derartigen Erscheinungen der Übertragung von Bezeichnungen erklären sich keineswegs durch die Neigung zu Metaphern und Analogien, die angeblich bei rückständigen Stämmen vorhanden sein soll, sondern eben durch die richtige oder unrichtige, tiefe oder oberflächliche Annahme einer *einheitlichen Funktion* von Gegenständen und Erscheinungen.

Auf einer niedrigen Stufe gab es noch keine ausreichend beständige Widerspiegelung allgemeiner objektiv-wesentlicher Merkmale der Dinge. Oft zeigte sich eine gewisse Willkür bzw. Subjektivität beim Herauslösen dieses oder jenes Merkmals als des besonders charakteristischen. Fast immer spiegelten die Begriffe (Wörter) zufällige, unwesentliche Merkmale wider, die in einem begrenzten Zusammenhang mit den Interessen dieser oder jener Menschen standen und aus irgendei-

nem Grunde deren Aufmerksamkeit zu einem bestimmten Moment auf sich gezogen hatten. Infolgedessen konnte ein und derselbe Gegenstand von verschiedenen Menschen (und sogar von ein und demselben Menschen zu verschiedener Zeit) äußerst unterschiedlich wahrgenommen, begriffen und benannt werden. Charakteristisch ist in diesem Zusammenhang die Beobachtung von N. Miklucho-Maklaj über die Papuas auf Neu-Guinea. „Ich nahm ein Blatt“, schreibt er, „in der Hoffnung, die Bezeichnung für das Blatt an sich zu erfahren. Ein Eingeborener sagte mir ein Wort, das ich aufschrieb. Ein anderer Papua, dem ich die gleiche Frage und dasselbe Blatt vorlegte, nannte eine andere Bezeichnung. Der dritte, der vierte und der fünfte benannten den Gegenstand mit anderen und unterschiedlichen Wörtern. Alle Bezeichnungen wurden niedergeschrieben, aber welches war die wirkliche Bezeichnung für das Blatt? Im Verlauf der Zeit erfuhr ich allmählich, daß das zuerst genannte Wort die Bezeichnung der Pflanze war, zu der das Blatt gehörte, das zweite ‚grün‘ bedeutete, das dritte ‚Schmutz‘, ‚Unbrauchbares‘, möglicherweise, weil ich das Blatt von der Erde aufgehoben hatte oder weil das Blatt von einer Pflanze stammte, die die Papuas überhaupt nicht nutzen. So kam es zu den vielen, äußerst vielen Wörtern“[54].
Obwohl das Denken auf dieser Stufe im allgemeinen konkreten Charakter besitzt, entwickelt sich dennoch Schritt für Schritt die Fähigkeit zur Verallgemeinerung. Wörter drücken in immer größerem Maße Begriffe aus, die große Klassen von Gegenständen und Erscheinungen wesentlich (im Rahmen der damaligen begrenzten Praxis) verallgemeinern.
Vom Standpunkt der funktionellen Semantik aus kann die Vielzahl der auf den ersten Blick äußerst seltsamen Erscheinungen, wie sie in der ethnographischen Literatur erwähnt werden, völlig befriedigend erklärt werden. Beispielsweise haben bei den Huichols der Weizen, der Hirsch und die Pflanze Hikuli dieselbe Bezeichnung. Lévy-Bruhl ist geneigt, diese ungewöhnliche Erscheinung damit zu erklären, daß angeblich mystische Eigenschaften der genannten Gegenstände die Huichols veranlassen, sie in einer Vorstellung zusammenzufassen. Dagegen interpretiert Lumholtz, der das Leben der Huichols beobachtet hat, diese Erscheinung ganz praktisch. Er zeigt, daß für die Huichols Weizen, Hirsch und Hikuli in Wirklichkeit in einem bestimmten Sinne ein und dasselbe Ding (seiner Bedeutung nach) sind; sie alle dienen als Nahrungsmittel, als Gegenstand der Nahrung, und in diesem Sinne sind sie identisch. Insbesondere ging wohl die Bezeichnung für den Hirsch,

der seit altersher als Nahrungsmittel gedient hatte, später auf den Weizen (entsprechend seiner Funktion als Nahrungsmittel) über. Dies fand seine phantastische Widerspiegelung auch in einem Mythos der Huichols, wonach der Weizen einst ein Hirsch war, usw. Diese Erklärung für die Gleichsetzung so verschiedenartiger Erscheinungen nach ihrer Funktion ist um so wahrscheinlicher, als ihre schwierigen Existenzbedingungen die Naturvölker zwingen, in der Möglichkeit der Gegenstände, als Mittel zur Befriedigung des Nahrungsbedürfnisses zu dienen, deren wesentlichstes Merkmal zu sehen. Die Mutmaßung von Lumholtz kann mit der Lehre der funktionellen Semantik theoretisch voll und ganz begründet werden.

Die Lehre der funktionellen Semantik, der Übertragung von Bezeichnungen nach der Funktion, der Spaltung von Wortbedeutungen findet nicht nur auf den frühen Stufen der Sprachentwicklung ihre Bestätigung, sondern auch in späteren Epochen. Hierzu zwei charakteristische Beispiele aus den Arbeiten von Marx. Im *Kapital* zeigt Marx, wie die Geldbezeichnung von einem Metall auf ein anderes übertragen wird, das dabei die gleiche Funktion eines Wertmaßes annimmt, und wie sich die Bedeutung der Bezeichnung spaltet, einen unterschiedlichen Sinn annimmt.

„Mit der Entwicklung des Reichtums wird das minder edle Metall durch das edlere aus der Funktion des Wertmaßes verdrängt. Kupfer durch Silber, Silber durch Gold. [...] Pfund war nun z.B. Geldname für ein wirkliches Pfund Silber. Sobald Gold das Silber als Wertmaß verdrängt, hängt sich derselbe Name vielleicht an $^{1}/_{15}$ usw. Pfund Gold, je nach dem Wertverhältnis von Gold und Silber. Pfund als Geldname und als gewöhnlicher Gewichtname des Goldes sind jetzt getrennt“[55].

Die genannte Erscheinung der Übertragung einer Bezeichnung nach der Funktion (Wertmaß) ist auch in einer früheren Periode zu vermerken: das lateinische Wort „pecunia“ (Vieh) nahm später die Bedeutung „Geld“ an, da das Vieh die ursprüngliche Geldeinheit darstellte.

Eine ebensolche Gesetzmäßigkeit deckt Marx auf, als er beweist, daß die Bezeichnung „Mühle“ später auf alle Mechanismen übertragen wurde und einen doppelten Sinn annahm – den der Mühle an sich und den des Mechanismus überhaupt.

Aus der Lehre von der funktionellen Semantik der Wörter geht hervor, daß die Begriffe, die den Inhalt, die Bedeutung der Wörter ausmachen, durch Verallgemeinerung von Gegenständen und Erscheinungen entsprechend den konkreten *Funktionen* gebildet werden, die sie im *praktischen* Leben der menschlichen Gesellschaft erfüllen. In der gesellschaftlich-historischen Praxis werden wesentliche, relativ beständige Seiten, Zusammenhänge und gesetzmäßige Beziehungen zwischen den Dingen offenbar. Daher ist der Prozeß der Bildung von Begriffen, die diese Seiten und Zusammenhänge widerspiegeln, ein Prozeß, der immer richtiger, tiefer und vollständiger die *materielle* Welt widerspiegelt. Je umfassender und tiefer die praktische Tätigkeit des Menschen wird, desto vielfältiger und wesentlicher funktionieren die Gegenstände der Umwelt, desto allseitiger und objektiver wird die Erkenntnis ihrer Zusammenhänge und Vermittlungen. Die Lehre von der funktionellen Semantik bestätigt ganz klar den Gedanken Lenins, daß die menschliche Praxis unbedingt zur „vollen ‚Bestimmung' des Gegenstandes sowohl als Kriterium der Wahrheit als auch als praktische Determinante des Zusammenhangs des Gegenstandes mit dem für den Menschen Nötigen"[56] führen muß.

5. Die Bildung von Einzelbegriffen

Auf der höchsten Stufe der Steinzeit und in der Epoche der Barbarei bildeten sich das begriffliche Denken und die Lautsprache heraus, konsolidierten sich und erlangten bei intellektuellen Operationen und im Kommunikationsprozeß entsprechende Bedeutung. Die Erfindung von Pfeil und Bogen, die Komplizierung der Jagdmethoden (Fanggruben, Fallen usw.), das Aufkommen der Handwebkunst, die Anfertigung von Booten, das Flechten von Fischernetzen, die Anfertigung von hölzernen, später irdenen Gefäßen, das Schleifen und die Vervollkommnung der Steinwerkzeuge (die Epochen des Mesolithikums und Neolithikums), die Verbesserung der Technik beim Bau von Behausungen, die Zähmung und Zucht von Tieren, der Anbau von Pflanzen, die Erfindung des Bronze- und Eisenschmelzens am Ende dieser Epoche und das Aufkommen der ersten Metallwerkzeuge – all diese Errungenschaften zeugen von der bedeutenden Akkumulation von Erfahrungen und vom intellektuellen Fortschritt im Laufe der geschichtlichen Entwicklung der urgemeinschaftlichen Ordnung.

„Bogen, Sehne und Pfeil bilden schon ein sehr zusammengesetztes Instrument, dessen Erfindung lange, gehäufte Erfahrung und geschärfte Geisteskraft voraussetzt ..."[57].

Die komplizierter werdenden Bedingungen des materiellen Lebens riefen vielfältige Bedürfnisse hervor und stellten dem Denken immer schwierigere Aufgaben. Im Arbeitsprozeß entwickelten sich die Geisteskräfte der Menschen.

„Als der Mensch die Klinge seiner Steinaxt zerbrach, schärfte er gleichzeitig die Klinge seiner Fähigkeiten“[58].

Das komplizierter werdende gesellschaftliche Leben, die Differenzierung der Arbeitsformen, die Erweiterung und Erhöhung der Produktion bedingten die Gliederung der ursprünglich diffusen Begriffe und das Entstehen einer Vielzahl von Einzelbegriffen mit präziser und begrenzter Bedeutung.

Das Denken beginnt in dieser Zeit, die gegenstands-, qualitäts- und tätigkeitsbezogenen Begriffe logisch zu gliedern. Dementsprechend bilden sich in der Sprache die Formen des Substantivs, des Adjektivs und des Verbs heraus. Die anfänglich diffusen Begriffe-Urteile beginnen sich zu gliedern, es erfolgt ein Herauslösen der Begriffe im eigentlichen Sinne, und die Urteile nehmen eine kompliziertere Struktur an, die eine gewisse Form des Zusammenhangs zwischen den Begriffen (Subjekt, Prädikat und ihre Beziehungen) als den einfachsten Strukturelementen des Denkens voraussetzt. Dementsprechend gliedern sich polysemantische Wörter-Sätze, und es lösen sich Satzteile heraus: Subjekt, Prädikat und Objekt. Das Entstehen dieser logischen und grammatischen Kategorien bewirkte wesentlich mehr Genauigkeit und Klarheit im Denken und in der Sprache und gab ihrer weiteren Entwicklung mächtigen Auftrieb.

Aber auch nach einer derartigen Gliederung blieb die Verbundenheit der Satzglieder im einheitlichen inkorporierten Komplex lange Zeit bewahrt. Eine solche Form des Satzbaus trifft man auch heute noch bei einigen Völkerschaften. „In gewissen Sprachen“, schreibt Akademiemitglied I. I. Meščaninov, „löst sich das Prädikat nicht einmal vom Gegenstand der Tätigkeit, sondern verbindet Tätigkeit und Gegenstand, auf den es gerichtet ist, zu einem Ganzen (vgl. die giljakische Sprache). Als Beispiel für eine solche Art des Satzbaus mag eine Wendung aus der aleutischen (Eskimo-)Sprache dienen: ik’ja-si-ǵuta-siga-ka-ku-ch’ – ‚das Paddelboot-machen-wieder-fleißig (kräftig)-kann-jetzt-er‘. Hier haben wir einen inkorporierten Komplex, der alle drei grundlegenden Satzteile enthält: Subjekt, Objekt und Prädikat. Sie sind durch die Regeln ihrer Anordnung im inkorporierten Ganzen miteinander verbunden“[59]. Auf einer höheren Entwicklungsstufe beginnen diese Komplexe zu zerfallen, die Satzteile lösen sich frei voneinander, und der Satz nimmt die Struktur der modernen, entwickelten Sprachen an.

Der Zerfall des konkret-synkretistischen Sprachaufbaus, die Gliederung des Satzes in Subjekt, Prädikat und Objekt, die durch *einzelne*

Wörter ausgedrückt wurden – dies zeugte zweifellos von einer wachsenden Abstraktionsfähigkeit und stellte einen großen Fortschritt in der Entwicklung dieser Fähigkeit dar. Die Gliederung bot die Möglichkeit, sich das Subjekt unabhängig von seiner Tätigkeit und dem Objekt, auf das diese Tätigkeit gerichtet ist, vorzustellen (und es zu benennen); das gilt auch für die Tätigkeit selbst und für das Objekt. Aber diese Möglichkeit wurde nicht sofort realisiert. Noch lange nach dem Aufkommen der erwähnten Gliederung schränkte der konkret-bildliche Charakter des Denkens, wie wir weiter unten sehen, die Möglichkeit einer solchen Abstraktion stark ein.

Es ist bezeichnend, daß im Prozeß der Gliederung der anfänglichen synkretistischen Begriffe und der Bildung von Einzelbegriffen der genetische Zusammenhang einer großen Zahl von späteren Begriffen mit dem diffusen Begriff „Hand" klar zutage tritt, der anfangs einen äußerst breiten Komplex anschaulicher Vorstellungen umfaßt hatte, die sich auf die Urgemeinschaft, die Arbeitsinstrumente, die Arbeitstätigkeiten, die Arbeitsobjekte usw. bezogen. Dieser Zusammenhang wird linguistisch verfolgt. Da vor allem die Hand (zusammen mit dem Werkzeug) repräsentativ für Tätigkeit war, leiten fast alle Verben ihre Herkunft vom Wort „Hand" ab. Marr zeigt beispielsweise mit Hilfe der paläontologischen Analyse, daß das Wort „Hand" den Verben „arbeiten", „nehmen", „greifen", „tun", „berühren", „halten", „werfen", „fangen", „erhalten", „geben", „beauftragen", „verbinden", „überwinden" usw. usw. zugrunde liegt. Aber nicht nur Verben gehen auf die „Hand" zurück. Das gilt auch für eine Vielzahl von Substantiven, vor allem für solche, die im Zusammenhang mit einer Tätigkeit der Hand gebildet wurden, beispielsweise „Armvoll", „Bündel", „Garbe" usw.

Also: in jedem Wort drückt sich das Allgemeine aus. Das war auch in der Sprache der Urmenschen so, ungeachtet des im wesentlichen konkreten, anschaulich-bildlichen Charakters ihres Denkens. Obwohl der Urmensch ein und dasselbe Wort in vielen unterschiedlichen konkreten Fällen gebrauchte und in jedem Fall eine bestimmte konkrete Vorstellung mit diesem verband, war er sich dennoch *des Allgemeinen* in den Gegenständen und Erscheinungen bewußt, wenn auch dieses Allgemeine zunächst noch nicht herausgelöst, noch nicht so weit abstrahiert war, daß es gedanklich und sprachlich als abstrakter Begriff formuliert werden konnte. Anfangs wurde im Wort nur der „bildliche" Begriff ausgedrückt, der untrennbar mit der Wahrnehmung und Vorstellung verbunden war, ein Begriff, in dem das Allgemeine und das Besondere vereinigt, nicht gegliedert waren.

Entstanden aus der Gebärdensprache, von der sie viele ihrer Besonderheiten erbte, weist die Lautsprache im Anfangsstadium ihrer Entwicklung die Tendenz auf, die Gegenstände und Erscheinungen in ihrer anschaulich-wahrnehmbaren Form bildlich zu beschreiben. Die charakteristischen Züge einer solchen Sprache kann man bei heutigen Naturstämmen und -völkern finden.

„[...] die Sprachen der niederen Gesellschaften drücken immer ‚die Vorstellungen, die man sich von den Gegenständen und Handlungen macht, immer genau auf die Art aus, wie sie sich für Aug' und Ohr darstellen'. Ihre gemeinsame Tendenz ist [...], die Form, den Umriß, die Stellung, die Bewegung, die Wirkungsweisen der Gegenstände im Raum, mit einem Wort das, zu beschreiben, was sich wahrnehmen und zeichnen läßt. Sie suchen die plastischen und graphischen Details dessen, was sie ausdrücken wollen, in Worte einzufangen"[60].

Die anschauliche Beschreibung von Gegenständen tritt auch deutlich bei der Benennung neuer, vorher unbekannter Gegenstände zutage. Die Sudanesen nannten die Uhr beispielsweise „Eisen-selbst-schlägt", die Nadel „Eisen-weite-Spitze", die Küche „etwas-kochen-Platz" (Meinhof).

Die Erweiterung des Kreises der in den Produktionsprozeß einbezogenen Gegenstände, das Entdecken immer neuer Eigenschaften an ihnen und die praktischen Erfordernisse ihres Gebrauchs brachten die Entwicklung des Denkens in zwei Richtungen voran, die untrennbar miteinander verbunden sind. Einerseits beginnen die diffusen, ungegliederten primitiv-synthetischen Begriffe in differenzierte, gegliederte Einzelbegriffe zu zerfallen, die einen klaren, streng abgegrenzten Sinn besitzen. Andererseits nimmt die Fähigkeit zu, einzelne Gegenstände und Erscheinungen zu verallgemeinern, wodurch diese Einzelbegriffe unzweifelhaft den Charakter von Verallgemeinerungen annehmen. Diese Verallgemeinerungen reichen nur bis zu einer bestimmten Grenze, die von praktischen Bedürfnissen und Interessen bestimmt ist. Die solchermaßen gegliederten Begriffe sind Artbegriffe. Umfassendere Gattungsbegriffe zu bilden waren die Menschen noch nicht in der Lage, dazu bestand auch keine Notwendigkeit[61]. Die Gliederung primitiv-allgemeiner, diffuser Begriffe und die Bildung einer Vielzahl von Einzel-(Art-)Begriffen bereiteten im weiteren Verlauf den Boden für die Abstraktion wesentlich-allgemeiner Merkmale und für die umfassende Verallgemeinerung einer Vielzahl besonderer, vielfältiger Dinge und Erscheinungen vor, für die Herstellung der Einheit in der Vielfalt, d.h. für die Bildung von allgemeinen (Gattungs-)Begriffen.

Wichtigste Voraussetzung für die Bildung von Begriffen war die Konzentration des Denkens, die Aufmerksamkeit auf einige wesentliche, praktisch wichtige Merkmale als Grundlage der Verallgemeinerung. Ihre praktischen Bedürfnisse zwangen die Menschen dazu, nach und nach eine solche Fähigkeit zu entwickeln. Das mußte auch Lévy-Bruhl zugeben – trotz seiner Absicht, das primitive Denken als nicht realistisch, sondern mystisch orientiert darzustellen. „In den Fällen, wo ein unmittelbares Interesse mit im Spiel ist", sagte er, „werden wir sie (die Urmenschen – L. R.) sehr aufmerksam finden und oft sehr geschickt, um zwischen nur sehr wenig verschiedenen Eindrükken zu unterscheiden und die äußeren Zeichen dieses Gegenstandes oder jenes Geschehnisses, von denen ihr Unterhalt und vielleicht ihr Leben abhängt, zu erkennen ..."[62] Die primitiven Stämme haben äußerst genaue und detaillierte Kenntnisse von den Pflanzen, die von ihnen genutzt werden, von ihren vielfältigen konkreten Eigenschaften. Gleiches gilt für ihr Wissen über die Tiere.

„Die Australier beispielsweise mußten sich, um mit Hilfe ihrer wenigen Werkzeuge und Waffen der Tiere habhaft zu werden, von denen sie sich ernährten (Känguruh, Emu, Opossum, Ratten, Vögel usw.), unbedingt sehr genaue Kenntnis über die Behausungen dieser Tiere, über ihre Gewohnheiten, den jahreszeitlich bedingten Wechsel der Behausungen, überhaupt über ihre ganze Lebensweise verschaffen. Für sie war dies oft eine Frage von Leben oder Tod. Sie brachten für diese Sache Beobachtungsgabe, Geduld, Findigkeit, Umsicht und Erinnerungsvermögen auf, mitunter in ganz erstaunlichem Maße"[63].

Die Urmenschen unterschieden die praktisch wichtigen Merkmale der Dinge, sonderten sie aus, verallgemeinerten anhand dieser Merkmale bestimmte Gruppen von Dingen, die mit entsprechenden Wörtern bzw. Begriffen ausgedrückt wurden. Diese Begriffe und Wörter waren, wie schon gesagt, untrennbar verbunden mit Wahrnehmungen und anschaulichen Vorstellungen, ohne die sie keinen Sinn hatten. Das Gedachte und das sprachlich Formulierte boten sich dem Bewußtsein unbedingt in anschaulicher Form dar.

Je näher ein Kreis von Gegenständen und Erscheinungen der produzierenden Tätigkeit und den praktischen Bedürfnissen der Urmenschen stand, desto klarer und differenzierter wurde er begriffen; in einer desto größeren Menge von Einzelbegriffen wurde er dargestellt und desto bedeutender war die Zahl spezieller Bezeichnungen für diese Gegenstände und Erscheinungen. „Die Völker haben überhaupt viele Wörter für das, was sie am meisten interessiert", bemerkte Renan. Die Erfordernisse des materiellen Lebens der Gesellschaft waren letztlich Ausgangspunkt für die Bildung von ursprünglichen Artbegriffen.

Der Entwicklung von Allgemein- bzw. Gattungsbegriffen mußte eine Periode des schrittweisen Bewußtwerdens der Mannigfaltigkeit der

Wirklichkeit vorausgehen. Die Bildung abstrakter Begriffe ist nicht, wie in der formalen Logik angenommen wird, eine einfache Verallgemeinerung der Erscheinungen nach ähnlichen Merkmalen. *Der allgemeine Begriff ist die Widerspiegelung der wesentlichen Einheit in der Vielfalt.* Um diese Einheit aufdecken zu können, muß man sich der Vielfalt klar bewußt sein. Daher mußten als Übergangsstufe von den diffusen, amorphen Begriffen zu den Allgemein- bzw. Gattungsbegriffen Einzel- bzw. Artbegriffe auftreten. Diese Einzel-(Art-)Begriffe waren im Hinblick auf die diffusen Begriffe das Produkt einer Gliederung, und gleichzeitig waren sie Grundlage der Verallgemeinerung im Hinblick auf die künftigen Allgemeinbegriffe. In Anbetracht der prinzipiellen Wichtigkeit dieser zweiten Stufe der Begriffsentwicklung gehen wir darauf ausführlicher ein und beziehen uns dabei auch auf in diesen Fragen bereits gewonnene wissenschaftliche Erkenntnisse.

Die praktische Bedingtheit der Gliederung, Konkretisierung und Präzisierung der ursprünglich umfassenden Begriffe liegt klar auf der Hand. Wenn es früher beispielsweise ausreichend war, einen Baum von einem Stein oder vom Wasser usw. zu unterscheiden, da alle Bäume in der Produktion auf die *gleiche* Weise genutzt wurden und sich im Bewußtsein des Menschen deshalb nicht unterschieden, werden jetzt schon einzelne Baumarten unterschieden und einander gegenübergestellt, da ihre Funktionen in der Produktion scharf *differenziert* wurden.

In der umfangreichen ethnographischen Literatur findet sich ausreichend Material, das diese Entwicklungsstufe des Denkens und der Sprache charakterisiert – das Stadium der Bildung von Einzelbegriffen und speziellen Bezeichnungen, die sich hauptsächlich auf den Bereich der produzierenden Tätigkeit des Menschen beziehen. In dieser Periode zeichnet sich die Sprache durch maximale Konkretisierung und Detaillierung der Wortbedeutungen aus.

„In bezug auf Sprachen, die sich auf dieser Entwicklungsstufe befinden", schreibt Akademiemitglied I. I. Meščaninov, „ist die Charakteristik des Wortes aus sich selbst heraus mittels der seinen gegebenen Gebrauch präzisierenden Ergänzungspartikel typisch; die letzteren vermitteln nicht so sehr die grammatische Bestimmung des Wortes, als vielmehr die Konkretisierung der Tätigkeit oder des Zustandes in seiner jeweiligen Lage, indem sie darauf verweisen, wie die Tätigkeit vollbracht wird, in welchem Zustand sich die die Handlung vollziehende Person befindet (ob sie jung ist oder alt, sitzt oder steht, wie sie handelt, zu welchem Zwecke usw.), wie der Gegenstand der Tätigkeit im Detail beschaffen ist u.a.m. Diese Sprachen, die ein verstärktes konkretes Denken widerspiegeln, komplizieren die Struktur von Sätzen und Wörtern in höchstem Maße, da sie auch in ihnen eine Konkretisierung vornehmen. [...] Die Bezeichnung eines jeden Gegenstandes wird anhand seiner Varianten konkretisiert, infolgedessen kommt es zu einer Reihe von

Bezeichnungen für ein und denselben Gegenstand entsprechend seinem unterschiedlichen Zustand und seiner unterschiedlichen Nutzung bei wachsenden Anforderungen der Wirtschaft (besondere Benennung für Haustiere entsprechend der von ihnen in der Wirtschaft erfüllten Funktion, ihrem Wuchs, ihrer Farbe usw.). Im Satz wird genau bezeichnet, wer die Tätigkeit verrichtet, auf wen sie gerichtet ist, wann, wo, unter welchen Bedingungen u. a. m. Alle Einzelheiten verschiedenster Art werden durch einzelne konkrete Präfixe unterstrichen, jedes mit einer eigenen Bedeutung ...“[64].

Diese Besonderheit des Denkens und der Sprache in der Epoche der Gentilordnung wird von vielen Forschern hervorgehoben.

„Je niedriger die Entwicklungsstufe der Gesellschaft“, sagt Lévy-Bruhl, „um so mehr Begriffsbilder herrschen vor. Die Sprache solcher gesellschaftlicher Gruppen bezeugt dies dann durch die fast vollständige Abwesenheit der Gattungsnamen, die den eigentlich allgemeinen Ideen entsprechen würden, und durch den außerordentlichen Überfluß spezifischer Termini, d. h. solcher, die Wesen oder Gegenstände bezeichnen, von denen ein besonderes und genaues Bild gegeben wird, wenn man sie nennt. Eyre hatte dies schon für die Australier bemerkt und hervorgehoben. ‚Es gibt keine Gattungsnamen, wie Baum, Fisch, Vogel etc., sondern nur Eigennamen, die für jede besondere Abart von Baum, Fisch, Vogel usw. gelten.‘ Die Eingeborenen der Gegend des Tyerssee (Gippsland) haben kein Wort für Baum, Fisch, Vogel etc. Alle Wesen und Gegenstände werden durch ihre Eigennamen unterschieden: Brasse, Barsch, Maulesel etc. Die Tasmanier besaßen kein Wort zur Darstellung abstrakter Ideen: für jede Art von Gummibaum oder Gebüsch etc. hatten sie einen Namen, aber kein Äquivalent für Baum“[65].

Die Fülle von Bezeichnungen für Gegenstände, deren Unterschiede von praktischem Interesse sind, ist mit äußerster Armut der Sprache in solchen Fällen verbunden, in denen die praktischen Bedürfnisse eine derartige Differenzierung nicht unmittelbar erfordern. Bei seiner Charakterisierung der Sprache des brasilianischen Stammes Bakairi schreibt K. von den Steinen, daß „die Zahl der Begriffe in erster Linie vom Interesse abhängt [...]. Auf der einen Seite im Vergleich zu unseren Sprachen eine Fülle von Wörtern, wie bei den Tier- und Verwandtennamen, auf der anderen eine zunächst befremdende Armut: ‚yélo‘ heißt ‚Blitz‘ *und* ‚Donner‘, ‚kòpö‘ ‚Regen‘, ‚Gewitter‘ und ‚Wolke‘. Nun sind ja in ihrem Gebiet fast alle Regen mit Gewittererscheinungen verbunden, und die Wolke am Himmel hat für sie nur das Interesse, daß sie ein heranziehendes Gewitter bedeutet. [...] Die eigentliche Armut steckt in dem Mangel an übergeordneten Begriffen, wie bei allen Naturvölkern. [...] Jeder Papagei hat seinen besonderen Namen, und der allgemeinere Begriff ‚Papagei‘ fehlt vollständig, ebenso wie der Begriff ‚Palme‘ fehlt. Sie kennen aber die Eigenschaften jeder Papageien- und Palmenart sehr genau und kleben so an diesen zahlreichen Einzelkenntnissen, daß sie sich um die gemeinschaftlichen Merkmale, die ja kein Interesse haben, nicht bekümmern“[66]. Genau die gleichen Besonderheiten stellt Feterman bei den Tasmaniern fest.

Um so weniger kann in bezug auf diese gesellschaftliche Entwicklungsstufe von noch abstrakteren und allgemeineren Begriffen (und damit den entsprechenden Wörtern) die Rede sein. Solche Begriffe (und Wörter) wie „Materie", „Raum", „Zeit", „Körper", „Quantität", „Qualität", „Maß", „Bewußtsein", „Gattung", „Art", „Mensch", „Geschlecht", „Farbe", „Laut" usw. gibt es bei den primitiven Stämmen und Völkern nicht. Wenn sich aber einige abstrakte Begriffe herauszubilden beginnen, haben sie zunächst einen primitiven, unzureichend bestimmten Charakter. Beispielsweise gibt es Max Müller zufolge bei den Eingeborenen auf Hawaii nur ein Wort – „aloba" – für die Bezeichnung solcher Gefühle wie Liebe, Freundschaft, Achtung, Anerkennung, Wohlwollen usw., weil sie sich all dieser Gefühle in differenzierter Form augenscheinlich nicht bewußt sind. Dieselben Eingeborenen verfügen aber beispielsweise über viele Wörter zur Bezeichnung verschiedener Windrichtungen und Windstärken.

In der arabischen Sprache existieren mehr als 5000 Wörter, die sich auf das Kamel beziehen, ungefähr 500, die sich auf den Löwen, ungefähr 200, die sich auf die Schlange, mehr als 80, die sich auf den Honig und etwa 1000, die sich auf das Schwert (Renan) beziehen. Jedes dieser Wörter bezeichnet den Gegenstand unter dem Gesichtspunkt irgendeiner individuellen Besonderheit. Sogar die lexikalisch äußerst arme Sprache der Lappländer weist mehr als 30 Bezeichnungen für das Rentier auf, für jenes Tier, das in ihrem Leben eine so große Rolle spielt. Der Reichtum an Begriffen und Wörtern aus dem Bereich der wichtigsten Lebensinteressen der Völker schlug sich auch im Volksepos nieder. So findet man z.B. im „Beowulf" (angelsächsisches Epos) 37 Wörter für „Held", 12 für „Schlacht", 17 für „Meer", 11 für „Schiff" und in anderen Poemen für „Schiff" 16, für „Meer" 13 zusätzliche Bezeichnungen.

Die Konkretheit, der bildliche Charakter des Denkens bei primitiven Völkern zeigt sich auch darin, daß, wie Marr nachgewiesen hat, mit der Entstehung des Begriffs Eigentum (anfangs des kollektiven) die umgebenden Gegenstände als zu irgendeinem bestimmten Kollektiv (oder später einer Person) gehörig gedacht wurden; ein Gegenstand wurde also nicht abstrakt, nicht losgelöst von seiner Zugehörigkeit und seinen sozialen Funktionen gesehen. Jedes Ding (Bogen, Axt, Behausung usw.), jeder Mensch (Mann, Frau, Kind usw.) und jede Tätigkeit (Jagd, Fischfang, Essenkochen usw.) wurden in untrennbarem Zusammenhang damit betrachtet, zu wem dieses Ding, dieser Mensch, diese Tätigkeit gehören. Das beeinflußte die Auffassung von den Gegenständen und Erscheinungen, den Organen des menschlichen Körpers usw. und schlug sich auch in der ethnographischen Literatur nieder. Beispielsweise gibt es in vielen Sprachen nordamerikanischer Indianer kein einzelnes Wort für Auge, Hand oder andere Teile und Organe des Körpers: Wörter, die diese Gegenstände bezeichnen, weisen immer inkorporierte (eingefügte) oder *vorgestellte* Pronomen auf, die „meine Hand“, „dein Auge“, „sein Bein“ usw. bezeichnen (Lévy-Bruhl). Ebenso gebrauchen auch die brasilianischen Indianer niemals das Wort „Sprache“ allein, sondern immer nur mit dem Hinweis auf die Zugehörigkeit: „meine Sprache“, „deine Sprache“, „seine Sprache“ (Steinen).

Das weiter oben über Artbegriffe von Gegenständen (in der Sprache durch Substantive ausgedrückt) Gesagte gilt auch für Artbegriffe von *Tätigkeiten* (in der Sprache durch Verben ausgedrückt). Hier zeigen sich die gleiche begrenzte Abstraktion und Verallgemeinerung, die gleiche Belastung der Begriffe mit konkreten Zusammenhängen und anschaulichen Vorstellungen. Die Verallgemeinerung geht bis zur Bildung von Artbegriffen, aber nicht weiter. Eine Tätigkeit wird immer in ihrer besonderen Form erkannt und ausgedrückt. So gibt es z. B. bei den nordamerikanischen Indianern besondere Wörter, die solche Tätigkeiten bezeichnen wie: sich das Gesicht waschen, ein fremdes Gesicht waschen, Wäsche waschen, Geschirr abwaschen usw. (insgesamt etwa 30 Wörter), aber kein Wort, das die Tätigkeit „waschen“ allgemein ausdrückt. Sie haben besondere Wörter für: Brot essen, Früchte essen, Fleisch essen usw.; für Holz schneiden, Fleisch schneiden usw.; mit dem Bein schlagen, mit der Hand schlagen, mit der Axt schlagen usw., aber sie haben keine Wörter, um die Tätigkeiten „essen“ allgemein, „schneiden“ allgemein, „schlagen“ allgemein auszudrücken (Sayce, Hovelaque). Bei den Eskimos gibt es Wörter, die „Wal fangen“, „Walroß fangen“, „Robben fangen“ bedeuten, aber keine, die das Fangen allgemein bezeichnen.

Ebenso gibt es auf dieser Entwicklungsstufe des Denkens z. B. kein Verb für den Begriff „gehen“ allgemein, sondern es wird ganz bestimmt gesagt: morgens gehen, abends gehen, in eine bestimmte Richtung gehen (mit Hinweis auf den Ort der Bestimmung) (Marr). In der Sprache der Evhe wird der Begriff „gehen“ immer präzisiert und konkretisiert: „gerade, ohne Körperbewegungen zu machen, stolz gehen“, „mit eng angeschmiegten Gliedern gehen“, „rasch und eilig mit dem Gang eines kleinen Menschen gehen“ usw. (Lévy-Bruhl). Mannigfaltige Nuancen und Bedeutungen, die mit ein und derselben Tätigkeit zusammenhängen, werden durch eine Vielzahl unterschiedlicher grammatischer Formen zum Ausdruck gebracht. Beispielsweise gibt es bei einigen Bantu-Stämmen durch Verben und aus Verben abgeleitete Begriffsbildungen zur Bezeichnung von: sehen, veranlassen zu sehen, zeigen, deutlich zeigen, nach vorn sehen, voraussehen, schauen (zum Einprägen), schauen (einander an-), veranlassen zu schauen (einer auf den anderen), zeigen (einer dem anderen), sichtbar sein, sichtbar machen usw. usf. In der Sprache der Tagalen (die Inseln Luzón, Mindanao u.a.) gibt es für den Ausdruck „geben" ungefähr 140 Formen, für den Begriff „tun" mehr als 160 usw. (Feterman). In der adygeischen Sprache besitzt jedes Verb einige tausend Formen. Durch sie werden die unterschiedlichen Beziehungen des Sprechinhalts zur Wirklichkeit ausgedrückt (seine Realität oder Nichtrealität, die Bestätigung eines Faktes oder seine Verneinung), vielfältige Bedeutungsnuancen (abgeschlossen, nicht abgeschlossen, einmalig, wiederholt), verschiedene Beziehungen des Ortes, der Zeit, der Art und Weise der Tätigkeit, des Grundes, des Ziels usw. (N. Jaklovlev, D. Aschamaf). Die Begriffe der Tätigkeiten sind auf dieser Stufe immer mit einer konkreten Vorstellung von der handelnden Person oder dem handelnden Gegenstand verbunden.

Gleiches gilt auch für die Begriffe zur Bezeichnung von *Qualitäten, Eigenschaften und Formen* der Dinge (die in der Sprache später mit Adjektiven ausgedrückt werden). Wenn diese Begriffe auch schon das Abstraktionsprodukt gewisser Seiten und Merkmale der Dinge sind, werden sie dennoch nur zusammen mit konkreten Vorstellungen von bestimmten Gegenständen erfaßt und ausgedrückt. Zur genauen Qualitätsbeschreibung dienen Vorstellungen von Gegenständen, die bestimmte Qualitäten und Formen besonders stark und anschaulich zum Ausdruck bringen. Beispielsweise können die Tasmanier folgende Eigenschaften nicht ausdrücken: hart, still, heiß, kalt, lang, kurz, rund usw. Das Harte heißt „wie Stein", das Lange „wie Beine", das Runde „wie eine Kugel", „wie der Mond", das Heiße „wie Feuer", „wie die Sonne" usw. (Feterman, Lubbock). Diese Eigenschaften sind in ihrem Bewußtsein nicht von den Gegenständen zu trennen. Deshalb werden Eigenschaften immer in Verbindung mit jenen Gegenständen genannt, die die entsprechenden Qualitäten aufweisen.

Farbbegriffe sind eng mit Gegenständen verbunden (Tieren, Pflanzen usw.), bei denen diese Farben anzutreffen sind. Und diese Verbindung ist so stark, daß viele Stämme ein und dieselbe Farbe mit *verschiedenen* Wörtern bezeichnen, sofern sie sich auf unterschiedliche Gegenstände bezieht (beispielsweise die graue Farbe des Pferdes, die graue Farbe des Hundes, die graue Farbe der Ente usw.); eine allgemeine Bezeichnung für diese Farbe haben sie jedoch nicht. In anderen Fällen wiederum (beispielsweise bei den Malaien) gibt es schon feste Bezeichnungen für jede einzelne Farbe, aber kein Wort, das „Farbe“, „das Farbige allgemein“ bedeutet.

All diese Besonderheiten verleihen der Sprache einen äußerst konkreten, beschreibenden Charakter. Beispielsweise „muß ein Ponka-Indianer für den Satz: ‚ein Mensch hat einen Hasen getötet‘, sagen: ‚der Mensch, er einer, beseelt, aufrecht (im Nominativ) hat absichtlich getötet, indem er einen Pfeil abschnellte, den Hasen, ihn, einen, beseelt, sitzend (im Akkusativ)‘ ...“[67] Um dem Begriff der Tapferkeit eines Kriegers Ausdruck zu verleihen, sagt der Indianer, daß er dem Löwen gleiche; wenn er die Schärfe seines Blickes ausdrücken möchte, sagt er, daß er dem Adler gleiche; um das Vergessen einer Beleidigung zu verdeutlichen, erklärt er, daß er sie in der Erde vergraben werde usw.

Diese Konkretheit zeigt sich auch bei räumlichen und zeitlichen Bestimmungen der verschiedenen Ereignisse und Tätigkeiten. So haben beispielsweise „in der Sprache des Stammes Ngeumba (Darling River, New South Wales) die Verben, wenn sie in der Vergangenheit und der Zukunft stehen, Endungen, die wechseln, je nachdem sie anzeigen, ob die beschriebene Tat soeben oder vor einiger Zeit oder schon seit langem geschehen ist, oder ob sie sogleich oder in einer mehr oder weniger fernen Zukunft vollbracht werden soll, ob es eine Wiederholung oder Fortdauer der Tat gegeben hat oder geben wird“[68].

Fr. Müller vermerkt diese Vielfältigkeit der Formen des Präteritums und des Futurs beim Studium der australischen Sprachen überall. So werden z. B. folgende Begriffe unterschieden: „in der Vergangenheit überhaupt geschlagen“, „gerade geschlagen“, „schon heute geschlagen“, „schon vor sehr langer Zeit geschlagen“, „allgemein – ich werde schlagen“, „jetzt werde ich schlagen“, „heute werde ich schlagen“, „heute werde ich natürlich schlagen“, „ich werde zurückschlagen“.

Die Konkretheit des Denkens in diesem Entwicklungsstadium, der Zusammenhang der Begriffe mit anschaulichen Vorstellungen zeigt sich in der Verbindung der Lautsprache mit Gebärden, die eine wichtige, wenn auch nur zusätzlich unterstützende Rolle spielen. Die Worte werden gewöhnlich von Gebärden begleitet, die organisch in das Mosaik der Sprache passen.

„Selbst bei den Naturvölkern“, schreibt Lévy-Bruhl, „die im allgemeinen einem ziemlich hohen Gesellschaftstypus angehören, wird die mündliche Sprache, die selbst schon äußerst bildlich ist, konstant von Handbewegungen, die mit den Demonstrativpronomina vereinigt sind, begleitet. Diese Bewegungen sind allerdings nicht Zeichen im eigentlichen Sinn, wie es die sind, welche eine Gebärdensprache bilden; sondern sie sind Hilfsmittel der genaueren Beschreibung, die durch die Worte gegeben wird. Zum Beispiel wird man kaum einen Eingeborenen einen unbestimmten Ausdruck, wie den: ‚er hat sein Auge verloren‘, verwenden hören, sondern, da er bemerkt hat, welches Auge verloren wurde, wird er sagen, indem er auf das eine oder andere seiner Augen zeigen wird: ‚Hier ist das Auge, das er verloren hat‘. Ebenso wird er nicht sagen, daß zwei Orte drei Stunden voneinander entfernt sind; sondern wohl: ‚Wenn ihr fortgeht, wenn sie (die Sonne) da ist, werdet ihr ankommen, wenn sie dort ist, und gleichzeitig wird er auf die zwei verschiedenen Himmelsgegenden zeigen. Ich habe nie sagen hören: ‚der erste, der zweite, der dritte‘, sondern ‚der erste‘ war durch das Pronomen ‚dieser‘ wiedergegeben, indem der Eingeborene gleichzeitig seinen kleinen Finger ausstreckte, ‚der zweite‘ ebenso durch Ausstrecken des zweiten Fingers, und so fort“[69].

Es muß jedoch unbedingt betont werden, daß sich in dieser Periode zusammen mit der Lautsprache bereits eine der größten intellektuellen Fähigkeiten des Menschen verstärkt entwickelt – die Fähigkeit, Begriffe zu bilden, wenn auch zunächst nur in begrenztem Maß. Die Sprache erleichtert jenen Übergang vom Einzelnen zum Allgemeinen, der im Bewußtsein vollzogen wird und von der Vertiefung des menschlichen Denkens bei der Erkenntnis der Zusammenhänge der Dinge zeugt. Lenin schrieb:

„Das Einzelne existiert nicht anders als in dem Zusammenhang, der zum Allgemeinen führt. [...] Jedes Einzelne ist (auf die eine oder andere Art) Allgemeines. [...] Jedes Einzelne hängt durch Tausende von Übergängen mit einer anderen Art Einzelner (Dinge, Erscheinungen, Prozesse) zusammen“[70].

Die Bildung und das Operieren mit Einzel- bzw. Artbegriffen stellen im Hinblick auf Abstraktion und Verallgemeinerung von Gegenständen und Erscheinungen einen gewaltigen Schritt nach vorn dar. Beziehen sich doch Begriffe wie weiße Eiche, rote Kuh, Schafschwanz, Geschirrwaschen, Essen von Früchten, Stoß mit dem Bein usw. nicht nur auf eine spezielle Eiche, *eine* Kuh, *ein* Schaf, *eine* Frucht, *ein* Bein usw., d. h. auf eine bestimmte Art von Eichen, Kühen usw. Genau so sind Begriffe wie „Früchte essen“, „mit der Axt erschlagen“, „den Hasen mit dem Stock erschlagen“ usw., die jeweils durch ein Wort ausgedrückt werden, eindeutig Verallgemeinerungen, gibt es doch die verschiedensten besonderen Früchte, Äxte, Stöcke, Hasen; indessen ist hier die Rede von Früchten, Axt, Stock, Hase allgemein. In jedem dieser Begriffe sind irgendwelche individuellen, charakteristischen und vom Standpunkt des damaligen Denkens aus wesentlichen Seiten und Merkmale der Dinge abstrahiert und verallgemeinert. Daher sind, obwohl beim Aussprechen der jeweiligen Wörter im Bewußtsein auch konkrete Vorstellungen von einzelnen Dingen und Erscheinungen entstehen, die in diesen Wörtern ausgedrückten Begriffe nur relativ konkret. Sie widerspiegeln immer bis zu einem gewissen Grad das *Allgemeine*. Das ist die Natur der Begriffe (und Wörter).

Die Gliederung der ursprünglichen diffusen Begriffe und die Entwicklung von Einzelbegriffen bereiteten den Boden für den Übergang zu Allgemeinbegriffen vor. In der Folge begann die Aufspaltung der Begriffe in Einzelbegriffe (untrennbar verbunden mit Bildern) und Allgemeinbegriffe (abstrakt). Die bis dahin eng und untrennbar verbundenen anschaulichen Bilder und Begriffe gliedern sich auf, das abstrakte Denken beginnt sich zu entwickeln.

In Übereinstimmung mit dem wachsenden Bedürfnis nach Verallgemeinerung der akkumulierten Erfahrung und des Wissens entwickelt das Denken allmählich die Fähigkeit, umfassendere Gattungsbegriffe von Gegenständen und Erscheinungen zu bilden. Die ethnographische Literatur nennt eine Vielzahl von Übergangsformen, die von Fortschritt und Verallgemeinerung zeugen. So weist z. B. die Sprache des brasilianischen Stammes Akue neben einer Vielzahl von Bezeichnungen für die verschiedensten Arten von Papageien, Fischen, Schlangen usw. auch allgemeine (Gattungs-)Namen für den Papagei, den Fisch, die Schlange usw. auf (Ehrenreich). In der Sprache der Tscherokesen gibt es neben besonderen Namen für jede Pflanzenart Wörter zur Bezeichnung von „Pflanzen, die auf dem Berg wachsen", „immergrünen Pflanzen", „in der Nähe des Flusses wachsende Pflanzen" und sogar ein Wort für den allgemeinen Begriff „Gras" (Lévy-Bruhl). In einer „der westlichen Sprachen (Kwakiutl auf der Insel Vancouver) wird die Vorstellung ‚sitzen' fast immer mit einem Suffix zur Bezeichnung des Ortes, an dem eine Person sitzt, ausgedrückt, wie: ‚sitzt auf dem Boden im Haus', ‚auf der Erde', ‚am abschüssigen Ufer', ‚auf einem Haufen von Dingen' oder ‚auf einem runden Ding' usw. Indessen kann, wenn aus irgendeinem Grunde die Vorstellung des Sitzens betont werden soll, einfach die Form ‚in sitzender Stellung sein' gebraucht werden"[71].

In einer Reihe von Fällen nehmen bestimmte spezielle Termini eine umfassendere Bedeutung an, werden zu Allgemein- und Gattungsbegriffen. Beispielsweise hatten die Finnen ursprünglich für jeden Finger eine besondere Bezeichnung, doch allmählich wurde das Wort für den großen Finger zur allgemeinen Bezeichnung für alle Finger. Bei den Lappländern hatte ursprünglich jede Art von Beeren einen besonderen Namen, aber später begann ein Name alle Arten von Beeren überhaupt zu bezeichnen (Max Müller). Beim brasilianischen Stamm der Coroados trifft man neben Verben mit einer speziellen Bedeutung schon einige Verben mit einer allgemeinen Bedeutung: gehen, essen, trinken, tanzen, sehen, hören usw. (Martinus, Lubbock, Feterman). Genauso wurde die ursprüngliche Bezeichnung für den „Stammesmenschen", den Menschen eines bestimmten Stammes, später zu dem Allgemeinbegriff „Mensch" überhaupt (Marr).

Wir sehen also, daß das mit Einzelbegriffen operierende Denken noch fest an konkrete Vorstellungen gebunden und mit einer großen Menge von Einzelheiten belastet ist. Das kommt in dem ungewöhnlich reichen Wortschatz für Gegenstände und Erscheinungen zum Ausdruck, die in den Bereich der unmittelbaren praktischen Interessen gehören. Ein derartiges Denken zeichnet sich durch Detailliertheit aus, ist aber in bezug auf Verallgemeinerung äußerst unentwickelt. Die Fülle von Einzelkenntnissen weist hier fragmentarischen Charakter auf und geht nicht in ein kohärentes System ein.

Beim Übergang vom bildlichen zum abstrakten Denken erleidet die Fähigkeit, konkrete Details zu erfassen, unvermeidlich gewisse Einbußen. Doch die Bildung von Allgemeinbegriffen und eine um vieles größere Flexibilität beim Operieren mit ihnen machen es möglich, das Wissen zu systematisieren, die Begriffe zueinander in Beziehung zu setzen und zwischen ihnen eine Subordination nach ihrem Umfassungsbereich herzustellen (die den realen Zusammenhang der Dinge widerspiegeln). In der Einführung zur *Philosophie der Geschichte* weist Hegel darauf hin, daß die Sprache bei unentwickelten, primitiven Völkern reicher ist; mit Entwicklung der Zivilisation und Entstehen einer Grammatik aber wird die Sprache ärmer und weniger gegliedert. Lenin hat diese Stelle unterstrichen und ein Fragezeichen daneben gesetzt[72]. Vermutlich war er der Meinung, daß eine solche „Verarmung" der Sprache nicht wirklich eine Verarmung ist, weil erstens die Entwicklung der Lexis sehr ungleichmäßig verläuft (die Verringerung des Wortschatzes in den einen Bereichen zieht seine Vergrößerung in anderen Bereichen nach sich); zweitens, und dies ist die Hauptsache, weil die Bildung von Allgemeinbegriffen, die Herstellung einer logischen Subordination der Begriffe und die Entwicklung der Grammatik die Sprache unvergleichlich reicher im Ausdruck verschiedenartiger Qualitäten, Merkmale, Zusammenhänge und Beziehungen machen, als dies der primitiven Sprache des vorangegangenen Entwicklungsstadiums möglich war.

Obwohl, wie wir gesehen haben, der Periode der systematischen Entwicklung von Allgemeinbegriffen eine Periode vorausging, in der im Denken Begriffe mit Einzelbedeutungen vorherrschten, folgt daraus keineswegs, daß Allgemeinbegriffe erst gebildet wurden, *nachdem* die Einzelbegriffe sich vollständig entwickelt hatten. Der Entwicklungsprozeß des Denkens ist viel komplizierter, er läßt sich nicht in vereinfachte Schemata einordnen. Einige Allgemeinbegriffe bildeten sich noch während der Vorherrschaft der Einzelbegriffe heraus, entwickelten sich aber erst in der Folge und nahmen eine wissenschaftliche, abstrakte Form an.

Gehen wir kurz auf den Entstehungsprozeß einiger Allgemeinbegriffe ein. Beginnen wir mit den Begriffen Subjekt und Objekt.

Am Anfang waren sich die Menschen, wie schon gesagt wurde, ihrer selbst überhaupt nicht bewußt. Das Bewußtsein war ausschließlich auf die Umwelt gerichtet. Die Menschen verstanden sich als integrierenden Bestandteil der äußeren Welt und betrachteten sich nicht losgelöst von ihr. Wie auch in der Periode der Gebärdensprache wurde im *Anfangsstadium* der Lautsprache (in der Periode des Übergangs von der Gebärden- zur Lautsprache) mittels des Wort-Satzes das folgende als ganzheitlicher Komplex ausgedrückt: das Subjekt als Quelle der Tätigkeit, das Objekt als Ziel der Tätigkeit und die Tätigkeit selbst. Es gab keine deutliche Trennung zwischen Subjekt (Satzgegenstand), Objekt (Ergänzung) und Tätigkeit (Prädikat), da die Menschen diese Seiten noch nicht voneinander abstrahierten und sie in den entsprechenden Begriffen fixieren konnten.

Doch später, im Zusammenhang mit der Herstellung und breiten Anwendung künstlicher Werkzeuge, wurde das Verhältnis der Menschen zur Natur immer vermittelter; das aber führte zur Bewußtwerdung des *Verhältnisses* von Mensch und Natur, von Subjekt und Objekt. In gleicher Weise wirkte sich auch die Entwicklung der gesellschaftlichen Verhältnisse aus. Im Zusammenhang mit dem Entstehen und der Konsolidierung des kollektiven Gemeineigentums begann man, das *kollektive* Subjekt (als Subjekt des Eigentums) gesondert zu sehen und sich seiner im Unterschied zum Objekt (als Objekt des Eigentums) bewußt zu werden.

Gleichzeitig erfolgte im Bewußtsein auch die Trennung zwischen Subjekt und Tätigkeit. Die Tätigkeit wurde noch weiterhin mit der Gebärdensprache ausgedrückt. Das Subjekt jedoch, die Urgemein-

schaft, sein Totem, wurde schon durch ein Lautzeichen ausgedrückt. Erstens war dieser vergleichsweise schwierige Begriff mit der Gebärdensprache schwer auszudrücken, zweitens erlangte der Lautkomplex als Bezeichnung des handelnden Subjekts zusätzlich eine große Bedeutung als Mittel zur Einflußnahme auf die Umwelt. Dann traten Pronomina auf. Sie waren mit Worten ausgedrückt, die den Körper des Menschen, seinen Kopf usw. bezeichnen. Zunächst entsteht das *Possessivpronomen* der ersten Person Plural „unser“, das die Zugehörigkeit zum Kollektiv anzeigt, später aber, mit der Entwicklung kollektiven Eigentums und seiner Widerspiegelung im Bewußtsein, gibt es auch das *Personalpronomen* der ersten Person Plural „wir“, was bedeutet: „wir – das Kollektiv“ (Marr). Begriffe für das individuelle Subjekt – „ich“ – gab es damals noch nicht. „Der Mensch vereinzelt sich erst“, sagt Marx, „durch den historischen Prozeß. Er erscheint ursprünglich als *Gattungswesen, Stammwesen, Herdentier* ...“[73]
So begann die Selbstbewußtwerdung des Menschen als kollektive Selbstbewußtwerdung. Genauer gesagt, jeder Mensch sah sich selbst unauflöslich mit dem ganzen Kollektiv (der Familie, dem Stamm, der Gattung) verbunden, empfand sich verschmolzen mit der Gemeinsamkeit des Kollektivs. Dieses Bewußtsein war die Widerspiegelung der faktisch gemeinsamen Wirtschaft der Urgemeinschaft und der gemeinsamen Interessen aller Mitglieder des Kollektivs. Der Mensch war damals weitgehend natürlichen Beziehungen unterworfen, „die ihn in früheren geschichtlichen Epochen zum Eigentum eines bestimmten begrenzten Menschenkonglomerats machten“[74].

„Je mehr wir uns in die Geschichte vertiefen, desto unselbständiger erscheint das Individuum, folglich auch das produzierende Individuum; es gehört zu einem größeren Ganzen; anfangs noch zu der völlig natürlichen Form der Familie und der Familie, die sich zur Gens entwickelt hatte; später zu der aus dem Zusammenstoß und der Vereinigung der Gentes entstehenden Gesellschaft in ihren verschiedenen Formen“[75].

Wenn dem Hordenzustand der Menschheit das Hordenbewußtsein entsprach, entspricht der Gentilordnung das Gattungsbewußtsein. Marx schreibt:

„Als Gattungsbewußtsein bestätigt der Mensch sein reelles *Gesellschaftsleben* und wiederholt nur sein wirkliches Dasein im Denken, wie umgekehrt das Gattungssein sich im Gattungsbewußtsein bestätigt und in seiner Allgemeinheit als denkendes Wesen für sich ist“[76].

Das erklärt auch die Herrschaft sogenannter „Kollektivvorstellungen“ in diesem Entwicklungsstadium. Alle Vorstellungen sind Vorstellungen einzelner Menschen, Funktion ihres Gehirns. Aber die von Generation

zu Generation weitergegebenen traditionellen Vorstellungen sind so stark, daß sie eine *beherrschende* Stellung im Bewußtsein jedes Mitglieds der Urgemeinschaft einnehmen.
Der Mensch war in dieser Periode keine Persönlichkeit im eigentlichen Sinne des Wortes und er verstand sich selbst auch nicht als solche. Erst später, in der Periode des Zerfalls der Urgentilordnung, entsteht mit dem Aufkommen von *Privateigentum* und seiner Widerspiegelung im Bewußtsein eine klare Vorstellung vom individuellen Subjekt. Ausdruck dieser Entwicklung ist das Personalpronomen der ersten Person Singular „ich", das der zweiten und dritten Person gegenübergestellt wird. Auch hier gingen den Personalpronomina die Possessivpronomina zur Bezeichnung der Zugehörigkeit zu einem Subjekt voraus (Marr). So können wir mit Hilfe der Erkenntnisse der Sprachwissenschaft verfolgen, wie im Denken des Menschen als Widerspiegelung sozialer Veränderungen folgerichtig anfangs nur das Objekt erkannt und dann das Subjekt herausgelöst wurde, zuerst das kollektive, dann aber auch das individuelle Subjekt. Lenin wies in genialer Weise auf, wie das Problem des Verhältnisses von Subjekt und Objekt zu betrachten ist:

„Wenn man das Verhältnis des Subjekts zum Objekt in der Logik untersucht, muß man auch die allgemeinen Voraussetzungen für das Sein des *konkreten* Subjekts (= *Leben des Menschen*) in der objektiven Umgebung in Betracht ziehen"[77].

Eine solche konkret-historische Begründung für die logische Lösung der Frage gibt die Möglichkeit, streng wissenschaftlich den Entstehungs- und Entwicklungsprozeß aufzuzeigen, in dessen Verlauf sich der Mensch vor allem der Umwelt und später auch seiner selbst bewußt wurde.
Mit der Herauslösung des Subjekts und dem Erkennen seines Verhältnisses zur objektiven Welt beginnen auch solche allgemeinen Begriffe von der objektiven Welt zu entstehen, wie die Begriffe Existenz, Natur, Raum, Zeit, Bewegung, Ursächlichkeit, Zahl usw. Natürlich haben diese Begriffe auch nach ihrer Entstehung viele Jahrtausende lang nur in Verbindung mit konkretem sinnlich-anschaulichem Material einen Sinn; sie bleiben an konkrete Vorstellungen von Dingen und Umwelt gebunden und nehmen erst nach und nach eine abstraktere Bedeutung an.
Ehedem hat es diese Begriffe überhaupt nicht gegeben. Noch Adam Smith bemerkte zu seiner Zeit, daß der Begriff „sein" – der abstrakteste aller Begriffe – in keiner früheren Epoche der Menschheitsgeschichte hätte auftreten können. Als aber diese Begriffe aufkamen, besaßen sie

zunächst eine vergleichsweise begrenzte, konkrete Bedeutung, die mit dem begrenzten Gesichtskreis des Urmenschen zusammenhing. Dessen Denken war hauptsächlich auf den Bereich jener Gegenstände gerichtet, die in Produktion und Konsumtion unmittelbar zur Anwendung kamen. Es ist deshalb nicht schwer zu verstehen, daß sich auch die Bezeichnung für diese Begriffe aus den Wörtern „Hand", „haben" (in der Hand), „angeeignet" (von der Hand) usw. entwickelte. Der Mensch unterschied schon damals zwischen Gegenständen, die er selbst produziert hatte, und der *unabhängig* von ihm existierenden natürlichen Umwelt (der Natur); letztere wurde aber ebenfalls als Produkt einer Tätigkeit, als Produkt der Hand verstanden – allerdings nicht der des Menschen, sondern einer anderen, unsichtbaren Hand (der Verkörperung der Schöpferkraft überhaupt). Selbst heute gibt es bei einigen primitiven Stämmen (beispielsweise bei dem Indianerstamm der Abipon) nicht das Verb „sein". Wo dieses Wort aber existiert, führt die Forschung es auf Verben mit viel konkreterer Bedeutung zurück wie: „stehen", „wachsen", „leben", „atmen" (Müller, Whitney).

Mit dem Wachsen der gesellschaftlichen Produktivkräfte begann jedoch die Vorstellung einer von der Tätigkeit des Menschen verschiedenen bewußten Tätigkeit ihre Bedeutung zu verlieren. Der Begriff des Objekts, des Seins spaltete sich auf, und es entstanden einzelne Begriffe der von Menschenhand geschaffenen materiellen Kultur und der Natur, die unabhängig von jeglicher wie auch immer beschaffenen Tätigkeit existierte. Die Vorstellung von der Erschaffung der Natur blieb indes in religiösen Anschauungen erhalten und nahm einen immer phantastischeren, lebensfremderen Charakter an. Parallel dazu begann sich auch der Begriff des Objekts als Objekt der materiellen Kultur aufzuspalten und zerfiel in bestimmtere und genauere Begriffe, die das Produktionswerkzeug, das Material und das fertige Produkt gesondert darstellten. Diese Differenzierung des ursprünglich nicht gegliederten Begriffs des Objekts war eine notwendige Voraussetzung für die nachfolgende Entstehung des wissenschaftlichen Natur-(Materie-)Begriffes, der die Vielfalt aller existierenden Formen, aller Gegenstände und Erscheinungen zu einer allgemeinen Einheit zusammenfaßte. Erst später nahmen die Begriffe „Sein" und „Natur" einen allgemeineren und abstrakteren Sinn an und spiegelten die ganze objektive Wirklichkeit ohne alle anthropomorph-phantastischen Ergänzungen oder Erfindungen wider.

Im Zusammenhang mit der Entwicklung des Begriffs der Natur bildeten sich auch die Begriffe „Raum" und „Zeit" heraus. Anfangs hatten die Menschen keinerlei abstrakte Raum- und Zeitbegriffe. Die Empfindungen von Ausdehnung und Dauer gingen unmittelbar in alle Wahrnehmungen von Gegenständen der Umwelt (einschließlich der Menschen selbst) und ihren Bewegungen ein. In der Folge begann sich nach Herauslösen und Aufgliederung des Begriffs Objekt auch der diffuse Begriff der Existenzformen des Objekts und der Bedingungen einer Tätigkeit (des Ortes und der Zeit) aufzugliedern.

Der Prozeß des Bewußtwerdens dieser Seinsformen begann mit dem Erkennen des Raumes. Das Bewußtsein der Zeit entwickelte sich viel später. „Es vergingen mehr als zehn Jahrtausende", sagt Marr, „mehr als hundert Jahrtausende, ohne daß die Menschheit einen Begriff für die Zeit in Form einer Maßeinheit für die Dauer hatte; das Wort ‚Tag' wurde nicht als Bezeichnung der Dauer verstanden, sondern als Gegensatz zu Nacht, als Gegensatz zu Dunkelheit"[78]. Der anfänglich ungegliederte Raumbegriff gliedert sich dann in gegensätzliche Begriffe auf: oben und unten, vorn und hinten. Dabei war das Bewußtwerden räumlicher Beziehungen (wie später auch zeitlicher) zunächst nicht von den wahrgenommenen und vorgestellten Gegenständen getrennt. Später, als diese Trennung dann einsetzte, wurde sie durch andere Gegenstände ausgedrückt, die imstande waren, als Standardabweichungen für räumliche Beziehungen zu fungieren. Vor allem Teile des menschlichen Körpers und der Arbeitsgeräte (entsprechend ihrer räumlichen Anordnung) übernahmen diese Funktion. Das blieb auch bei einigen Stämmen der Gegenwart erhalten. Beispielsweise bedeutet in der Sprache des afrikanischen Stammes Haussa das Wort „Kopf" gleichzeitig auch „über", das Wort „Rücken" auch „hinter", das Wort „Brust" „vor", das Wort „Bauch" auch „in"[79]. In der abchasischen Sprache dient das Wort „Schwanz" gleichzeitig zur Bezeichnung von „Ende", „nach", „hinter", das Wort „Kopf" aber zur Bezeichnung von „auf", „das Obere", „von oben". Das Wort „Gesicht" wird oft in der Bedeutung „vor" gebraucht.

Präpositionen, Postpositionen und Konjunktionen kamen als spezielle Wörter zum Ausdruck des *Verhältnisses* zwischen Gegenständen und Erscheinungen relativ spät auf. In vielen modernen Sprachen primitiver Stämme gibt es sie nicht. Als die Begriffe der Bezeichnungen dann aber entstanden, waren sie anfangs nicht getrennt von in wechselseitigem Zusammenhang stehenden Dingen, wurden aber allmählich, wie wir sehen, mit Hilfe von Gegenständen ausgedrückt, die untrennbar mit bestimmten Beziehungen verbunden waren. Der Begriff der Verbindung (Konjunktion) wird beispielsweise bei einigen Stämmen durch das Wort „Bruder" oder „Schwester" ausgedrückt.

Von den räumlichen Begriffen: hinter, hier, vorn trennten sich in der Folge zeitliche Begriffe ab: früher, jetzt, später. Die ursprüngliche organische Verbindung von räumlich-zeitlichen Vorstellungen, in der beispielsweise die Begriffe „hinter“ und „früher“ oder „hier“ und „jetzt“ mit einem Wort bezeichnet wurden, spiegelt sich auch heute noch in der Sprache wider („Dauer“, „Zwischenraum der Zeit“, „ferne Zeit“, „diese Zeit blieb hinten“, „noch viel Zeit vorne“ usw.).
Räumliche Vorstellungen, später auch zeitliche, bildeten sich auf der Grundlage der produzierenden Tätigkeit heraus, unter dem direkten Einfluß praktischer Bedürfnisse und Interessen des Menschen (Überwindung des Raumes in der Zeit – Wechsel von Ort zu Ort, Entfernung vom Siedlungsort und Rückkehr dorthin, Verfolgung des Tieres, Bau von Behausungen, Werfen von Steinen, Speeren usw.). Im Zusammenhang mit der Differenzierung der Gegenstände im Raum beginnt sich in der Sprache die Deklination zu entwickeln.
Den Raum dachte man sich anfangs nicht losgelöst von den ihn füllenden vielfältigen Gegenständen und deren Stellungswechsel. Für das primitive Denken „bietet sich der Raum also nicht dar als einförmig, homogen und indifferent für das, was ihn erfüllt, als aller Qualitäten bar und in allen seinen Teilen sich selbst gleich“; „seine Richtungen sind belastet mit Qualitäten und Eigenschaften. Jeder Teil des Raums [...] ist an allem mitbeteiligt, was sich gewöhnlich darin befindet“[80]. Nach Grimms Erklärung im „Deutschen Wörterbuch“ bedeutet das Wort „Raum“ ursprünglich freies Feld, das der Bebauung unterliegt. Später wurde dieses Wort auf jeden Siedlungs- oder Aufenthaltsort ausgedehnt, an dem irgendeine Arbeit ausgeführt wurde, und bezeichnete erst viel später den Raum allgemein. Diese konkret-praktische Entstehung des Allgemeinbegriffs Raum läßt sich in vielen modernen Sprachen feststellen. Beispielsweise bezeichnen im Englischen und im Deutschen, wie A. M. Deborin richtig bemerkt, die Worte für Raum oder Ort gleichzeitig auch Räumlichkeit, Zimmer.
Die später entstehende Vorstellung von der Zeit bleibt anfänglich verworren: „Fast alle primitiven Sprachen sind ebenso arm an Mitteln zur Darstellung zeitlicher Beziehungen, wie sie reich sind an Mitteln zur Darstellung räumlicher Beziehungen“[81]. Und die Vorstellung von der Zeit hatte zunächst natürlich einen streng konkreten, qualitativen Charakter. Die Zeit erschien auch nicht als etwas Homogenes, Beständiges und immer Gleiches. Man dachte sie sich angefüllt mit bestimmten materiellen Prozessen und Ereignissen, mit deutlich ausgeprägten Spuren der letzteren. Als Folge einer größeren Differenzierung

der Erscheinungen in der Zeit beginnt sich in der Sprache die Konjugation zu entwickeln.
In der Folge bildeten sich durch elementare Abstraktion begrenzte Begriffe von bestimmten Raumsegmenten und Zeitabschnitten heraus, die ebenfalls mit konkreten Gegenständen und Prozessen des täglichen Lebens bezeichnet wurden.
Als Maßeinheit für den Raum dienten zu Anfang wiederum Teile des Körpers. Diese Art der Bemessung blieb lange gültig; beispielsweise bezeichnete das griechische Maß „orgyia“ die doppelte Länge der ausgestreckten Hand, das englische Maß „foot“ entspricht der Länge es menschlichen Fußes, das altrussische Maß „pjad“ (Spanne, d. Ü.) ist der Spanne zwischen ausgestrecktem Daumen und Zeigefinger gleich (später $^1/_4$ Arschin), das alte Maß „lokot“ (Elle, d. Ü.) entspricht ungefähr $^1/_2$ Meter; das noch als sprachliches Relikt im Dubensker Bezirk des Moskauer Gebiets erhaltene Maß „lapot“ (Bastschuh, d. Ü.) ist gleich der Länge einer Stufe, „pollaptja“, „kośe“ entspricht der Länge der Sense, „polkśja“, „palec“ der Länge des Fingers usw. Zur Messung von großen Entfernungen war es fernerhin notwendig, sich anderen Maßeinheiten zuzuwenden. Die Römer hatten beispielsweise das Maß „iugerum“ zur Bezeichnung einer Fläche, die ein Ochsengespann im Laufe eines Tages pflügen konnte, die Griechen das Maß „Stadion“ zur Bezeichnung einer Strecke, die ein guter Schnelläufer ohne anzuhalten bei den Olympischen Spielen zurücklegen konnte (ungefähr 150–190 Meter). Bei uns im Archangelsker Kreis ist noch das Maß „obža“ erhalten; es bezeichnet eine Fläche, die ein Arbeiter an einem Tag mit dem Pferd umpflügen kann. Bei den alten Germanen wurde das Maß „Morgen“ für eine Fläche gebraucht, die ebenfalls an einem Tag bestellt werden konnte. Ein noch jetzt lebender Volksstamm, die Manegiren (tungusische Sprachgruppe), verwendet bis heute das Maß „buka“ für eine Entfernung, aus der man die Hörner des Stieres schon nicht mehr genau sehen kann. In alten russischen Akten stößt man oft bei Bodenfestsetzungen auf die Maßangabe: von einem Punkt aus nach allen Seiten, „na byčij rer“ (bis auf das Brüllen des Ochsen), d. h. bis auf eine Entfernung, von der aus man das Brüllen des Ochsen noch hören konnte. Relikte einer solchen konkreten Entfernungsbestimmung findet man auch heute noch, so z. B. wenn man, um eine Entfernung zu bestimmen, sagt: ein Tagesmarsch.
Als Zeitmaß dienen zu Anfang nicht so sehr die periodischen Wechsel von Tag und Nacht und der Jahreszeiten, auch nicht bestimmte rhythmische Körperfunktionen, sondern vielmehr Zeitspannen, die mit

bestimmten Produktionsprozessen, mit dem Erwerb der Existenzmittel, der Jagd usw. usf. zusammenhängen. Die periodische Wiederholung dieser Prozesse stellte die wesentlichste Grundlage für den Begriff vom Maß und vom Verlauf der Zeit überhaupt dar. Später kamen noch die Beobachtungen der periodischen Bewegung von Sonne und Mond, des Wechsels der Jahreszeiten und der daraus resultierenden Folgen hinzu. Viele primitive Stämme bestimmen beispielsweise das Alter ihrer Kinder danach, wie oft im Lauf ihres Lebens die Pflanzen blühten und die Früchte reiften. Solche Zeitmaße gab es als Relikte bis in die jüngste Vergangenheit. Vico schreibt beispielsweise, daß Florentiner Bauern seinerzeit statt „soundsoviel Jahre" „soundsoviel Ernten" sagten.

Erst später entstanden abstrakte Begriffe eines einheitlichen, durchgängigen, homogenen und unendlichen Raumes und einer eben solchen Zeit und wurden genaue einheitliche Maße zu ihrer Bestimmung ausgearbeitet (metrische Raummaße, astronomische Zeitmaße).

Abstrakte Begriffe für räumliche Formen wurden durch Abstraktion von ausgedehnten Gegenständen gebildet. Diese Begriffe sind „[...] ausschließlich der Außenwelt entlehnt, nicht im Kopf aus dem reinen Denken entsprungen", sagt Engels. „Es mußte Dinge geben, die Gestalt hatten und deren Gestalt man verglich, ehe man auf den Begriff Figur kommen konnte"[82]. Engels unterzieht die idealistische Anschauung vom Entstehen geometrischer Begriffe räumlicher Formen der Kritik, wobei er sich insbesondere auf die Erkenntnisse der Sprachwissenschaft stützt.

„Die Vorstellungen von Linien, Flächen, Winkeln, von Vielecken, Würfeln, Kugeln usw. sind alle der Wirklichkeit entlehnt, und es gehört ein gut Stück naiver Ideologie dazu, den Mathematikern zu glauben, die erste Linie sei durch Bewegung eines Punktes im Raum entstanden, die erste Fläche durch Bewegung einer Linie, der erste Körper durch Bewegung einer Fläche usw. Schon die Sprache rebelliert dagegen. Eine mathematische Figur von drei Dimensionen heißt ein Körper, corpus solidum, also im Lateinischen sogar ein handgreiflicher Körper, führt also einen Namen, der keineswegs der freien Imagination des Verstandes, sondern der handfesten Realität entlehnt ist"[83].

Entgegen den idealistischen Anschauungen beweisen linguistische Erkenntnisse zur Frage der Entwicklung von Raumbegriffen, daß die Entwicklung dieser Begriffe nicht vom Punkt zur Linie, dann zur Fläche, dann zum Körper usw. verlief, sondern umgekehrt – von realen räumlichen Dingen zu ihrer Fläche, von der Fläche zur Linie usw. Beispielsweise war „Werst" ursprünglich nicht nur ein Längen-, sondern auch ein Flächenmaß. Das lateinische „versus" bedeutet nicht nur „Furche", „Länge", sondern auch „Fläche"; überlieferten Denkmälern zufolge ist „das Feldmaß in Kampanien 100 Quadratfuß gleich", das litauische „war-sta“ ist ebenso ein Flächenmaß, wie das altrussische „braėda“, „boroėda“ (Furche, d. Ü.), aber auch „niba“ (Feld, d. Ü.), „pašnja“ (Acker, d. Ü.). Mit diesem Kreis von Bedeutungen kommen wir zu jener Epoche, in der „Länge“, „Linie“ sich in ihrer Bedeutung nicht von „Fläche“, „Raum bearbeiteten Bodens“ unterschieden, da die Wirtschaft jener Zeit es noch nicht erforderlich machte[84].

Auch die abstrakten und allgemeinen Begriffe der Bewegung, des Werdens und der Tätigkeit entwickelten sich aus konkreten Einzelbegriffen für bestimmte Bewegungs-, Entwicklungs- und Tätigkeitsarten, wie sie vor allem im Prozeß des wirtschaftlichen Lebens bekannt waren. Beispielsweise hatte in der adygeischen Sprache „das Verb mit der äußerst entwickelten verallgemeinerten Bedeutung ‚werden, sich machen‘ als Ausgangspunkt seiner Entwicklung ‚verkehre, vermehre dich (vom Vieh) wachse (von Tieren und Pflanzen), backe, reife (von Brot, Früchten)‘“[85]. In der Sprache Bornu besaß das Wort „tand“, daß „machen“ allgemein bedeutet, anfangs die Bedeutung „flechten“ (Tylor).

Ebenso ist auch die Bildung abstrakter Zahlbegriffe das Produkt einer langen Entwicklung. Ursprünglich, in der Periode, als das Denken primär in Wahrnehmungen und Vorstellungen erfolgte, gab es sie noch nicht. Die Wahrnehmung der Vielzahl oder der Einzahl war unmittelbar in den konkreten Bildern der Dinge enthalten. Vergleich, Gegenüberstellung und Unterscheidung erfolgten im Rahmen der unmittelbaren Wahrnehmung von gegenständlichen Gruppen als ganzheitliche Bilder. Die Fähigkeit, eine Menge zu differenzieren und zu zählen, entstand später. Diese Fähigkeit entwickelte sich durch Abstraktion und Verallgemeinerung quantitativer Erscheinungen der Wirklichkeit. Das Zählen ist erst möglich, wenn mit gleichartigen Elementen operiert wird. Das setzt jedoch die Fähigkeit voraus, von qualitativen Unterschieden, wie sie selbst zwischen ähnlichen Gegenständen bestehen, zu abstrahieren. Die praktischen Aufgaben der Produktion und der Nutzung von Gegenständen der Umwelt veranlaßten die Menschen, diese Gegenstände zu zählen. Der Begriff der Zahl ist ebenso materiellen Ursprungs wie der Begriff der räumlichen Form. Engels meint:

„Die Begriffe von Zahl und Figur sind nirgends anders hergenommen als aus der wirklichen Welt. Die zehn Finger, an denen die Menschen zählen, also die erste arithmetische Operation vollziehn gelernt haben, sind alles andere, nur nicht die freie Schöpfung des Verstandes. Zum Zählen gehören nicht nur zählbare Gegenstände, sondern auch schon die Fähigkeit, bei Betrachtung dieser Gegenstände von allen ihren übrigen Eigenschaften abzusehen außer ihrer Zahl – und diese Fähigkeit ist das Ergebnis einer langen, geschichtlichen, erfahrungsmäßigen Entwicklung“[86].

Von daher wird klar, daß die Axiome der Mathematik, die auf der „Selbstverständlichkeit“ gewisser einfachster räumlicher und zahlenmäßiger Beziehungen beruhen, in Wirklichkeit das Ergebnis einer langen Entwicklung der menschlichen Erfahrung und des menschlichen Denkens sind; sie blieben erst nach milliardenfacher Wiederholung in der Praxis und nach schrittweiser Abstraktion und Verallgemeinerung im Bewußtsein haften und festigten sich nur auf diese Weise. Engels bemerkt deshalb völlig richtig die „Selbstverständlichkeit z.B. der mathematischen Axiome für Europäer, sicher nicht für Buschmänner und Australneger“[87].

Die ursprünglichen Mengenbegriffe waren organisch mit konkreten Bildern von Gegenständen verbunden, die eine bestimmte quantitative Charakteristik aufweisen. In diesem Zusammenhang wird durch die Erkenntnisse der Sprachwissenschaft nachgewiesen, daß sich der ungegliederte, diffuse Begriff von der Vielzahl früher formte als der Begriff vom Einzelnen. Anfangs wurde eine bestimmte Menge konkreter Gegenstände oder Menschen, die eine Gruppe oder ein Kollektiv bildeten, als Gesamtattribut, als Qualität der betreffenden Gruppe im Unterschied zu einer anderen (kleineren oder größeren) wahrgenommen und gedacht. Erst nach langer Arbeit gelangte der Mensch dahin, die ungeteilte Menge zu zerlegen, das Einzelne aus der Vielzahl herauszulösen und die Menge als Gesamtheit von Einzelnem zu begreifen. Der ursprüngliche, diffuse Mengenbegriff gliederte sich auf in die entgegengesetzten Begriffe vom Einzelnen und von der Vielzahl. Marr setzte dieses Herauslösen des Einzelnen aus der Vielzahl in Beziehung mit dem vom Bewußtsein wahrgenommenen Herauslösen des einzelnen Menschen aus dem Kollektiv. Aber uns scheint, daß K. v.d. Steinen der Wahrheit in dieser Frage näher kommt, demzufolge die Bildung eines Begriffs für zwei einzelne Gegenstände noch früher durch Aufspaltung von wahrgenommenen ganzen Gegenständen in einzelne Teile erreicht wurde. Grundlage dieser Aufspaltung war die *praktische* Tätigkeit: das Zerschlagen von Steinen, das Zerbrechen von Stöcken, das Zerschneiden geschlachteter Tiere usw. – in zwei Teile (ein dem Bewußtsein besonders bekannter und leicht faßbarer Vorgang).

Nur dank einer solchen Aufspaltung wurde das Zählen erstmals möglich. Als es entstand, wurden anfangs nur unmittelbar gleiche Gegenstände in konkreten Verhältnissen gezählt (Objekte des Zählens waren Menschen, Tiere, Werkzeuge usw.).

Zunächst gab es außer den zählbaren Gegenständen offensichtlich keine besonderen Mittel zum Zählen. Dann wurden Teile des menschlichen

Körpers zum Zählen und zum Ausdruck von Zahlbegriffen genommen – hauptsächlich die Hand und die Finger, manchmal der Mund, die Beine usw. sowie deren sprachliche Bezeichnung.

Zu Anfang war das Zählen offensichtlich nur durch das Einzelne und die Vielzahl eingegrenzt. Dies wird dadurch bestätigt, daß z.B. einige ozeanische Stämme für die Zahl „zwei“ ein Wort benutzten, das ursprünglich „viel“ bedeutete. Dann entstehen allmählich mehr Zahlbegriffe, das Zählen vollzieht sich zwischen den zwei Einheiten: „eins“ (entsprechend einem Kopf, einem Mund usw.) und „zwei“ (entsprechend zwei gleichen symmetrischen Körperteilen; zwei Händen, zwei Beinen, zwei Augen usw.). Nach Angaben von Feterman, Lichtenstein, Spix und Martius befinden sich die Buschmänner und die brasilianischen Indianer jetzt auf dieser Stufe des Zählens. Nach „zwei“ kam „viel“. Sayce weist beispielsweise nach, daß das Wort „drei“ in den arischen Sprachen ursprünglich „und mehr“ bedeutete. Die Entwicklung des Zählens über „zwei“ hinaus war, wie Lafargue richtig bemerkt, eine der größten Herkulesarbeiten, vor die der menschliche Verstand je gestellt war.

Als diese Schwierigkeit überwunden war, entwickelte sich das Zählen bis fünf weiter, dann bis zehn. Die fünf Finger der Hand lagen dem Fünfersystem des Zählens zugrunde. Und noch jetzt „ist das Fünfersystem des Zählens bei Stämmen wie den Senegalnegern gebräuchlich, die folgendermaßen zählen: eins, zwei, drei, vier, fünf, fünf – eins, fünf – zwei usw.“[88]. Die Spuren einer solchen Zählweise finden sich noch in den römischen Ziffern, wo nach „V“ „VI“ kommt usw., und die um eins kleinere Zahl als V oder X durch Linksstellung der Eins ausgedrückt wird. Marr sagt:

> „Das ursprüngliche Zählen von Einheiten reichte bald bis fünf, bald bis sechs, darüber hinaus gab es nur das Wort ‚viel‘, wovon die beiden Hände als Träger vieler Einheiten von Fingern, deren zahlenmäßige Erfassung indessen noch nicht erreichbar war, eine Vorstellung vermittelten“[89].

Nach Angaben von Dobritzhofer wurde bei dem südamerikanischen Stamm der Guarani jede über fünf hinausgehende Menge „ndipapagei“ genannt, was „unzählbar“ bedeutet. „Als der Mensch bis zu der Vorstellung von zehn ‚gekommen‘ war, begann er, mit eben dem Wort ‚Hand‘ in der Mehrzahl, d.h. eigentlich zwei Hände mit ‚zehn Fingern‘, den Begriff ‚zehn Stück‘ auszudrücken; dazwischen liegende Zahlen wurden mit Hilfe der anderen bald durch Hinzufügen von eins und zwei zu fünf oder sechs ausgedrückt, bald durch Abziehen der gleichen eins und zwei von zehn und durch noch andere Verfahren“[90].

In dieser Periode gab es folglich kein abstraktes, verstandesmäßiges Zählen. Die Menschen konnten, wie schon erwähnt, nur unmittelbar wahrgenommene und vorgestellte konkrete Gegenstände, Finger usw. zählen. Das Zählen war nur bis zu jener Menge von Gegenständen üblich, die in der Praxis real angetroffen und erfaßt wurde. In den Sprachen vieler primitiver Stämme haben die ersten fünf Zahlen die Bezeichnung der fünf Finger. Das Zählen mittels der zehn Finger beider Hände (das Zählen mit den Zehen war nur eine Nachahmung des Zählens mit der Hand) war der historische Ursprung des jetzt beim Rechnen angewandten Dezimalsystems.

Um Zahlbegriffe auszudrücken, wurden auch andere Gegenstände des täglichen Lebens benutzt, wenn sie irgendwelche charakteristischen quantitativen Merkmale aufwiesen. Beispielsweise ist es in den semitischen Sprachen so, daß „,vier' sich aus der Vorstellung vom Tier als Vierbeiner entwickelte, d.h. dem Zahlwort ,vier' liegt ein Wort zugrunde, das Tier bedeutet, aber nicht Tier überhaupt (einen solchen allgemeinen Begriff gab es zu der Zeit auch nicht), sondern ein bestimmtes, zu der Epoche in der Wirtschaft der Urgemeinschaft vorhandenes Tier"[91] (Hirsch, Hund, Pferd, Schaf, Ziege usw.). Bei einer Reihe von Stämmen werden auch heute noch Bezeichnungen für bestimmte Tiere und Teile ihres Körpers dazu benutzt, Zahlbegriffe auszudrücken. Beispielsweise wird bei dem Stamm der Abipon die Zahl „vier" mit den Wörtern „Zehen des Emu" (Vogel mit vier Zehen) ausgedrückt, die Zahl „fünf" mit dem Wort „Neéngalek" (Bezeichnung für das Fell eines Tieres mit Flecken in fünf verschiedenen Farben) usw.

In der Folge wurden Finger und Zehen gemeinsam zum Zählen benutzt. Dies ist bei vielen Stämmen der Gegenwart zu beobachten. Beispielsweise benutzen die Indianer der Samuko- und Muisko-Stämme zur Bezeichnung von „fünf" „die Hand ganz", „sechs" – „eins von der anderen Hand", „zehn" – „beide Hände ganz", „elf" – „Fuß – eins"... usw., „zwanzig" – „die Füße ganz", oder manchmal einfach „Mensch", weil der Mensch zehn Finger und zehn Zehen hat, was zwanzig macht (Lubbock). Dieses Zählsystem ist auch bei den Eskimos zu beobachten:

„Fridtjof Nansen berichtet, daß die Eskimos, mit denen er mehr als ein Jahr zusammenlebte, keine Bezeichnung für Zahlen über fünf haben. Sie zählen an den Fingern der rechten Hand, und nachdem sie alle Finger berührt und benannt haben, halten sie ein; für sechs nehmen sie die linke Hand und sagen: ,der erste Finger der anderen Hand', für sieben – ,der zweite Finger' usw. bis zehn; dann zählen sie auf die gleiche Weise an den Zehen und enden bei 20, der Grenze ihres Zählens; hervorragende Mathematiker aber gehen weiter und sagen anstelle von 21: der erste Finger eines anderen Menschen und beginnen aufs neue an Fingern und Zehen zu zählen. 20 – das ist ein Mensch, 100 – das sind fünf Menschen“[92].

Die untrennbare Verbindung zwischen Zahlbegriffen und gezählten Gegenständen, die für ein bestimmtes Entwicklungsstadium charakteristisch ist, kommt in einer Reihe von Sprachen darin zum Ausdruck, daß die Zahlwörter in Abhängigkeit von der Natur bzw. vom Typ der gezählten Gegenstände unterschiedlich sind. Bei den Giljaken gibt es z. B. unterschiedliche Zahlwörter für Lebewesen, für runde Gegenstände, für lange Gegenstände usw. In einigen hochentwickelten, modernen Sprachen, insbesondere im Russischen, sind Ausdrücke zu finden, die Reste alter Formen aus der Zeit aufweisen, als die Zahlbegriffe untrennbar mit Vorstellungen von bestimmten Gruppen von Gegenständen verbunden waren, so z. B. die Ausdrücke: 5 *Mensch* Krieger, 10 *Häupter* Schafe, 20 *Stück* Eier usw., statt: 5 Kämpfer, 10 Schafe, 20 Eier usw.

Mit der Weiterentwicklung des Zählens wurden neben Fingern und Zehen als konkrete Standardzählmittel Kerben im Baum, Muscheln, Stöcke, Steine usw. verwendet. Das lateinische Wort „calculare“, das Rechnen bedeutet (im Russischen „kal’kuljacija“), entwickelte sich aus „calculus“, was „Stein“ bedeutet. Ebenso stammt auch die griechische Bezeichnung für Rechnen: „Psefizejn“ von „psefos“: „Stein“ ab.

Im weiteren Verlauf wurden die Menschen unter dem Einfluß praktischer Erfordernisse, der Entwicklung von Tauschbeziehungen usw., aber auch auf Grund der vollkommener werdenden Fähigkeit zum abstrakten Denken allmählich fähig, Zahlbegriffe von den Vorstellungen konkreter Dinge zu abstrahieren und mit ihnen nur mittels Worten oder Zahlsymbolen zu operieren. So enstanden die abstrakten Zahlbegriffe.

Genauso formte und festigte sich allmählich der Begriff von den Kausalzusammenhängen der Dinge. Lenin sagt:

„Jahrtausende sind vergangen, seit die Idee des ‚Bandes aller Dinge‘, der ‚Reihe von Ursachen‘ entstand“[93].

Dieser höchst wissenschaftliche Begriff ist, wie auch andere, seiner Herkunft nach der Arbeitstätigkeit des Menschen verpflichtet. Da der Mensch seit den ältesten Zeiten nicht nur auf die Natur Einfluß nahm, sondern selbst auch ihrem Einfluß unterworfen war, begann sich der Kausalbegriff unter dem Einfluß vielfältiger Formen der Beziehung und des Zusammentreffens des Menschen mit Dingen der Umwelt elementar in verworrener Form im Bewußtsein zu entwickeln. Beispielsweise lehrte die Erfahrung den Menschen, daß die Sonne brannte, der Regen näßte, das Raubtier biß, eine eßbare Frucht Hunger stillte usw. Von entscheidender Bedeutung für die Entstehung des Kausalbegriffes war jedoch der Einfluß des *Menschen auf die Natur*. Dieser Begriff entstand, weil der Mensch sich der realen, physischen Beziehung zwischen dem Einfluß ausübenden Subjekt und dem beeinflußten Objekt bewußt war. Der Kausalzusammenhang und die Abhängigkeit wurden durch die Herstellung und Anwendung künstlicher Werkzeuge als objektiv erkannt. Da der Mensch das Werkzeug (das getrennt von den natürlichen Organen des menschlichen Körpers existierte) dazu brachte, auf einen anderen Gegenstand (das Objekt der Arbeit) einzuwirken, konnte er diesen Zusammenhang als einen *objektiven* zwischen den Dingen der Natur verstehen. Außerdem konnte sich der Mensch davon überzeugen, daß sich, wenn er die Werkzeuge und die Art ihres Gebrauchs veränderte, die Ergebnisse seiner Tätigkeit entsprechend änderten (folglich war auch hier eine Überprüfung des Kausalzusammenhangs möglich). Daher sagt Engels völlig richtig, daß „... durch die *Tätigkeit des Menschen* (sich) die Vorstellung von der *Kausalität* (begründet) [...] die Vorstellung, daß eine Bewegung die *Ursache* einer anderen ist“[94]. Gegliederte Begriffe von Ursache und Wirkung entstanden ebenfalls nicht sofort. Zunächst entwickelte sich ein diffuser Begriff von Zusammenhang und Abhängigkeit, der sich in dem Maße, wie der Mensch diesen Zusammenhang erkannte, allmählich in die Begriffe von Ursache und Wirkung aufspaltete. Die praktische, produzierende Tätigkeit der Menschen bedingte die Erweiterung des Wissens von den Dingen und ihren Zusammenhängen; sie führte zur Entdeckung von kausalen Abhängigkeiten zwischen den Erscheinungen der Natur, zur Bewußtwerdung dieser Abhängigkeiten und zu ihrer Nutzbarmachung. Schlecht wäre es dem Menschen ergangen, wenn er, zunächst unbewußt, tastend, dann aber auch bewußt, im Prozeß der Arbeit, bei der Nahrungssuche, der Herstellung von Werkzeugen usw. nicht die Kausalzusammenhänge der Dinge entdeckt und genutzt hätte. Die gesunde Grundlage für das Erkennen des realen Kausalzusammenhangs der Dinge war immer in zweckmäßigen Handlungen der Arbeit des Menschen enthalten. Alle phantastischen, falschen Vorstellungen von den Zusammenhängen der Erscheinungen, die die idealistischen Theoretiker so gerne schüren, waren bedingt durch die äußerst begrenzte praktische Macht des Menschen über die Natur und sein begrenztes Wissen. Selbst Lévy-Bruhl, der im allgemeinen geneigt ist, die wesentliche Rolle des Begriffs der Kausalität im primitiven Denken zu bestreiten, muß zugeben, daß „sie (die primitiven Menschen – L. R.) bei der Anfertigung von Gerätschaften, beim Auslegen ihrer Schlingen beispielsweise, oft eine Findigkeit an den Tag legen, die von einer sehr genauen Kenntnis der Zusammenhänge zwischen Ursache und Folge zeugt“[95].

Dennoch war es für das primitive Denken außerordentlich schwer, Kausalzusammenhänge über die unmittelbare Erfahrung der Arbeit hinaus zu erkennen. Mit großer Mühe und erst allmählich erkannten die Menschen z. B. endlich den Kausalzusammenhang zwischen Sonne und Tageslicht oder Geschlechtsverkehr und Schwangerschaft. Lange Zeit hatten sie diese Erscheinungen nicht miteinander in Verbindung gebracht.

Aber allmählich erweiterte sich der Kreis von Erscheinungen, zwischen denen ein Kausalzusammenhang entdeckt wurde. Von einzelnen Fakten kausaler Abhängigkeit kamen die Menschen zur Erkenntnis des gesetzmäßigen Kausalzusammenhanges zwischen einer Vielzahl von Erscheinungen. Im weiteren Verlauf entwickelten sie durch breite Verallgemeinerung einer Menge von Fakten und Prozessen, auf der Grundlage der erkannten Naturgesetze und überwundener falscher idealistischer, religiöser und teleologischer Vorstellungen einen allgemeinen Kausalbegriff, der *alle* Veränderungen abbildete und erfaßte, die in Natur und Gesellschaft auftraten.

Analog dazu entstanden auch die Begriffe der verschiedenen Qualitäten und Eigenschaften der gegenständlichen Welt durch Abstraktion von konkreten Dingen. Viele abstrakte Wörter sind, wie Max Müller sehr richtig bemerkt, nichts anderes als Adjektive, die zu Substantiven wurden.

Letztliche soziale Grundlage und Ursprung aller abstrakten Begriffe ist die Arbeit. Die moderne Sprachwissenschaft hat nachgewiesen, daß die Bildung abstrakter Begriffe letztendlich genetisch mit der Arbeitstätigkeit der Menschen zusammenhängt. Marr zeigt, daß nicht nur eine Vielzahl konkreter Benennungen, sondern selbst bedeutend später entstandene Wörter zur Bezeichnung allgemeiner und abstrakter Begriffe auf die „Hand“, das Hauptorgan der Arbeit, zurückgehen. So beispielsweise die Worte: „Kraft“, „Macht“, „Gewandtheit“, „Findigkeit“, „Erfindungsgabe“, „Meisterschaft“, „Kunst“, „Größe“, „Haus“, „Gnade“ usw. usf. Da die Hand nicht nur das Organ der Arbeit, sondern auch das Organ zur Aneignung der produzierten Gegenstände war, gehen auf die „Hand“ auch die Begriffe „Recht“ und „Eigentum“ zurück. So bedeutet z. B. das Wort „mancipium“, das im römischen

Recht die höchste Form des Eigentums bezeichnete, wörtlich: „mit den Händen genommen".

Darüber hinaus liegt auch den Worten, die „Verstand" und „Sprache" (*geistige* Funktionen) bedeuten, das Wort „Hand" zugrunde (das ursprüngliche Organ der *materiellen* Produktion und der Sprache). In der russischen Sprache ist das Wort „re", das ursprünglich „Hand" bedeutete, Grundlage solcher Worte wie „govorit" (sprechen, d. Ü.), „reč" (Sprache, Rede, d. Ü.), „zėšiochyn" (Ausspruch, d. Ü.) u. a. m. Wörter, die heute für bestimmte geistige Operationen stehen, bezeichneten früher konkrete praktische Tätigkeiten. So bedeutete das Wort „zėšiochyn" in der adygeischen Sprache z. B. ursprünglich „der Länge nach spalten (Gegenstände) bzw. trennen (Menschen, Tiere)", nahm aber im weiteren Verlauf die abstrakte Bedeutung „eine Frage, Aufgabe, Sache lösen (untersuchen)" an (N. Jakovlev, D. Aščhamaf). Die praktische Aufteilung, Gliederung ging der theoretischen voraus und bedingte sie. Lafargue wies völlig richtig darauf hin, daß, „wenn man zu den ursprünglichen Bedeutungen der Wörter zurückgeht, der Entstehungsprozeß abstrakter (von den Idealisten – L. R.), als angeboren betrachteter Ideen im Kopfe des Menschen geklärt werden kann"[96].

Ursprung und gnoseologische Grundlage aller abstrakten Begriffe ist letztlich die sinnliche Wahrnehmung der materiellen Welt. Sogar äußerst abstrakte moderne Begriffe sind, wie die Sprachwissenschaft zeigt, ihrer Entstehung nach auf die lebendige Betrachtung zurückzuführen. So bezeichnete z. B. das griechische Wort „idea" (Idee) vor allem die physische Sichtbarkeit eines Gegenstandes bzw. seines sinnlich wahrnehmbaren Bildes; das Wort „noeo" bedeutete sowohl „sehen" als auch „denken". In der adygeischen Sprache bedeutete das Wort „l'ėgun" ursprünglich „sehen" (unmittelbar mit den Augen), nahm aber in der Folge die abstrakte Bedeutung „schätzen, annehmen, meinen" an (N. Jakovlev, D. Aščhamaf). Im Russischen werden Ausgangspunkt, Richtung und Inhalt des (oft äußerst abstrakten) Denkens mit den Worten „Blickpunkt", „Blickwinkel", „Ansicht" usw. ausgedrückt.

Als *unmittelbare* sinnliche Grundlage des abstrakten Denkens begannen allmählich nicht die Gegenstände, sondern ihre sprachlichen Entsprechungen aufzutreten. Ohne diese sinnliche Grundlage kann selbst das abstrakte Denken nicht auskommen. „Auch der idealistischste Metaphysiker kann nicht ohne Worte denken, nicht ohne Zeichen rechnen [...]"[97].

Die Bildung abstrakter Begriffe zeugt von der Bewußtwerdung des wesentlich Allgemeinen in den Dingen und Erscheinungen; das aber bedeutet im Grunde die Entdeckung des relativ Beständigen im Zeitweiligen, des Wiederholbaren im Veränderlichen, d.h. die Klärung des gesetzmäßigen Zusammenhanges zwischen den Dingen. Die Natur ist sowohl konkret als auch abstrakt, schrieb Lenin.

„Die Bildung von (abstrakten) Begriffen und die Operationen mit ihnen *schließen schon* die Vorstellung, die Überzeugung, das *Bewußtsein* von der Gesetzmäßigkeit des objektiven Weltzusammenhanges *in* sich“[98].

Dabei unterstreicht Lenin die objektive Bedeutung der Begriffe, die *objektiv* das Allgemeine und Gesetzmäßige in der Vielfalt der materiellen Welt widerspiegeln.

„Die Objektivität der Begriffe, die Objektivität des Allgemeinen im Einzelnen und im Besonderen zu leugnen ist unmöglich“[99].

So war die allmähliche Entwicklung des begrifflichen Denkens Voraussetzung für eine immer tiefere Erkenntnis der objektiven Welt und ihrer Gesetzmäßigkeiten. Die Bildung abstrakter Begriffe ist immer ein gewisses „Entfernen“ von der konkreten Wirklichkeit und ihrer sinnlichen Wahrnehmung. Aber dieses „Entfernen“ ist für eine tiefere Widerspiegelung der Wirklichkeit, für die wissenschaftliche Annäherung an sie, unumgänglich. Die Bildung abstrakter Begriffe und das Operieren mit ihnen indiziert die wachsende *Aktivität* des menschlichen Bewußtseins. Das abstrakte begriffliche Denken ist unermeßlich viel „freier“ von der unmittelbaren, sinnlich wahrnehmbaren Wirklichkeit als das konkrete Denken mittels Wahrnehmungen und Vorstellungen. Wesentlichste Quelle dieser wachsenden Aktivität und „Freiheit“ des Denkens ist die menschliche Arbeit. Die aktive schöpferische Rolle der Arbeit, die die Gegenstände der umgebenden Wirklichkeit umgestaltet und neue Gegenstände, Zusammenhänge und Beziehungen schafft, bedingt die aktive, schöpferische, umgestaltende Rolle des menschlichen Denkens.
„Entfernung“ und „Befreiung“ des abstrakten Denkens von der unmittelbaren Wirklichkeit zum Zwecke einer tieferen Erkenntnis derselben, was den komplizierten dialektischen Charakter des Erkenntnisprozesses verdeutlicht, bergen die Möglichkeit der völligen Loslösung des Gedankens vom Leben in sich, was unausweichlich zu Idealismus und Religion führt. Lenin sagt:

„Die Spaltung der menschlichen Erkenntnis und die *Möglichkeit* des Idealismus (= der Religion) sind schon in der *ersten, elementaren* Abstraktion gegeben (das ‚Haus‘ überhaupt und einzelne Häuser). [...] Das Herangehen des menschlichen Verstandes an das einzelne Ding, die Anfertigung eines Abdrucks (= Begriffs) von ihm *ist kein* einfacher, unmittelbarer spiegelartig toter, sondern ein komplizierter, zweiseitiger, zickzackartiger Vorgang, der die Möglichkeit *in sich schließt*, daß die Phantasie dem Leben entschwebt; damit nicht genug: die Möglichkeit der *Verwandlung* (und obendrein einer unmerklichen, dem Menschen nicht bewußt werdenden Verwandlung) des abstrakten Begriffs, der Idee in eine *Phantasie* (in letzter Instanz = Gott)"[100].

Und wirklich traten in der Periode der entstehenden Gentilordnung, als die Fähigkeit, Begriffe zu bilden, aufkam und sich zu entwickeln begann, geschichtliche wie auch gnoseologische Voraussetzungen für die Entstehung phantastischer religiöser Begriffe auf.
Die durch die Entwicklung der Arbeit, des Denkens und der Sprache in der Epoche der Urgesellschaft erreichten Erfolge dienten als dauerhafte Grundlagen für den weiteren Fortschritt der Menschheit.

„Durch das Zusammenwirken von Hand, Sprachorgan und Gehirn nicht allein bei jedem einzelnen, sondern auch in der Gesellschaft, wurden die Menschen befähigt, immer verwickeltere Verrichtungen auszuführen, immer höhere Ziele sich zu stellen und zu erreichen. Die Arbeit selbst wurde von Geschlecht zu Geschlecht eine andere, vollkommenere, vielseitigere. Zur Jagd und Viehzucht trat der Ackerbau, zu diesem Spinnen und Weben, Verarbeitung der Metalle, Töpferei, Schiffahrt. Neben Handel und Gewerbe trat endlich Kunst und Wissenschaft, aus Stämmen wurden Nationen und Staaten"[101].

Mit dem Zerfall der Gentilordnung und dem Entstehen der Klassengesellschaft erfuhr das Denken in seiner weiteren Entwicklung eine Reihe von wesentlichen Veränderungen, die ihren Niederschlag in der Sprache fanden. Die weitere Entwicklung der gesellschaftlichen Produktion und des Warenaustausches, was zu verstärkter gesellschaftlicher Arbeitsteilung führte, die Aufhebung der Isolierung von Gentes und Stämmen, die Bildung von Staaten und die Entwicklung internationaler Beziehungen – alles das brachte das Denken voran, erweiterte und bereicherte den Kreis der Begriffe, mit denen es operierte. Marx und Engels sagen:

„Der wirkliche geistige Reichtum des Individuum hängt ganz von dem Reichtum seiner wirklichen Beziehungen ab. [...] Die einzelnen Individuen werden erst hierdurch von den verschiedenen nationalen und lokalen Schranken befreit, mit der Produktion (auch mit der geistigen) der ganzen Welt in praktische Beziehung gesetzt und in den Stand gesetzt, sich die Genußfähigkeit für diese allseitige Produktion der ganzen Erde (Schöpfungen der Menschen), zu erwerben"[102].

Durch allmähliche und konsequente Verallgemeinerung der gesammelten Erfahrung gelangte die Menschheit über das Erfassen *einzelner* praktischer und nützlicher Tätigkeiten zur Entdeckung *allgemeiner* gesetzmäßiger Zusammenhänge der Dinge. So entstand und entwickelte sich die Wissenschaft. Dank des Aufkommens und der Entwicklung des Schrifttums (anfangs bildlich, ideographisch) erwiesen sich eine systematischere Sammlung des Wissens und dessen Weitergabe von Volk zu

Volk als möglich. Auf der Grundlage praktischer produzierender Tätigkeit, Beobachtung und Überlegung festigten sich die noch in der Urgesellschaft entstandenen Begriffe von der Natur und einzelnen Dingen, von Raum und Zeit, Identität und Unterschied, von Ursache und Wirkung, Zahl und Form usw. als Grundformen und Kategorien des Denkens (des Grades der Erkenntnis objektiver Gesetzmäßigkeiten der umgebenden materiellen Welt).

Schon alte Kulturen (die ägyptische, die assyrisch-babylonische und die ostasiatische), die einige tausend Jahre vor unserer Zeitrechnung entstanden waren, weisen einen hohen Entwicklungsstand des technologischen, astronomischen, mechanischen und mathematischen Wissens auf. Die Entwicklung dieses Wissens war durch praktische Erfordernisse der Gesellschaft bedingt (metallurgische Produktion, Bautechnik, Vermessung von Flächen, Zeitmessung, Tausch usw.). So hing z. B. die Entwicklung geometrischer Kenntnisse bei den Ägyptern Herodot zufolge damit zusammen, daß diese wegen der alljährlichen Überschwemmungen, die die Landbegrenzungen wegspülten, zur Vervollkommnung der Vermessungskunst für die Wiederherstellung dieser Grenzen dringend benötigt wurden. Der entwickelte Ackerbau mit künstlicher Bewässerung machte eine genaue Zeitberechnung erforderlich; das brachte die Entwicklung des astronomischen Wissens voran usw. Hierbei ist jedoch zu beachten, daß alle erwähnten Kenntnise schon die Fähigkeit voraussetzen, äußerst abstrakte, allgemeine Begriffe bilden und mit ihnen operieren zu können. Die entwickelte Lautsprache, die Hieroglyphen- und später die Keilschrift machten es möglich, diese Begriffe zu bezeichnen. Alte Denkmäler und Papyri zeugen davon, daß schon zwei Jahrtausende vor unserer Zeitrechnung das Rechnen mit abstrakten Zahlen bei einigen Völkern hoch entwickelt war.

Durch das Aufkommen der Schriftsprache wird es möglich, den weiteren Prozeß der Bildung und Entwicklung von allgemeinen Begriffen (nach dem Zerfall der urgemeinschaftlichen Ordnung) anhand von Material zur *Geschichte der Wissenschaft und Philosophie* zu verfolgen. Aber diese Frage geht schon über den Rahmen der in der vorliegenden Arbeit gesteckten Ziele hinaus.

Auf Grund der vorliegenden Untersuchung zu den Anfangsstufen der Begriffsbildung können bestimmte Schlußfolgerungen gezogen werden:

1. Das begriffliche Denken bildete sich erst auf einer bestimmten Stufe der gesellschaftlich-historischen Entwicklung der Menschheit heraus –

in der Epoche der Entstehung der Gentilordnung – und fand seinen adäquaten Ausdruck in der Lautsprache.

2. Die Begriffe wurden durch Verallgemeinerung einer Vielzahl von Gegenständen und Prozessen entsprechend der ihnen im Rahmen der praktischen Tätigkeit der Menschen zukommenden Funktion gebildet. Daher waren die Begriffe gewaltige Speicher für die gesellschaftlich-historische Erfahrung der Menschheit.

3. In der erwähnten Einheit der Funktion zeigte sich in diesem oder jenem Maße der *objektive wesentliche Zusammenhang der Dinge*. Daher stellten die Begriffe vermittelte Abbilder der gesetzmäßigen Zusammenhänge der Dinge, Stufen der Erkenntnis der Welt dar.

4. Das begriffliche Denken durchlief in seiner Entwicklung mehrere Stadien. Der Entwicklungsprozeß des Denkens und der Begriffsbildung verlief von *unbestimmten, verschwommen-breiten, diffusen Begriffen* mit ungegliederter, komplexer Bedeutung zu *bestimmten, differenzierten, Einzel-(Art-)Begriffen* mit genauer Bedeutung, die auf Grund bestimmter wesentlicher Merkmale eine breite Vielfalt konkreter Gegenstände und Erscheinungen umfassen.

5. Das begriffliche Denken entwickelte sich erstens durch *Aufspaltung des einheitlichen* „bildlichen" Begriffs in gegensätzliche Begriffe, die gegensätzliche Seiten der Wirklichkeit widerspiegelten, und zweitens durch Reproduktion des Konkreten in der Einheit gegensätzlicher Bestimmungen.

6. Alle heutigen Begriffe, auch äußerst abstrakte wie „Sein", „Natur", „Raum", „Zeit", „Bewegung", „Kausalität", „Zahl" usw., hingen von ihrer historischen Entstehung und Entwicklung letztlich von den *materiellen Lebensbedingungen* der Gesellschaft ab, von der produzierenden Tätigkeit der Menschen und der daraus entstehenden Notwendigkeit, sich der umgebenden Wirklichkeit und ihrer Gesetzmäßigkeiten bewußt zu werden, sie zu erfassen und zu verstehen.

7. Die Begriffe waren anfangs untrennbar mit unmittelbaren Wahrnehmungen konkreter Dinge verbunden (die Zahl mit dem Gezählten, die Figur mit dem Gemessenen usw.); später waren sie mit der Wahrnehmung einiger Standardgegenstände als „Stellvertreter" für die erwähnten Dinge (mit der Wahrnehmung von Körperteilen, Fingern und Zehen, von Steinen, Tieren, schematischen Zeichnungen usw.) verbunden, wobei gleichzeitig die zur Bezeichnung dieser Gegenstände dienenden Wörter angewendet wurden. Erst später, auf einer hohen Entwicklungsstufe, wurden die allgemeinen Begriffe mit bloßen Wörtern (oder anderen Zeichen) verbunden und die konkreten Wahrneh-

mungen und Vorstellungen, die bisweilen den Prozeß des abstrakten Denkens begleiteten, traten an die zweite Stelle. Dadurch wurde eine schnelle Entwicklung des abstrakten Denkens möglich und damit auch größte Erfolge der Wissenschaft.

Anmerkungen

[1] Vgl. Lenin, W. I.: *Philosophische Hefte*. Werke, Bd. 38. Berlin 1973, 335.
[2] Marx, K./Engels, F.: *Die deutsche Ideologie*. MEW, Bd. 3. Berlin 1969, 30.
[3] Vgl. Lenin, W. I., a.a.O. 335.
[4] Vgl. Hegel, G. W. F.: *Vorlesungen über die Geschichte der Philosophie I*. Werke in zwanzig Bänden, Bd. 18. Ed. Moldenhauer/Michel. Frankfurt 1970, 537.
[5] Feuerbach, L.: *Zur Kritik der hegelschen Philosophie*. Werke in sechs Bänden. Bd. 3 (Kritiken und Abhandlungen II, 1839–1843). Ed. Erich Thies. Frankfurt 1975, 34.
[6] Vgl. Lenin, W. I., a.a.O . 265.
[7] Vgl. Marx, K./Engels, F., a.a.O. 432.
[8] Ebenda 432.
[9] Ebenda 433.
[10] Marx, K,: *Theorien über den Mehrwert*. MEW, Bd. 26, 3. Berlin 1962, 497.
[11] Marx, K./Engels, F.: *Das Kapital I*. MEW, Bd. 23, a.a.O. 12.
[12] Dieses Entwicklungsstadium des Denkens behandelt mein Artikel: „K voprosu o genezise čelovečeskogo myšlenija" (Zur Frage der Genesis des menschlichen Denkens). In: *Učenye zapiski PGU, Trudy Istoriko-filologičeskogo fakul'teta, vyp. 3*. Rostov/D 1945.
[13] Vor dieser Zeit gehörten die Lautsignale als Komponenten zu sprachlichen Komplexen, die im wesentlichen kinetischen Charakter aufwiesen.
[14] Marx, K./Engels, F.: *Werke*, Bd. 20, 449.
[15] Heutzutage finden wir bei vielen primitiven Stämmen dieses Übergangsstadium, wo neben der Lautsprache die Gebärdensprache noch eine große Rolle spielt. Reiche Angaben hierzu liegen in den Arbeiten von James, Fisher, Lubbock, Tylor, Lévy-Bruhl u.a. vor.
[16] Vgl. dazu: Marr, N. J.: *Izbrannye raboty*. Ausgewählte Werke, Bd. II, 418.
[17] Der enge Zusammenhang zwischen Arbeit und Denken findet unter anderem Bestätigung darin, daß die Hauptzentren der höheren intellektuellen Funktionen in demselben Bereich liegen wie auch die Regulationszentren der rechten Hand, die eine vorherrschende Rolle im Arbeitsprozeß spielt, nämlich in der linken Hemisphäre des Gehirns.
[18] Engels, F.: *Herrn Eugen Dührings Umwälzung der Wissenschaft*. MEW, Bd. 20, a.a.O. 448.
[19] Pawlow, I. P.: *Die bedingten Reflexe. Eine Auswahl aus dem Gesamtwerk*. Besorgt von Baader, G. und Schnapper, U. München 1972, 85.
[20] Goethe, J. W.: *Werke*. Abt. ‚Gespräche'. „Brief an Kanzler von Müller", 1828. Weimar 1908.
[21] Engels, F.: *Herrn Dührings Umwälzung der Wissenschaft*, a.a.O. 39.
[22] Marx, K./Engels, F.: *Das Kapital I*. MEW, Bd. 23, a.a.O. 49–50.
[23] Lenin, W. I.: *Philosophische Hefte*, a.a.O. 169.
[24] Marx, K./Engels, F.: *Die deutsche Ideologie*. MEW, Bd. 3, a.a.O. 30.
[25] Herder, J. G.: *Sämtliche Werke*. Bd. V. Berlin 1891. Repr. Nachdruck: Hildesheim 1967, 82.

[26] Hegel, G. W. F.: *Enzyklopädie der philosophischen Wissenschaften III* (Die Philosophie des Geistes). Werke in zwanzig Bänden, Bd. 10. Ed. Moldenhauer/Michel, a.a.O. 280.

[27] Vgl. dazu: Lenin, W. I.: *Philosophische Hefte*, a.a.O. 264, 261, 264.

[28] Vgl. dazu: Marx, K./Engels, F.: *Das Kapital I*. MEW, Bd. 23, a.a.O. 115.

[29] In diesem Zusammenhang müssen die Versuche vieler bürgerlicher Philosophen und Linguisten (Cassirer, Delacroix, Saussure u.a.), das Wort *im Ganzen* als Symbol, Zeichen oder Hieroglyphe anzusehen, entschieden zurückgewiesen werden. Ein solcher Standpunkt führt entweder zur absoluten Trennung und Gegenüberstellung von Wort (als Zeichen) und Begriff (als Widerspiegelung) oder zur Behandlung des Begriffs im Sinne der Hieroglyphentheorie. Leider zeigt sich der Einfluß dieser Auffassung auch bei einigen sowjetischen Autoren (vgl. beispielsweise den Artikel von A. Rožanskij in der Zeitschrift „Pod znamenem marksizma", 1940, Nr. 10, 82). Dieser Standpunkt soll in einer anderen Arbeit eingehend kritisiert werden.

[30] Lenin, W. I.: *Philosophische Hefte*, a.a.O. 111.

[31] Lenin, W. I.: *Materialismus und Empiriokritizismus*. Werke, Bd. 14. Berlin 1968, 233.

[32] Marx, K./Engels, F.: *Das Kapital I*. MEW, Bd. 23, a.a.O. 193.

[33] Ebenda 194.

[34] Marr, N. J.: *Izbrannye raboty*, a.a.O. Bd. II, 105.

[35] Vgl. dazu: Marr, N. J.: *Izbrannye raboty*, a.a. O. Bd. III, 97.

[36] Ebenda 32.

[37] Marr, N. J.: a.a.O. 96.

[38] Marr, N. J.: a.a.O. Bd. II, 253.

[39] Vgl. dazu: Jakovlev, N./Aščhamaf, D.: *Grammatika adygejskogo literaturnogo jazyka* (Grammatik der adygeischen Hochsprache). Moskau-Leningrad, 1941, 228–230 u.a.

[40] Lévy-Bruhl, L.: *Das Denken der Naturvölker*. Wien-Leipzig 1921, 58.

[41] Hegel, G. W. F.: *Wissenschaft der Logik*. Werke in zwanzig Bänden, a.a.O. Bd. 5, 20–21.

[42] Engels, F.: *Herrn Eugen Dührings Umwälzung der Wissenschaft*, a.a.O. 446–447.

[43] Marx, K.: *Randglossen zu A. Wagners „Lehrbuch der politischen Ökonomie"*. MEW, Bd. 19, 370.

[44] Ebenda.

[45] Natürlich ist eine solche Unterscheidung zwischen Produktions- und Gebrauchseigenschaften einerseits und den natürlichen Eigenschaften andererseits als sehr relativ zu verstehen, da der Gemeinsamkeit von Produktions- und Gebrauchseigenschaften immer, wenn auch nur einige, gemeinsame natürliche Eigenschaften der Gegenstände zugrunde liegen.

[46] Engels, F.: *Herrn Eugen Dührings Umwälzung der Wissenschaft*, a.a.O. 47.

[47] Marx, K.: *Randglossen zu A. Wagners „Lehrbuch der politischen Ökonomie"*, a.a.O. 363.

[48] Vgl. dazu Noiré, L.: *Der Ursprung der Sprache*. Mainz 1877, 347.

[49] Marr, N. J.: a.a.O. Bd. II, 100.

[50] Marr, N. J.: a.a.O. Bd. III, 103.

[51] Marr, N. J.: a.a.O. Bd. II, 273.

[52] Lafargue, P.: *Soč.*, Bd. III, GIZ 1931, 47.

[53] Steinen, K. von den: *Unter den Naturvölkern Zentral-Brasiliens*. 2. Aufl. Berlin 1897, 78.

[54] Miklucho-Maklaj, N.: *Putešestvija* (Reisen). Moskau 1928, 385.

[55] Marx, K.: *Das Kapital I*. MEW, Bd. 23, a.a.O. 114.

[56] Lenin, W. I.: Materialismus und Empiriokritizismus, a.a.O. 138f.

[57] Marx, K./Engels, F.: *Der Ursprung der Familie, des Privateigentums und des Staats*. MEW, Bd. 21. Berlin 1962, 31.

[58] Crawford, O. G. S.: *Man and his Past*. London 1921.

[59] Meščaninov, I. I.: „Glottogoničeskij process i problema stadial'nosti" (Der glottogonische Prozeß und das Problem der Stadialität). *Izvestija Akademii Nauk. Otd. liter. i jazyka.* 1941, Nr. 3, 21.
[60] Lévy-Bruhl, L.: *Das Denken der Naturvölker*, a.a.O. 133.
[61] Es muß natürlich berücksichtigt werden, daß die Gegenüberstellung von Art- und Gattungsbegriffen relativ ist: Der Begriff, der in einem Zusammenhang als Artbegriff erscheint, kann in einem anderen Zusammenhang als Gattungsbegriff auftreten. Aber im vorliegenden Fall können die im Denken der primitiven Völker gebildeten Begriffe völlig zu Recht als Artbegriffe charakterisiert werden, da sie sozusagen Verallgemeinerungen der *ersten* Ordnung sind (niedere oder beinahe niedere Arten). Sie bilden die ersten Stufen auf der Leiter der in der Folge gebildeten Begriffe, die nach dem Grad ihrer wachsenden Verallgemeinerung angeordnet sind.
[62] Lévy-Bruhl, L.: *Das Denken der Naturvölker*, a.a.O. 31.
[63] Lévy-Bruhl, L.: *Sverch-estestvennoe v pervobytnom myšlenii* (Das Übernatürliche im Denken der Menschen). Moskau 1937, 331–332.
[64] Meščaninov, I. I.: „Jazyk i myšlenie v doklassovom obščestre". *Problemy istorii dokapitalističeskich obščestv* (Sprache und Denken in der nicht-antagonistischen Gesellschaft. In: Geschichtliche Probleme vorkapitalistischer Gesellschaften). 1934, Nr. 9–10, 39–40.
[65] Lévy-Bruhl, L.: *Das Denken der Naturvölker*, a.a.O. 144–145.
[66] Steinen, K. von den: *Unter den Naturvölkern Zentral-Brasiliens*, a.a.O. 83f.
[67] Lévy-Bruhl, L.: *Das Denken der Naturvölker*, a.a.O. 116.
[68] Lévy-Bruhl, L.: *Das Denken der Naturvölker*, a.a.O. 120.
[69] Lévy-Bruhl, L.: *Das Denken der Naturvölker*, a.a.O. 138f.
[70] Lenin, W. I.: *Philosophische Hefte*, a.a.O. 340.
[71] Boas, F.: *Um pervobytnogo čeloveka* (The Mind of primitive Man). Moskau-Leningrad 1926, 83.
[72] Vgl. Lenin, W. I.: *Philosophische Hefte*, a.a.O. 299.
[73] Marx, K.: *Grundrisse der Kritik der politischen Ökonomie* (Rohentwurf), 1857–1858. Anhang 1850–1859. Frankfurt/M.-Wien o. J., 395.
[74] Zitat nicht belegt. Zit. n.: *Soč.* Bd. XII, Teil I, 174.
[75] Ebenda.
[76] Marx, K./Engels, F.: *Werke.* Ergänzungsband. Schriften bis 1844. Erster Teil, 539.
[77] Lenin, W. I.: *Philosophische Hefte*, a.a.O. 192.
[78] Marr, N. J.: a.a.O. Bd. III, 98.
[79] Vgl. Jušmanov, N. V.: *Stroj jazyka Chausa* (Der Aufbau der Haussa-Sprache). 1937, 17.
[80] Lévy-Bruhl, L.: *Das Denken der Naturvölker*, a.a.O. 97.
[81] Lévy-Bruhl, L.: *Das Denken der Naturvölker*, a.a.O.
[82] Engels, F.: *Herrn Eugen Dührings Umwälzung der Wissenschaft*, a.a.O. 43.
[83] Engels, F.: *Herrn Eugen Dührings Umwälzung der Wissenschaft*, a.a.O. 37–38.
[84] Filin, F. P.: „K voprosu o proischoždenii ponjatij izmerenija (termin ‚versta')" (Zur Frage der Entstehung von Maßeinheiten Der Terminus Werst). Sammelband *Akademija SSSR XLV akademiku N. J. Marru.* Moskau-Leningrad 1935, 374.
[85] Jakovlev, N./Aščhamaf, D.: *Grammatika adygejskogo literaturnogo jazyka*, 223.
[86] Engels, F.: *Herrn Eugen Dührings Umwälzung der Wissenschaft*, a.a.O. 36.
[87] Ebenda.
[88] Tylor, E.: *Pervobytnaja kul'tura* (Primitive Culture). Moskau 1930, 185.
[89] Marr, N. J.: *Izbranny rabotye*, a.a.O. Bd. I, 99.
[90] Ebenda.
[91] Ebenda Bd. III, 294.
[92] Lafargue, P.: *Soč.*, Bd. III, a.a.O. 53.
[93] Lenin, W. I.: *Philosophische Hefte*, a.a.O. 331.

[94] Engels, F.: *Dialektik der Natur*. MEW, Bd. 20, a.a.O. 497.
[95] Lévy-Bruhl, L.: *Sverch-estestvennoe v pervobytom myšlenii*, a.a.O. 287.
[96] Lafargue, P.: *Soč.*, Bd. III, 211.
[97] Lafargue, P.: *Soč.*, Bd. III, 54–55.
[98] Lenin, W. I.: *Philosophische Hefte*, a.a.O. 168.
[99] Ebenda.
[100] Lenin, W. I.: *Philosophische Hefte*, a.a.O. 352–353.
[101] Engels, F.: *Dialektik der Natur*, a.a.O. 450.
[102] Marx, K./Engels, F.: *Deutsche Ideologie*, a.a.O. 37.

Gegen den Agnostizismus in der Sprachwissenschaft Kritik der Zeichentheorie der Sprache (1948)

1.

Die marxistisch-leninistische Widerspiegelungstheorie ist die einzige wissenschaftliche Grundlage, von der aus alle ideologischen Erscheinungen, ihre Rolle im gesellschaftlichen Leben und im Erkenntnisprozeß der Wirklichkeit richtig verstanden werden können. Das gilt auch für die Sprache, die nach der klassischen Definition von Marx nichts anderes ist als das praktische, wirkliche Bewußtsein.
Wenn wir die Prinzipien der marxistisch-leninistischen Widerspiegelungstheorie vertreten, müssen wir konsequent alle alten und neuen Formen des Agnostizismus bekämpfen, ganz gleich, auf welchem Wissensgebiet sie auftreten mögen. Auf die Aktualität des Kampfes gegen alle Formen des Agnostizismus hat auch Genosse A. A. Ždanov in seiner Rede anläßlich der philosophischen Diskussion vom 24. Juni 1947 hingewiesen.
Der Agnostizismus als eine der reaktionärsten Formen des philosophischen Idealismus ist bestrebt, in die verschiedensten Wissensgebiete, sowohl in die natur- als auch die geisteswissenschaftlichen, einzudringen. Er untergräbt das Vertrauen in die menschliche Erkenntnisfähigkeit, verseucht das Denken mit dem Gift des Skeptizismus, stellt die Kompetenz der Wissenschaft in Frage und führt zum Verzicht auf die Erkenntnis der objektiven Wirklichkeit und ihrer Gesetze. Der Agnostizismus ist Ausdruck des Bestrebens reaktionärer Kräfte der modernen bürgerlichen Gesellschaft, Imperialismus und Ausbeutung zu verewigen. Eben diesem Zweck dient es letztlich auch, wenn die Erkennbarkeit der Welt und damit die Möglichkeit ihrer revolutionärpraktischen Umgestaltung negiert wird.
Auf dem Gebiet der Sprachwissenschaft findet der Agnostizismus hauptsächlich in der Zeichentheorie der Sprache seinen Ausdruck. Die auf den Prinzipien der marxistisch-leninistischen Widerspiegelungstheorie beruhende dialektisch-materialistische Lehre von der Sprache verlangt eine entschiedene Kritik dieser Spielart des Agnostizismus. Leider fehlt in unserer Fachliteratur bis heute eine allseitige, systematische und konsequente Kritik der Zeichentheorie der Sprache. Der vorliegende Artikel soll diese Lücke zumindest teilweise schließen.

Die Mehrzahl der bürgerlichen Philosophen, Psychologen und Linguisten betrachtet das Wort in seiner Gesamtheit als Zeichen, Symbol, Hieroglyphe und die Sprache als System von Zeichen oder Symbolen. Eine solche Ansicht vertreten Cassirer, Russell, Delacroix, Saussure, Vendryes, Carnap, Bühler, Carnoy, Urban, Sapir und viele andere. Diese Auffassung geht auf Aristoteles zurück, für den „die durch Laute ausgedrückten Worte Symbole für die Vorstellungen der Seele"[1] waren. In der Folge wurde die Auffassung von der Sprache als eines Zeichensystems zur Tradition. Saussure z. B. schreibt:

„Die Sprache ist ein System von Zeichen, in dem allein die Verbindung von Sinn und akustischem Bild wesentlich ist. [...] Ein Zeichen ist die Kombination eines Begriffs und eines akustischen Bildes"[2].

„Die allgemeinste Definition, die wir für die Sprache geben können", sagt Vendryes, „ist, sie ein Zeichensystem zu nennen"[3]. „Die Worte", schreibt Carnoy, „sind Symbole, d.h. Zeichen, die auf Begriffe hinweisen, diese vermitteln und an sie erinnern"[4]. „Sprachliche Erscheinungen", sagt Bühler, „haben insgesamt Zeichencharakter"[5]. Nach der Auffassung von Urban ist die Sprache ein Zeichensystem, vermittels dessen unser Geist sich seine Objekte intuitiv konstruiert.
Leider findet man auch in der sowjetischen Literatur solche Ansichten. In den Arbeiten von L. Wygotski, V. Vološinov, R. Šor, A. Rožanskij, A. Čikobava und einigen anderen Autoren wird das Wort ausschließlich auf das Zeichen reduziert. So schreibt z. B. L. Wygotski: „Das Wort ist ein Zeichen"[6]. Und A. Čikobava behauptet: „Der sprachliche Fakt ist eine physische Erscheinung, ein Zeichen, das als Mittel zur Kommunikation benutzt wird"[7]. „Die ganze Wirklichkeit des Wortes", schreibt V. Vološinov, „erschöpft sich voll und ganz in seiner Funktion als Zeichen". „Das Gebiet der Ideologie fällt mit dem Gebiet der Zeichen zusammen. Zwischen ihnen kann ein Gleichheitszeichen stehen"[8]. Diese Zeichentheorie der Sprache ist ihrem Wesen nach idealistisch. Sie ist wissenschaftsfeindlich und reaktionär. Mit ihr werden schädliche agnostizistische Ansichten in die Linguistik eingebracht. Deshalb muß das Wesen dieser Zeichentheorie aufgedeckt, kritisiert und abgelehnt werden.
In der bürgerlichen Sprachphilosophie wird seit langem die Frage diskutiert, ob das Wort Zeichen für einen Gegenstand oder Zeichen für einen Begriff ist. Eine solche Fragestellung ist jedoch vollkommen falsch und im Grunde abwegig, denn in Wirklichkeit ist das Wort weder das eine noch das andere. Ist denn das Wort tatsächlich Zeichen für einen

Gegenstand oder eine Erscheinung? Keinesfalls. Da der innere Gehalt eines Wortes der Begriff ist, und der Begriff wiederum die verallgemeinerte Widerspiegelung einer Vielzahl von wirklichen Gegenständen oder Erscheinungen im menschlichen Bewußtsein, tritt das Wort nicht als Zeichen, sondern als die in eine lautliche Form gekleidete *Widerspiegelung* der Wirklichkeit auf.

Die ausschließliche Definition des Wortes als Zeichen für einen Gegenstand oder eine Erscheinung führt unweigerlich zu einer hieroglyphischen Erkenntnistheorie oder sogar zum Kantianismus und Phänomenalismus bzw. geht von vornherein von diesen philosophischen Prämissen aus. Da der Wortinhalt ein Begriff ist, kommt man, wenn das Wort als Zeichen für einen Gegenstand definiert wird, logischerweise zu der Behauptung, der Begriff sei ebenfalls keine Widerspiegelung, sondern nur ein Zeichen des äußeren Gegenstandes, d.h. man kommt zu reinstem Agnostizismus. Die geniale leninsche Begründung der Widerspiegelungstheorie sowie seine Kritik des Kantianismus und der Hieroglyphentheorie geben uns das geistige Rüstzeug, solche agnostizistischen Auffassungen auch auf dem Gebiet der Linguistik aufzudecken. Vielleicht muß aber die Definition des Wortes als Zeichen des Begriffs akzeptiert werden? Durchaus nicht. Die Definition des Wortes als Zeichen für einen Begriff ist sinnlos, wenn wir bei der Anwendung des Terminus „Wort“ nicht nur die lautliche Form des Wortes, sondern auch seinen intellektuellen Gehalt, seinen inneren Sinn und seine innere Bedeutung im Auge haben[9]. Die Definition des Wortes als Zeichen des Begriffs geht insgeheim von der Voraussetzung aus, daß das Wort als eine rein lautliche (artikulatorisch-akustische) Erscheinung zu verstehen ist, die keinerlei Bedeutung einschließt. Eine solche Auffassung ist die Kehrseite der formalistischen Tradition in der bürgerlichen Sprachwissenschaft, die die Semasiologie vernachlässigt. Sie führt zur absoluten, formalistischen Trennung und Gegenüberstellung von Wort und Begriff. Bei dem amerikanischen Idealisten Ch. Morris z.B. wird die Sprache jeglichen Sinngehalts, der die Wirklichkeit widerspiegelt, beraubt. Tatsächlich enthält aber jedes Wort einen inneren Sinn, eine Bedeutung, einen Begriff. Ohne dies wäre das Wort kein Wort, sondern eine leere sinnlose Lautkombination.

Das Wort muß also als *Einheit* von Laut und Begriff verstanden werden. Und da der Begriff die Widerspiegelung der Wirklichkeit ist, so liegt es auf der Hand, daß das Wort keinesfalls als Zeichen des Gegenstandes oder als Zeichen des Begriffs betrachtet werden kann. Wir sind der Ansicht, daß das Wort in Wirklichkeit die sinnlich wahrnehmbare

Verkörperung des Begriffs oder die bezeichnete *Widerspiegelung* der Wirklichkeit ist.

Wie soll man aber jede dieser beiden Seiten des Wortes und ihre Wechselbeziehung charakterisieren? Welche Rolle spielen die sinnlich wahrnehmbare Form des Wortes und die Wortbedeutung? Wir wollen bei dem letzteren anfangen: ist die Wortbedeutung ein Begriff oder ein Gegenstand?

Zunächst muß natürlich die vulgäre Gleichsetzung von Wortbedeutung und Gegenstand abgelehnt werden. Zerstöre ich ein Blatt Papier, so beseitige ich damit nicht die Bedeutung der Worte „Blatt Papier"; esse ich ein Brötchen, so beseitige ich nicht die Bedeutung des Wortes „Brötchen" usw. Wenn ich andererseits das Wort „Buch" ausspreche und damit einem anderen eine bestimmte Bedeutung mitteile, so übergebe ich ihm damit noch nicht das Buch selbst als Gegenstand.

Bereits die Stoiker haben zu Recht auf die Notwendigkeit einer Abgrenzung folgender Begriffe hingewiesen: Wortlautung (das Bezeichnende), Wortbedeutung (das Bezeichnete) und Gegenstand (Objekt). Sextus Empirikus schreibt:

> „Die Stoiker behaupten, daß die drei (Dinge) miteinander zusammenhängen – das *Bezeichnete*, das *Bezeichnende* und das *Objekt*. Dabei ist das Bezeichnende der Laut, z. B. ‚Dionysos'; das Bezeichnete ist jeder Gegenstand, der durch den Laut ausgedrückt wird und unserem Verstand zugänglich ist [...]; das Objekt ist das äußere Substrat, z.B. Dionysos selbst"[10].

Hier wird unter Wortbedeutung ganz eindeutig nicht Dionysos selbst, sondern seine Widerspiegelung im menschlichen Bewußtsein verstanden.

Außerdem kann sich ein und dieselbe Bedeutung auf verschiedene Gegenstände beziehen; so bezieht sich die Bedeutung des Wortes „Mensch" z.B. auf verschiedene Menschen. Und umgekehrt können sich verschiedene Bedeutungen auf ein und denselben Gegenstand beziehen, z.B. können sich auf ein und dieselbe Person die verschiedensten Bedeutungen beziehen: Mann, Ehemann, Vater, Ingenieur, Ordensträger usw.

Die Gegenstände werden in den Worten über das Denken vermittelt widergespiegelt. Die Formen der gedanklichen Widerspiegelung der gegenständlichen Welt werden nicht nur durch die Struktur und die Eigenschaften der Gegenstände selbst bestimmt, sondern auch durch die materiellen Lebensbedingungen der Menschen, ihre praktische Tätigkeit, ihre Interessen, den Stand ihrer intellektuellen Entwicklung usw. Deshalb müssen die simplifizierenden Versuche, zwischen Wörtern und Sachen einen unmittelbaren Zusammenhang herzustellen, wie sie in der Formulierung „Wörter und Sachen“ von G. Schuchardt, R. Mehringer u.a. zum Ausdruck kommen, als unhaltbar zurückgewiesen werden.

Es ist auch zu beachten, daß die Identifizierung der Wortbedeutung mit dem außerhalb der Sprache existierenden Gegenstand oft insgeheim davon ausgeht, die Bedeutung aus dem Bereich der Sprache zu eliminieren. Wenn aber die Semantik aus der Linguistik eliminiert wird, so kann dies nur als äußerster Formalismus angesehen werden. Folglich treffen sich auf dem Boden des Formalismus sowohl idealistische als auch pseudomaterialistische Konzeptionen in der Sprachwissenschaft.

Wir halten es jedoch hauptsächlich aus erkenntnistheoretischen Erwägungen für notwendig, eine Anschauung abzulehnen, die den Gegenstand selbst zur Wortbedeutung erklärt. Schließlich existierte die gegenständliche Welt bereits, als es noch kein Denken und keine Sprache, keine Begriffe und Wörter, keine Zeichen und Bedeutungen gab. Zum Beispiel existierten Mineralien, Tiere, Pflanzen usw. schon, als es noch keine entsprechenden Begriffe und Wörter dafür gab. Folglich kann die Bedeutung nicht mit dem Gegenstand gleichgesetzt werden, obgleich sich jede *Bedeutung direkt oder indirekt auf den Gegenstand bezieht, und ihn von der einen oder anderen Seite widerspiegelt.*

Wir müssen also konstatieren, daß unter Wortbedeutung nicht der Gegenstand, sondern dessen Widerspiegelung im menschlichen Bewußtsein zu verstehen ist. Die Wortbedeutung hat immer *allgemeinen* Charakter. Das Wort bezeichnet immer das *Allgemeine.* Dieses Allgemeine ist die Gesamtheit der abstrahierten Anzeichen, innerhalb derer eine bestimmte Klasse von Gegenständen, d.h. ein Begriff, verallgemeinert wird.

Hierbei muß als Begründung für die materialistische Auffassung gegenüber der idealistischen unterstrichen werden, daß die Verbindung der abstrahierten Anzeichen zu einem Begriff nicht auf der Grundlage einer a priori vorhandenen Fähigkeit zur Synthese des Denkens erfolgt, wie z.B. die idealistische Philosophie des Kantianismus annimmt, sondern auf der Grundlage einer entsprechenden objektiven Verbindung verschiedener Seiten und Eigenschaften in der materiellen Wirklichkeit selbst. Wenn auch die Wortbedeutung nicht der Gegenstand, sondern dessen Widerspiegelung im Bewußtsein – der Begriff – ist, so heißt das nicht, daß die Bedeutung etwas rein Subjektives, ein Produkt der Tätigkeit des menschlichen Geistes ist, wie viele Idealisten behaupten. Einer scharfen Kritik unterzog Engels die idealistische Auffassung,

„... nach der die Eigenschaften eines Gegenstandes nicht aus dem Gegenstand selbst zu erkennen, sondern sie aus dem Begriff des Gegenstandes beweisend abzuleiten sind. Erst macht man sich aus dem Gegenstand den Begriff des Gegenstandes; dann dreht man den Spieß um und mißt den Gegenstand an seinem Abbild, dem Begriff. Nicht der Begriff soll sich nun nach dem Gegenstand, der Gegenstand soll sich nach dem Begriff richten“[11].

Im Begriff spiegelt sich das objektiv Wesentliche und Allgemeine. Folglich muß auch die Wortbedeutung im Grunde als etwas Objektives erkannt werden. Da aber im Denken auch eine willkürliche, der objektiven Wirklichkeit nicht entsprechende Verbindung abstrahierter Anzeichen erfolgen kann, ist die Existenz falscher Begriffe und folglich auch falscher Wörter möglich, deren Bedeutung keine wirklichen Gegenstände entsprechen (z.B. die Wörter: Gott, Hölle, Weltuntergang usw.).

Erkennt man den Begriff als Wortbedeutung an, so muß man im Gegensatz zur idealistischen Auffassung ständig im Auge behalten, daß der Begriff von der gegenständlichen Wirklichkeit nicht getrennt und als spontan-konstruktives Gebilde des Geistes betrachtet werden kann; der Begriff ist eine realistische oder phantastische Widerspiegelung der gegenständlichen Wirklichkeit, in der *objektiv* jene wesentliche *Gemeinsamkeit* einzelner Gegenstände vorliegt, die im richtig gebildeten Begriff widergespiegelt und im Wort bezeichnet wird. In diesem Sinne bezeichnet die Wortbedeutung den Begriff unmittelbar und den *Gegenstand* oder die *Gegenstände* (in ihren wesentlichen allgemeinen Anzeichen) mittelbar. Die Wortbedeutung ist durchaus kein immanentes ideales Wesen. Sie ist charakterisiert durch eine gegenständliche Orientierung, durch die das Wort eine nominative Funktion gegenüber den Gegenständen und Erscheinungen der Umwelt erfüllt, d.h. als sinnlich wahrnehmbare Bezeichnung und Benennung des im Begriff widergespiegelten *Gegenstandes* auftritt.

Wenn von der gegenständlichen Orientierung des Denkens und der Sprache die Rede ist, muß man jedoch im Gegensatz zu den Idealisten phänomenologischer, intuitivistischer, machistischer etc. Richtung im Auge behalten, daß erstens Gegenstand des Gedankens nicht die idealen „gegenständlichen Bedeutungen“ sind, sondern die reale gegenständliche (materielle) Welt, zweitens, daß die gegenständliche Orientierung des Gedankens nicht unmittelbar ist, sondern durch Wahrnehmungen, Vorstellungen und Begriffe erfolgt; drittens, daß diese Ausrichtung nicht Folge einer angeborenen exzentrischen Natur des Bewußtseins ist, sondern das Ergebnis der Bildung aller Bewußtseinsinhalte als sekundärer, abhängiger Erscheinungen, als Widerspiegelungen der gegenständlichen Welt.

Die gegenständliche Bezogenheit des Wortes ist eine auch psychologisch durchaus natürliche und gesetzmäßige Erscheinung. Sie steht in engem Zusammenhang mit der allgemeinen gegenständlichen Bezogenheit aller Inhalte des menschlichen Bewußtseins (Wahrnehmungen, Vorstellungen, Begriffe). Sowohl die exzentrische Projektion der Empfindung und Wahrnehmung als auch die Intentionalität des Denkens, die nach Auffassung der Idealisten die Folge ursprünglicher Besonderheiten des menschlichen Geistes sind, der sich die gegenständliche Welt erschafft oder sie als „ideale Gegebenheit" vor sich hat, sind in der Tat das Projekt eines langen historischen Entwicklungsprozesses des Bewußtseins (einschließlich der Vorgeschichte des menschlichen Bewußtseins – der ganzen phylogenetischen Entwicklung der psychischen Tätigkeit der Tiere) in seiner *realen Abhängigkeit und Bedingtheit durch die gegenständliche Welt.* Diese existierte unabhängig vom Bewußtsein und bestimmte die Entwicklung des Nervensystems und aller seiner psychischen Funktionen. Bei der Entwicklung des gegenständlichen menschlichen Denkens waren das gesellschaftliche Verhältnis zur Natur im Arbeitsprozeß (vermittelt durch den Gebrauch von Werkzeugen) sowie die materiellen und ideologischen gesellschaftlichen Beziehungen zwischen den Menschen (vermittelt insbesondere durch den Gebrauch der Sprache) von entscheidender Bedeutung. Die affektiven Ausdrucksmittel konnten nicht zur Übermittlung von gegenständlichen Inhalten dienen. Die Sprache hat gerade wegen ihrer gegenständlichen Bezogenheit von Anfang an ihre kommunikative und intellektuelle Bedeutung erlangt.

Zur Veranschaulichung der Beziehung zwischen Begriff, Wort und Gegenstand soll das folgende Schema dienen:

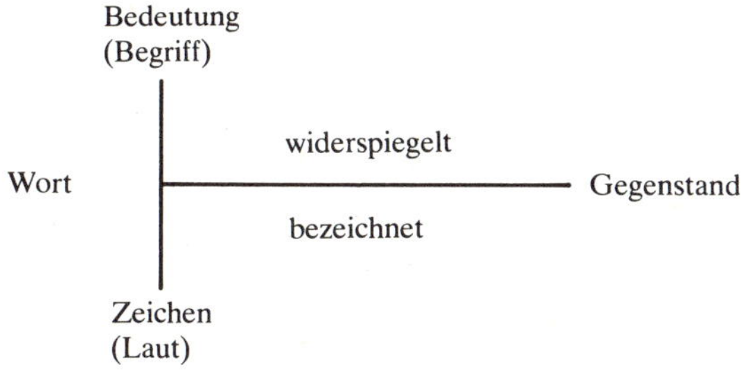

Hierbei ist natürlich klar, daß dieses Schema die komplizierten Zusammenhänge, die gegenseitige Durchdringung und Vermittlung der beteiligten Seiten und Elemente vergröbert wiedergibt. Dennoch scheint es uns im Prinzip zu stimmen. So kommen wir zu der Schlußfolgerung, daß das Wort insgesamt als Einheit von Zeichen (Laut) und Bedeutung (Begriff) die bezeichnete verallgemeinerte Widerspiegelung der Gegenstände und Erscheinungen ist. In welchem Sinne hierbei die Wortlautung (nicht das Wort als Ganzes, sondern als Lautform) als Zeichen des Begriffes betrachtet wird, soll noch ausgeführt werden.

Die Grundlage der Wortbedeutung, ihr Wesen und „zentraler Kern" ist der Begriff. Jedoch läßt sich die Bedeutung nicht auf den Begriff reduzieren. Die Bedeutung besteht aus vielfältigen Komponenten, die die Beziehung des jeweiligen Begriffs zu anderen charakterisieren und sich aus der konkreten Kommunikationssituation ergeben, aus der Gemeinsamkeit der aus ihr entstehenden Wahrnehmungen, Vorstellungen, Emotionen, Impulse usw. Einige dieser Komponenten finden dabei in der lautlichen Erscheinung des Wortes auch ihren formalen Niederschlag. Jedoch werden alle diese Komponenten in einem *notwendigen inneren Zusammenhang mit dem Begriff* in die Bedeutung aufgenommen.

Ausgangspunkt der Bedeutung ist die gegenständliche Wirklichkeit. Die Bedeutung selbst jedoch ist eine soziale, ideologische Kategorie, ein sozial vermittelter Ausdruck, eine Brechung und Widerspiegelung der gegenständlichen Wirklichkeit.

Für das Problem der Bedeutung ist ein Hinweis von Marx auf den Zusammenhang zwischen den Wörtern „Wert" und „Bedeutung" von großem Interesse[12]. Dieser Hinweis veranlaßt uns zu gewissen Schlußfolgerungen hinsichtlich der hier behandelten Frage. Marx schreibt: „*Wert* und *Würde* hängen also ganz zusammen, nach Etymologie und Bedeutung"[13]. In der deutschen, englischen und einer Reihe anderer Sprachen werden die Begriffe Wert und Bedeutung mit einem Wort bezeichnet. Das heißt jedoch keineswegs, wie Marx zeigte, daß auf Grund einer etymologischen Analyse des Wortes vulgäre Schlußfolgerungen über das Wesen der ökonomischen Verhältnisse gezogen werden können, die heute mit diesem Wort bezeichnet werden. In einer Hinsicht ist dieser Zusammenhang dennoch von Interesse und veranlaßt uns zu einer gewissen Analogie.

Ähnlich wie der Wert als scheinbar natürliche Eigenschaft der Dinge im Grunde genommen eine *gesellschaftlich-ökonomische Beziehung zwi-*

schen den Menschen ist, die durch das Mittel der Produktion und des Warenaustausches realisiert wird, so ist auch die Bedeutung als scheinbar natürliche Eigenschaft der Wörter im Grunde genommen eine *gesellschaftlich-ideologische Beziehung zwischen den Menschen*, die durch das Mittel der Sprache realisiert wird. Ähnlich wie der Warenaustausch an dem Wert der Waren orientiert ist und nicht an deren natürlichen Eigenschaften, ist auch der sprachliche Austausch an der Bedeutung der Wörter orientiert und nicht an deren Lautung. Man könnte sagen, die Wortbedeutung ist der ideologische „Wert“ des Wortes, seine Fähigkeit, als sinnlich wahrnehmbar fixierte Widerspiegelung der Wirklichkeit im Bewußtsein der miteinander kommunizierenden Menschen zu dienen. Erst im Prozeß der sozialen Kommunikation, wo sie als Mittel zur gegenseitigen Verständigung dienen, nehmen die Lautkomplexe Bedeutungen an und beginnen, als Wörter zu fungieren. Hieraus folgt, daß, da die Begriffe nur vermittels der Wörter gebildet werden können, die Begriffe selbst nur unter den Bedingungen der sozialen Kommunikation entstehen. Dies kann daher als eine weitere Bestätigung der sozialen Natur aller Begriffe (hinsichtlich ihrer Genesis und Struktur) gelten.

2.

Wir haben bereits klargestellt, daß der Hauptinhalt des Wortes der Begriff ist. Jetzt können wir zur Charakterisierung der Lautform des Wortes in ihrer Beziehung zum Inhalt übergehen. Die philosophische, psychologische und linguistische Analyse dieser Frage weist darauf hin, daß wir mit einer gewissen Berechtigung die *Lautform des Wortes* als Zeichen des Begriffs, der den Wortinhalt ausmacht, ansehen können. Wenn wir die Lautform des Wortes auch als Zeichen seines Inhalts definieren können, so doch nur in einem ganz *speziellen* Sinn. Um diese Frage beurteilen zu können, muß unbedingt klargestellt werden, was ein Zeichen ist, worin die Gemeinsamkeit aller Zeichen besteht, die im gesellschaftlichen Leben eine Funktion haben, welches die Besonderheiten der verschiedenen Zeichenarten sind und welche Stellung das sprachliche Zeichen einnimmt.
Was ist überhaupt ein Zeichen im weitesten Sinne dieses Wortes? Das Zeichen ist eine äußere Erscheinung, deren Sinn für uns nur darin besteht, daß sie in unserem Bewußtsein den Gedanken an einen anderen Gegenstand oder eine andere Erscheinung hervorruft. Nur wenn eine

äußere Erscheinung diese Funktion erfüllt, kann sie als Zeichen betrachtet werden. Das Zeichen bezeichnet immer etwas, ist Zeichen für etwas. Das, was das Zeichen bezeichnet, ist seine Bedeutung. Ohne eine Bedeutung hört das Zeichen auf, Zeichen zu sein.

Kann eine Erscheinung, die ein Zeichen ist, selbst gleichzeitig auch die Bedeutung sein? Natürlich nicht, denn dann wäre die Funktion des Zeichens vollkommen sinnlos. Nicht der eigentliche physische Inhalt der Erscheinung, die die Zeichenfunktion ausübt, ist die Bedeutung, sondern ein anderer Gegenstand oder eine andere Erscheinung, ein anderer Inhalt. Soweit irgendeine äußere Erscheinung als Zeichen fungiert, ist ihr eigentlicher physischer Inhalt für uns nicht von Interesse. Wesentlich ist nur, was die jeweilige Erscheinung bezeichnet. Nur in der Bedeutung erschließt sich das Wesen einer Sache. Der eigentliche physische, wahrnehmbare Inhalt einer Erscheinung, die als Zeichen dient, wird immer bis zu einem gewissen Grade *von seiner Funktion, andere Erscheinungen zu bezeichnen, absorbiert* und „löst" sich gewissermaßen in dieser Funktion auf. Infolgedessen rücken jene Erscheinungen in den Vordergrund, die die Bedeutung des Zeichens ausmachen.

Die natürliche oder künstliche (vereinbarte) Möglichkeit, bestimmte Erscheinungen als Zeichen für andere Erscheinungen zu gebrauchen, ist von großer Bedeutung im praktischen Leben und bei der geistigen Tätigkeit; sie erleichtert die Herstellung vielfältiger Beziehungen zwischen den Erscheinungen und trägt zur rationellen Verkürzung geistiger Prozesse vermittels der Repräsentation einer bestimmten Erscheinung durch eine andere bei.

Es gibt verschiedene Zeichenarten. Als Hauptarten unterscheidet man: Anzeichen, Signal, Symbol und sprachliches Zeichen. Folglich erübrigt sich die Frage, ob ein Faktum Zeichen oder Signal, Zeichen oder Symbol ist, da die letzteren nur besondere Arten von Zeichen sind. Wir wollen nun kurz auf die Besonderheiten jeder Zeichenart eingehen.

Beginnen wir mit dem *Anzeichen*. Wie wir wissen, verfügen alle Gegenstände und Prozesse über charakteristische äußere Eigenschaften und Erscheinungsformen. Diese Eigenschaften und Erscheinungsformen hängen natürlich und gesetzmäßig mit der Natur der Gegenstände und Prozesse selbst zusammen, zu denen sie gehören, sowie mit anderen Eigenschaften derselben. Dieser Zusammenhang ist vollkommen objektiv und kann deshalb als Grundlage für mehr oder weniger richtige Schlüsse von den ersteren auf die letzteren dienen. Wenn wir einen Gegenstand nicht unmittelbar wahrnehmen, sondern nur irgendeine seiner Eigenschaften entdecken, können wir von dieser sofort auf den Gegenstand selbst, für den die Eigenschaft charakteristisch bzw. typisch ist, schließen. Wenn wir ohne Kenntnis der Ursache die Wirkung irgendeiner Tatsache wahrnehmen, können wir von dieser sicher oder vermutungsweise auf das Vorhandensein der Tatsache selbst schließen (von der Wirkung auf die Ursache).

Somit können einzelne Eigenschaften und Folgen eines Gegenstandes oder Prozesses für uns als Zeichen-Anzeichen (Kennzeichen, Indizes, Symptome) dieses Gegenstandes oder Prozesses fungieren. So sind z.B. Fieber oder Schüttelfrost Anzeichen (Symptome) einer Krankheit, plötzliches Erröten Anzeichen für Verwirrung oder Scham usw.[14]

Bei der Betrachtung dieser Zeichenkategorie muß berücksichtigt werden, daß alle oben genannten Erscheinungen, die für uns als Zeichen anderer Erscheinungen dienen können, an sich einen *natürlichen und nicht willkürlichen* Charakter haben, denn zwischen den Anzeichen (Merkmalen) und den Erscheinungen, für die sie als Anzeichen fungieren, besteht ein objektiver natürlicher Zusammenhang.

Das Anzeichen ist ein einseitiges, nicht vollwertiges Zeichen. Es kann als Zeichen – als Beweis für das Vorhandensein einer Erscheinung – wahrgenommen werden, kann aber in den meisten Fällen nicht als Zeichen *angegeben* werden. Wird es jedoch speziell reproduziert oder bewußt erzeugt, so dient es entweder als Mittel zur Irreführung (.B. falsche Anzeichen über den Standort von Truppen zur Täuschung des Gegners), oder es erfüllt eine Signalfunktion (siehe dazu weiter unten).

Einen ganz anderen Charakter haben die *Signale*. Das Signal ist eine äußere Erscheinung, die vor dem Eintreten eines bestimmten Ereignisses warnt, oder auf die Notwendigkeit einer bestimmten Handlung (bzw. Unterlassung derselben) hinweist, bzw. auf einen bestimmten Umstand zum Zweck einer entsprechenden Orientierung aufmerksam macht. Im Signal können diese verschiedenartigen Eigenschaften kombiniert sein. So kann das Signal z.B. über einen bestimmten Umstand informieren, dessen Vorhandensein eine bestimmte Handlung erforderlich macht. Die Funktion des Signals als Zeichen besteht gerade darin, auf eine andere Handlung, ein Ereignis oder einen Umstand hinzuweisen. Das Klingelsignal in der Schule z.B. signalisiert Anfang und Ende der Unterrichtsstunden; der langgezogene Sirenenton signalisiert in Kriegszeiten Fliegeralarm; die Schiffssirene signalisiert Abfahrt oder Ankunft eines Schiffes, die Rakete im Krieg den Beginn des Angriffs oder einer anderen vereinbarten Handlung, die Klingel in der Straßenbahn den

Fahrtbeginn oder ein unvorhergesehenes Halten, der Pfiff der Lokomotive die Abfahrt oder Ankunft eines Zuges, das Leuchtfeuer das Vorhandensein von Gefahren für die Schiffahrt, die weiße Fahne die Bereitschaft, sich dem Gegner zu ergeben, SOS Seenot usw.
Für das Signal sind folgende Momente charakteristisch: 1. Es ist künstlich, willkürlich, konventionell; 2. es wendet sich an andere Menschen, um ihnen für ihr Verhalten eine Orientierung zu geben, sie zu bestimmten Handlungen zu veranlassen bzw. eine Änderung ihrer Handlungen anzuregen oder sie von bestimmten Handlungen abzuhalten; 3. es ist auf etwas Zukünftiges gerichtet und hat eine streng begrenzte Zielsetzung; 4. es ist einfach (rationell, bequem) und einprägsam (effektiv)[15].
Als Signal kann auch ein Anzeichen fungieren, aber nur dann, wenn es künstlich reproduzierbar ist. Hierbei bezeichnet (signalisiert) das Anzeichen durchaus nicht jenen Gegenstand oder Prozeß, dessen Anzeichen es ist, sondern etwas ganz anderes, nämlich das, was es vereinbarungsgemäß bezeichnen soll. Rauch auf einem Feld (in der Ferne) z.B. zeigt das Vorhandensein von Feuer und vermutlich einer Wohnstätte oder eines von Menschen angezündeten Lagerfeuers an usw. Dieser Rauch kann jedoch nur gegenüber anderen Umständen, Ereignissen und (vereinbarten) Handlungen eine Signalfunktion erfüllen, mit denen er nicht in einem natürlichen Zusammenhang steht (z.B. ein Signal, das die wohlbehaltene Ankunft, die erfolgreiche Lösung einer bestimmten Aufgabe, die Notwendigkeit einer Hilfeleistung usw. anzeigt).
Als Signal kann auch ein Wort fungieren, z.B. ein bestimmtes Wort, das als Periode benutzt wird, als konventionelles Zeichen, das den Zugang zu einer verbotenen Zone ermöglicht oder die Zugehörigkeit zu einer Untergrundorganisation bestätigt usw. Aber in diesem Falle erfüllt das Wort bereits nicht mehr seine spezifische sprachliche Funktion, es tritt nicht als Träger seiner *eigenen* Bedeutung auf (weder der direkten, noch der übertragenen). Es fungiert als spezielles Erkennungszeichen (ein sehr bequemes Zeichen, das auf Wunsch im gegebenen Moment leicht dargeboten, das aber, da es nicht materiell ist, zu einem anderen Zeitpunkt nicht festgestellt werden kann). Die Funktion eines solchen Zeichens können nicht nur Wörter, sondern auch beliebige konventionelle Lautkombinationen erfüllen (die Hauptsache ist, daß sie sich nicht merken lassen) sowie besonders kennzeichnende, aber für nicht Eingeweihte unauffällige Erscheinungen. Schließlich gibt es Fälle, in denen das Wort gleichzeitig seine sprachliche Funktion und eine

Signalfunktion ausübt, z.B. bei dem Ausruf „Feuer!“, der einen Brand und die Notwendigkeit, entsprechende Maßnahmen zu ergreifen, signalisiert.

Von den Signalen sind die *Symbole* zu unterscheiden. Das Symbol ist eine äußere Erscheinung, die konventionell, im Zusammenhang aber vermittels des in ihr enthaltenen Bildes in uns den Gedanken an einen bestimmten, meist sehr bedeutenden und abstrakten Inhalt hervorruft. Zum Beispiel ist die Fahne das Symbol der Einheit einer sozialen Organisation oder eines Truppenteils; die rote Fahne ist das Symbol des Blutes, das das Volk im Kampf um seine Befreiung vergossen hat, das Symbol des revolutionären Kampfes für den Sieg der werktätigen Massen; Hammer und Sichel sind das Symbol für das Bündnis von Arbeitern und Bauern; der rote fünfzackige Stern ist das Symbol für die Klassensolidarität der Werktätigen aller fünf Erdteile; Salutschüsse und Feuerwerk sind das Symbol für einen militärischen Sieg; die Waage symbolisiert die Gerechtigkeit, der Äskulapstab Pharmakologie und Medizin, der Totenschädel mit den zwei gekreuzten Knochen den Tod, das Kreuz den christlichen Glauben, der Anker die Hoffnung, das mit einem Pfeil durchbohrte Herz die Liebe usw.

Das Symbol unterscheidet sich vom Signal dadurch, daß es 1. nicht unmittelbar zu bestimmten Handlungen auffordert und keine begrenzte Zielsetzung hat; 2. über einen eigenen, konkreten, anschaulichen, bildlichen Inhalt verfügt, der sehr unbedeutend und begrenzt, häufig sehr schematisch, aber sinnvermittelnd ist; 3. einen unermeßlich tieferen und breiteren, oft sehr abstrakten Inhalt vermittels des in ihm (dem Symbol) enthaltenen Bildes, das an sich unbedeutend ist, bezeichnet; 4. durch das Vorhandensein eines wenn auch sehr entfernten, oft vielfältig und kompliziert vermittelten natürlichen Zusammenhangs zwischen seinem äußeren (unmittelbaren), ziemlich unbedeutend-bildlichen Inhalt und dem sehr bedeutenden Hauptinhalt, der Hauptidee, die seinen inneren Sinn, sein Wesen, ausmacht, charakterisiert ist.

Die Bedeutung des Symbols, wie jedes Zeichens, besteht nicht in seinem eigenen anschaulichen Inhalt, sondern in einem *anderen* Inhalt (Gegenstand, Prozeß, Beziehung usw.), den es bezeichnet, symbolisiert. Im Unterschied zum Signal aber ist der eigene Inhalt des symbolischen Zeichens dem gegenüber, was es symbolisiert, nicht gleichgültig, sondern steht mit ihm in einem gewissen, wenn auch entfernten inneren Zusammenhang.

Das Symbol kann in einzelnen Fällen die Funktion des Signals ausüben.

Zum Beispiel signalisiert die Zeichnung eines Schädels an einem Transformatorenhäuschen, daß Eintreten Lebensgefahr bedeutet; das Hissen oder Einholen einer Flagge auf einem Kriegsschiff signalisiert, daß es die Kampfhandlungen aufnimmt bzw. sich dem Gegner ergibt usw. Genau so kann das Signal seinerseits eine symbolische Bedeutung haben. So benutzt unsere zentrale Rundfunkstation als Pausenzeichen das Motiv des bekannten sowjetischen Liedes „Groß ist mein Heimatland ...“.
Einen ganz anderen Charakter haben die sprachlichen Zeichen (Laute der Sprache). Das *sprachliche Zeichen ist ein Zeichen sui generis.* Es weist Besonderheiten auf, durch die es sich grundlegend von allen anderen Zeichen unterscheidet. Was sind das für Besonderheiten? Wir wollen im folgenden eine Klärung versuchen.

3.

Ein gewöhnliches Zeichen (wenn wir seine materielle Natur im Auge haben) kann als reales Faktum der Wirklichkeit existieren, das vor und unabhängig von seiner Bezeichnungsfunktion einen eigenen Inhalt besitzt. Es kann aber *außerdem* auch als Zeichen (Anzeichen) dienen oder (dank seiner günstigen Eigenschaften) speziell für eine Zeichenfunktion (als Signal) festgelegt oder als Symbol benutzt werden. So z. B. eine bestimmte Melodie, die als Signal verwendet wird, oder die Darstellung eines Ankers, der als Symbol dient. Das sprachliche Zeichen aber existiert *nur insofern, als es eine Bezeichnungsfunktion erfüllt.* Außerhalb dieser Funktion und vor ihr existiert es weder als natürliche Erscheinung, noch als künstlich, von den Menschen geschaffenes Faktum.
Erst nachdem es als bedeutungstragendes Zeichen entstanden ist, kann es durch Abstraktion von der Semantik als eine rein lautliche Erscheinung angesehen werden. Aber auch dann zeigt sich, daß die Spezifik dieser phonetischen Erscheinung durch die soziale und historische Bearbeitung der artikulierten bedeutungstragenden Laute bestimmt ist.
Was mit einem gewöhnlichen Zeichen bezeichnet wird, kann auch ohne dieses Zeichen erfaßt werden, kann vermittels des sprachlichen Zeichens gedacht werden. Die Bedeutung eines beliebigen Signals (Brand, Fliegeralarm usw.) oder Symbols (Gerechtigkeit, Hoffnung usw.) kann sprachlich ausgedrückt werden. Die Bedeutung des sprachlichen Zeichens jedoch – der Begriff des einen oder anderen Gegenstands – kann nicht anders als durch das Mittel des sprachlichen Zeichens erfaßt,

gedacht oder adäquat ausgedrückt werden. Nur in einzelnen Fällen eines eng begrenzten Bereiches kann die Bedeutung nicht nur sprachlich, sondern auch mittels eines anderen Zeichens bezeichnet werden. Jedoch ist, wenn die Bedeutung z. B. durch ein Signal (oder Symbol) bezeichnet wird, das letztere nur eine konventionelle Übersetzung der *sprachlichen* Bedeutung (konventionell sowohl im übertragenen als auch im direkten Sinne dieses Wortes). Dieser Unterschied erklärt sich dadurch, daß die sprachlichen Zeichen eine unabdingbare Form unseres begrifflichen Denkens sind, während das begriffliche Denken völlig ohne andere Zeichen auskommen kann. Alle nichtsprachlichen Zeichen spielen eine sekundäre, unterstützende, größtenteils technische Rolle (bedingt durch ihre Einfachheit, klare Ausdrucksfähigkeit und die Möglichkeit, auf große Entfernungen übermittelt werden zu können).

Sprachliche Zeichen sind als Form des Denkens in einem gegebenen Kollektiv allgemein verständlich, während andere Zeichen (Signale, Symbole) als besonderer zusätzlicher Überbau auftreten; sie sind nicht allgemein verständlich, nicht konventionell. Den Unterschied zwischen Wort und Signal, wie etwa R. Šor, darin zu sehen, daß das Signal ein Faktum des individuellen Bewußtseins und das Wort ein Faktum der sozialen Ideologie ist, scheint uns falsch zu sein, da auch das Signal (und das Symbol) ein Faktum des sozialen Bewußtseins sein und eine soziale Bedeutung haben kann, sobald es in den sozialen Gebrauch eingegangen ist.

Der Unterschied zwischen sprachlichem Zeichen und Anzeichen besteht darin, daß das letztere auf natürliche Weise mit dem zusammenhängt, was es anzeigt (Rauch – Anzeichen für eine Wohnstätte; erhöhte Temperatur – Anzeichen für eine Krankheit usw.), während das sprachliche Zeichen seiner wahrnehmbaren Natur nach in keinerlei natürlichem Zusammenhang mit dem steht, was es bezeichnet. Vom Signal unterscheidet sich das sprachliche Zeichen dadurch, daß das erste konventionell und das zweite nicht konventionell ist (im direkten Sinne des Wortes). Was das Symbol betrifft, so vereinigt es in sich die Züge eines natürlichen, wenn auch manchmal sehr entfernten Zusammenhanges mit dem Bezeichneten und die Züge eines konventionellen Zusammenhanges mit diesem. Deshalb unterscheidet sich das sprachliche Zeichen prinzipiell auch vom Symbol. Das sprachliche Zeichen ist weder natürlich (wie das Anzeichen), noch konventionell (wie das Signal), noch vereinigt es diese beiden Züge in sich (wie das Symbol).

Da ein gewöhnliches Zeichen als reales Faktum der Wirklichkeit und unabhängig von seiner Zeichenfunktion existieren kann und da es als solches über einen gewissen, wenn auch begrenzten eigenständigen Inhalt verfügt, ist das, was es bezeichnet, ihm gegenüber natürlich *etwas Äußeres*. Um die Bedeutung dieses Zeichens zu erkennen, ist ein gewisser, gewöhnlich nicht bemerkbarer Akt der *Überwindung* des eigenständigen Charakters des sinnlich wahrnehmbaren Inhalts des Zeichens erforderlich, der es ermöglicht, seine wahrnehmbare Substanz nur von der Zeichenfunktion her zu betrachten.

Das sprachliche Zeichen dagegen hat keinerlei eigenständiges Leben, keinen eigenständigen Inhalt. Das, was es bezeichnet, ist sein einziger Inhalt, sein einziger Sinn. Es ist deshalb natürlich, daß dieser Inhalt sein innerer Bestandteil ist, daß seine Bedeutung *in ihm selbst* liegt. Um die Bedeutung eines sprachlichen Zeichens aus einer bekannten Sprache zu erkennen, müssen Trägheit und Eigenständigkeit der sinnlich wahrnehmbaren Form dieses Zeichens nicht überwunden werden, da es diese nicht gibt. Wenn das Verstehen eines Wortes Schwierigkeiten bereitet, so hängen diese nicht mit der wahrnehmbaren Natur des sprachlichen Zeichens, sondern nur mit der Unklarheit des Begriffs zusammen, der die Bedeutung dieses Wortes ausmacht. Ein gewöhnliches Zeichen wird als solches (in seiner äußeren wahrnehmbaren Gegebenheit) erkannt und dient als Ausgangspunkt für eine (wenn auch unbewußte) Schlußfolgerung darüber, was es bezeichnet. Ein sprachliches Zeichen dagegen wird als solches nicht erkannt, seine Bedeutung wird nicht durch Schlußfolgerung erfaßt. Die Klärung der Bedeutung eines sprachlichen Zeichens ist ein unmittelbarer und einfacher Akt des Verstehens.

Das widerspricht natürlich in keiner Weise der von uns gegebenen allgemeinen Definition des Zeichens. Auch beim sprachlichen Zeichen ist die Bedeutung nicht das Zeichen selbst, sondern *etwas Anderes*. Da aber im Gegensatz zu den übrigen Zeichen dieses Andere sein einziger Inhalt ist, mit dem zusammen es das Wort darstellt und außerhalb dessen es überhaupt nicht existiert, ist klar, daß die Bedeutung des sprachlichen Zeichens als sein *innerer* Gehalt betrachtet werden kann und muß. Die Bedeutung des sprachlichen Zeichens ist nicht in seiner sinnlich wahrnehmbaren Substanz (Lautverbindung) und nicht außerhalb des Wortes (von dem es nicht zu trennen und ohne das es nicht denkbar ist) zu finden, sondern *innerhalb* des Wortes, in seinem intellektuellen Gehalt (dem Begriff von den umgebenden Gegenständen und Erscheinungen).

Ganz anders steht es mit den übrigen Zeichen. Die Bedeutung der Tränen besteht nicht in ihrem eigentlichen physiologischen Inhalt, sondern in dem Leiden, dessen Anzeichen sie sind; die Bedeutung einer erhöhten Temperatur ist nicht die Temperatur selbst als physikalische oder physiologische Tatsache, sondern jener Krankheitszustand, dessen Symptom sie ist; die Bedeutung der symbolischen Darstellung des Schädels liegt nicht im unmittelbaren Inhalt dieses Bildes, sondern in dem Tod, den es symbolisiert; die Bedeutung der weißen Flagge ist nicht die Flagge selbst, sondern die von ihr signalisierte Bereitschaft, sich zu ergeben usw. An den beiden letzten Beispielen wird besonders deutlich, daß Zeichen gewöhnlich über einen gewissen eigenständigen Inhalt verfügen, der unabhängig von der Zeichenfunktion ist, die sie erfüllen können. Ihre Bedeutung liegt deshalb, im Gegensatz zu der Bedeutung der sprachlichen Zeichen, *außerhalb* ihrer selbst.

Um ein Signal zu verstehen, muß man auf seine sinnlich wahrnehmbare Substanz, auf seinen sinnlich wahrnehmbaren Inhalt achten, und sich seiner bewußt werden: rotes Licht, Klingel, Sirene, Rakete usw. Nur dann kann von einer bewußten Wahrnehmung des Signals und einer bewußten Reaktion darauf die Rede sein. Wenn jedoch durch Gewohnheit und häufige Wiederholung die sinnlich wahrnehmbare Substanz des Signals nicht mehr bewußt aufgefaßt wird, erfolgen die Wahrnehmung des Signals und die Reaktion darauf automatisch, unbewußt (z. B. die Reaktion des Autofahrers auf das rote Licht der Verkehrsampel). Ganz anders ist die Situation beim sprachlichen Zeichen. Wenn man sich seiner Bedeutung bewußt wird, erfaßt man damit nicht seine wahrnehmbare Substanz (Lautverbindung). Und umgekehrt denkt man nicht an die Bedeutung, wenn man auf die sinnlich wahrnehmbare Substanz achtet.

Da die Bedeutung des Signals außerhalb desselben liegt, muß das Signal einprägsam sein. Nur wenn das Signal durch seinen sinnlich wahrnehmbaren Inhalt einen Eindruck vermittelt, wird es auch in seiner Zeichenfunktion erkannt, die eigenständige Bedeutung der wahrnehmbaren Substanz wird überwunden und im Bewußtsein tritt in vollem Maße die Bedeutung des Signals hervor. Notwendige Voraussetzung für das richtige Verstehen des Symbols hingegen ist es, seine äußere Struktur, manchmal auch seinen unmittelbaren Gehalt zu erkennen, der dazu beiträgt, den dahinter liegenden symbolischen Sinn zu klären. Nur infolge der Gewohnheit wird dieser Übergang von der sinnlich wahrnehmbaren Form des Zeichens zu seiner Bedeutung gewöhnlich nicht bemerkt.

Die Bedeutung des sprachlichen Zeichens dagegen hängt mit dem Zeichen selbst *unmittelbar* zusammen. Sie liegt nicht außerhalb des Zeichens, sondern ist mit ihm und in ihm selbst gegeben. Es gibt hier keinen psychologischen Übergang. Diese Einheit von sprachlichem Zeichen und Bedeutung hat auch zur Folge, daß das sprachliche Zeichen als Mittel zur Erfassung der Bedeutung als solches nicht erkannt wird. Erstens tritt es (unter normalen Bedingungen der sprachlichen Wahrnehmung) niemals als selbständige Tatsache der Wirklichkeit auf und zweitens wird es durch das Erkennen der Bedeutung vollständig „absorbiert".

Der innere Zusammenhang von sprachlichem Zeichen und Bedeutung ist durch die organische Einheit von Sprache und Denken bedingt. In der Entwicklung des menschlichen Intellekts ist dieser Zusammenhang von sprachlichem Zeichen und Bedeutung etwas Ursprüngliches; er gehört zur Genesis des menschlichen Denkens, das sich auf der Grundlage sozialer Beziehungen, unter den Bedingungen der sozialen Kommunikation der Menschen entwickelt. Die Laute einer Sprache entstanden nicht dadurch, daß an sich existierende *natürliche* Laute mit Bedeutungen belegt wurden. Die Laute einer Sprache sind zunächst nur als sinnvermittelnde Zeichen entstanden, d.h. als Zeichen mit einer Bedeutung. Hierauf verweist auch N. J. Marr:

> „Es gibt nicht nur kein Wort, sondern auch keine einzige sprachliche Erscheinung [...], keine einzige Partikel der gesprochenen Sprache, die bei ihrer Entstehung nicht sinnvermittelnd wäre"[16].

Die auf den falschen Prinzipien einer idealistischen Philosophie beruhende bürgerliche Psychologie (sowohl die assoziative als auch die strukturelle Richtung) war nicht in der Lage, das Problem des Zusammenhangs von Zeichen und Bedeutung im Wort zu lösen.

Völlig unhaltbar ist es, den Zusammenhang zwischen sprachlichen Zeichen (Lautform) und Bedeutung (gegenständlichem Inhalt) als *assoziativen* Zusammenhang auf Grund von Ähnlichkeit und Kompliziertheit zu definieren. Wenn das Element der Ähnlichkeit zwischen dem sprachlichen Zeichen (besonders den Gesten) und den bezeichneten Gegenständen im Anfangsstadium der Sprachentwicklung auch von großer Bedeutung war, so nicht deshalb, weil diese Zeichen als *natürliche* Erscheinungen an sich eine Ähnlichkeit mit verschiedenen Gegenständen aufwiesen und daher durch assoziative Verbindung mit den letzteren die Rolle von Zeichen zu spielen begannen; das Moment der Ähnlichkeit war deshalb von Bedeutung, weil die Menschen *künstlich und bewußt* solche Bewegungen, Gesten und Laute zu erzeugen begannen, deren Bedeutung auf Grund ihrer Rolle im Lebensprozeß und einer gewissen Ähnlichkeit mit dem gegenständlichen Inhalt besser verstanden werden konnte. Die Ähnlichkeit und noch mehr die Nachbarschaft zweier Erscheinungen führten als solche nicht dazu, daß die eine Erscheinung zum Zeichen der anderen wurde. Die Mittel, die die Menschen als Zeichen der Sprache einsetzten, waren von Anfang an *menschliche* Mittel, waren solche Handlungen, Bewegungen und Laute, die sie im Prozeß der gemeinsamen praktischen Tätigkeit erzeugten und denen sie in diesem Zusammenhang eine bestimmte Bedeutung zuordneten. Die Zeichen der Sprache waren von Anfang an mit einer Bedeutung versehen; sie waren von Anfang an Bedeutungsträger.

Aus diesen Gründen halten wir es auch für völlig falsch, den Zusammenhang zwischen sprachlichem Zeichen und Bedeutung als einen *strukturellen* Zusammenhang zu interpretieren. Nach dieser Auffassung gehört der Laut zusammen mit anderen Dingen zur Struktur einer gegenständlichen Situation und erhält in diesem Zusammenhang die Funktion eines Zeichens für diese Dinge. So gehört z. B. ein Stock zur Struktur einer gegenständlichen Situation, in der eine Frucht dargeboten wird. Für einen Affen gewinnt der Stock in diesem Zusammenhang die Funktion eines Werkzeuges zur Erlangung der Frucht. Diese Analogie scheint uns jedoch rein äußerlich zu sein. In Wirklichkeit sind die Funktion eines Werkzeuges zur Erlangung eines Gegenstandes und die Funktion eines Zeichens zur Bezeichnung eines Gegenstandes vollkommen verschiedene Dinge. Der Stock gewinnt für den Intellekt des Tieres in einer bestimmten Situation die Bedeutung eines Werkzeuges zur Erlangung der Frucht, wird aber niemals zum Zeichen für die Frucht. Laute, die zusammen mit anderen Dingen in einer Situation gegeben sind, können für das Tier einen bestimmten Sinn annehmen (z. B. kann ein bestimmtes Winseln in einer entsprechenden Situation „als Werkzeug“ dazu aufgefaßt werden, vom Menschen Nahrung zu erhalten), können aber nicht *Zeichen für gegenständliche Inhalte* werden (z. B. zum Zeichen für die Nahrung selbst). Wenn es um den Menschen geht, muß natürlich außerdem berücksichtigt werden, daß der Mensch die fertigen Gegenstände der Natur nicht nur als Werkzeug benutzt, sondern (und das ist für ihn charakteristisch) diese Werkzeuge auch herstellt. Der Prozeß der geistigen Erfassung der Erscheinungen beginnt bei den Menschen gerade damit, daß sie die Akte ihrer gemeinsamen Tätigkeit, und das, was sie gewinnen und erzeugen bzw. wie sie es gewinnen und erzeugen, durchdenken. Deshalb konnten die Laute in ihrem Bewußtsein auch nur insofern eine Zeichenbedeutung erlangen, als sie *sie selbst erzeugten* und *ihnen* dabei entsprechend ihrer Rolle, vor allem bei der gemeinsamen Tätigkeit, in

die sie ursprünglich organisch eingefügt waren, *eine Bedeutung zuordneten.*
Erst wenn Zeichen und Bedeutung vorher *getrennt* werden, ergibt sich die Notwendigkeit, das sprachliche Zeichen und die Bedeutung nach den Prinzipien der assoziativen oder strukturellen Psychologie künstlich zu verbinden, da Getrenntes verbunden werden muß. In Wirklichkeit aber werden sprachliches Zeichen und Bedeutung von Anfang an *gemeinsam* gebildet.
Die sinnlich wahrnehmbare Verschiedenartigkeit von sprachlichen Zeichen und bezeichnetem Gegenstand schließt nicht einen engen genetischen Zusammenhang zwischen ihnen aus. Bekanntlich sind die Philosophen von alters her davon überzeugt gewesen, daß ein natürlicher Zusammenhang zwischen dem sprachlichen Zeichen und dem bezeichneten Gegenstand nicht besteht. Demokrit z.B. führte als Beweis das Fehlen einer eindeutigen Entsprechung zwischen Wort und Gegenstand an und nannte vier Gründe dafür: die Vieldeutigkeit der Wörter (ein Wort kann viele Bedeutungen haben), die Vielnamigkeit der Gegenstände (ein Gegenstand kann mit verschiedenen Wörtern bezeichnet wereden), die Umbenennung von Gegenständen und die Namenlosigkeit vieler Gegenstände. Diese Verschiedenartigkeit von Wort und bezeichnetem Gegenstand diente wiederum schon von alters her als „Grundlage“ für agnostizistische und skeptizistische Schlußfolgerungen in bezug auf die Sprache. Der Sophist Gorgias z.B. behauptete, daß Erkenntnis, wenn eine solche überhaupt möglich sei, sprachlich nicht ausgedrückt werden könne, da ein Laut nicht etwas von ihm Verschiedenes (z.B. eine Farbe und vieles andere) zu übermitteln imstande sei.
Das Argument der materiellen Verschiedenartigkeit von sprachlichem Zeichen und bezeichnetem Gegenstand ist jedoch nicht stichhaltig. Der Zusammenhang zwischen sprachlichem Zeichen und bezeichnetem Gegenstand resultiert keineswegs aus der Natur ihres Materials. Allerdings stellt sich dann die Frage: Wenn der Zusammenhang zwischen sprachlichem Zeichen und Gegenstand nicht auf ihrer natürlichen Gemeinsamkeit beruht, ist es dann vielleicht ein vereinbarter Zusammenhang? Durchaus nicht. Der Zusammenhang zwischen sprachlichem Zeichen und Bedeutung, zwischen artikuliertem Laut und Begriff ist kein natürlicher und kein bedingter (vereinbarter), sondern ein sozialer Zusammenhang (der sich im Kommunikationsprozeß herausgebildet hat). Er entsteht nur im Prozeß der gemeinsamen Tätigkeit und der Kommunikation der Menschen, wird dabei bestätigt

und realisiert. Gerade der soziale Charakter dieses Zusammenhanges ist der Schlüssel zum Verständnis der oben genannten inneren Einheit zwischen den fremdartigen Elementen von sprachlichem Zeichen und Bedeutung.

Wenn wir von dem tiefgreifenden Unterschied zwischen sprachlichen Zeichen und allen übrigen Zeichen sprechen, muß jedoch berücksichtigt werden, daß hier wie überall die Grenzen beweglich und bedingt sind. Vergleicht man z.B. Wörter und Signale, so ist zuerst festzuhalten, daß die ursprünglichen Wörtersätze weitgehend eine Signalfunktion erfüllten. Das Elementare und Ungegliederte des bezeichneten Inhalts sowie die Notwendigkeit, diesen möglichst schnell mitzuteilen, bedingten den Signalcharakter der ursprünglichen sprachlichen Zeichen. Wenn man sie in diesem Sinne auch als Signale bezeichnen kann, so doch nur unter einem großen Vorbehalt: im Unterschied zu den Signalen sind sie „übergeordnete“ Zeichen im eigentlichen Sinne des Wortes ‚sprachlich‘.

Im Hinblick auf heutige Verhältnisse muß andererseits bemerkt werden, daß eine Signalisation, die mit Hilfe eines besonderen Alphabets erfolgt (Semaphor, Morse u.ä.), eigentlich nur eine besondere technische Sprache ist. Sie ist für eine Anwendung auf große Entfernungen geeignet und beruht darauf, daß die Rolle der Buchstaben, die einzelne Laute bezeichnen, von verschiedenen anschaulichen, vom Signalgeber „gezeichneten“ Bildern übernommen wird. Im Grunde genommen erfolgt die Kommunikation hier mit Hilfe der Sprache, mit Hilfe von Wörtern. Das ändert sich auch dann nicht, wenn jedes „Signal“ nicht einen einzelnen Laut (Buchstaben), sondern einen Lautkomplex (ähnlich dem stenographischen Zeichen) oder sogar ein ganzes Wort bezeichnet.

Was mathematische, technische, geographische o.ä. Zeichen betrifft, so ist ihr Zusammenhang mit Wörterbegriffen noch enger. Die Besonderheit dieser Zeichen besteht darin, daß ihr Zusammenhang mit der Bedeutung sprachlich vermittelt wird. Ein mathematisches Zeichen z.B. ist ein konventionelles Zeichen. Seine Bedeutung offenbart sich nicht unmittelbar, sie ergibt sich erst aus der Vereinbarung. Eine Vereinbarung setzt aber buchstäblich die Beteiligung des Wortes voraus[17]. Diese Beteiligung zeigt sich erstens darin, daß jedes mathematische Zeichen eine eigene sprachliche Benennung hat; zweitens darin, daß seine genaue Bedeutung erst durch die sprachliche Definition geklärt werden kann. Demnach befindet sich sozusagen „unter“ jedem mathematischen Zeichen ein Wort, das einen bestimmten Begriff zum Inhalt hat.

Obgleich also das mathematische Denken auch durch Operieren mit mathematischen Zeichen erfolgen kann, ohne daß diese jedesmal namentlich bezeichnet und ihre Bedeutung durch wörtliche Definitionen geklärt werden, ist das Operieren mit mathematischen Zeichen letztlich dennoch ein konventionell verkürztes Operieren mit Wörtern, deren Inhalt mathematische Begriffe sind. Das zeigt übrigens, wie sinnlos die reaktionären Vesuche der modernen Idealisten (A. Whitehead u. a.) sind, die „Irrtümer" der Sprache durch Operieren mit der „reinen" Symbolik der mathematischen Logik zu überwinden.
Das sind in kurzen Zügen die wesentlichen Besonderheiten des sprachlichen Zeichens (Laut) als eines Zeichens besonderer Art, das in der Kommunikation und im intellektuellen Leben der Menschen eine außergewöhnliche Rolle spielt. Diese Besonderheiten müssen bei jeder philosophischen Sprachuntersuchung berücksichtigt werden.

4.

In der Verbindung von Bedeutung und Zeichen kommt der Bedeutung der Primat zu, da das sprachliche Zeichen nur als Träger und Übermittler der Bedeutung existiert. Das ist sein Wesen, seine einzige Funktion. Deshalb kann das sprachliche Zeichen keine andere Bedeutung außer seiner ideologischen haben. In absoluter Form ist das nie erreichbar, da das Zeichen eine sinnlich wahrnehmbare Erscheinung ist und als solche eine, wenn auch minimale, eigenständige Bedeutung, einen eigenen Inhalt aufweist (z. B. der Laut als akustische Erscheinung oder hörbares Bild, das geschriebene Zeichen als graphische Erscheinung oder optisches Bild an sich; psychologisch kann dieser eigenständige, wahrnehmbare Inhalt der sprachlichen Zeichen am leichtesten anhand der gesprochenen und geschriebenen Wörter einer unbekannten Sprache erkannt werden). Erinnern wir uns in diesem Zusammenhang an die Worte von Marx, daß die Sprache von Anfang an den Fluch, mit Materie behaftet zu sein, zu tragen hatte. Aber erstens verfügt das sprachliche Zeichen nur als sinnlich wahrnehmbares Faktum über einen eigenständigen Inhalt und zwar durchaus nicht in dem Sinne, daß es auch unabhängig von der von ihm erfüllten Zeichenfunktion existieren könnte; es entsteht schließlich ursprünglich nur als Bedeutungsträger (s. oben). Zweitens wird die eigentümliche „Befreiung" der sprachlichen Zeichen von ihrem „eigenen" sinnlich wahrnehmbaren Inhalt in dem Maße von den Menschen erreicht, in dem dies für ihre intellektuelle Funktion als Zeichen notwendig ist. Das wird nicht durch die vollständi-

ge Beseitigung oder Vernichtung dieses sinnlich wahrnehmbaren Inhalts erreicht, sondern durch dessen eigentümliche „Aufhebung“.
Das ist das Ergebnis der *historischen Entwicklung der Sprache*, in deren Verlauf der „eigene“, sinnlich wahrnehmbare Inhalt der sprachlichen Zeichen im Bewußtsein immer mehr zurückgedrängt und schließlich fast überhaupt nicht mehr bewußt gemacht wurde. Er ist nicht verschwunden, er ist gewissermaßen außer Kraft gesetzt worden und hat aufgehört, die *intellektuellen Bedeutungen* der sprachlichen Zeichen dem geistigen Blickfeld zu entziehen.
Das zwingt uns nun, noch einmal den Umstand zu unterstreichen, daß die sinnlich wahrnehmbare Form des Wortes nur in einem ganz besonderen Sinn mit vielen Einschränkungen als Zeichen betrachtet werden kann. Wenn die Bedeutung des sprachlichen Zeichens nicht es selbst, sondern etwas Anderes ist, so wird dieses Andere von dem Wort miteingeschlossen und ist deshalb untrennbar mit dem Zeichen verbunden. Und das macht die Lautform des Wortes zu einem Zeichen sui generis. Die sinnlich wahrnehmbare Form des Wortes weist genau genommen auf nichts hin und bezeichnet nichts. Sie ist nicht so sehr Zeichen, als vielmehr Träger einer Bedeutung oder, noch besser, eine *„durchsichtige“, sinnlich wahrnehmbare Hülle der Bedeutung.* Da unsere Analyse zeigt, daß diese sinnlich wahrnehmbare Form gleichzeitig auch über einige Eigenschaften des Zeichens verfügt, können wir mit allen erwähnten Einschränkungen den Namen „sprachliches Zeichen“ beibehalten.
Solcher Art ist die Beziehung zwischen Zeichen und Bedeutung im Wort. Die Klärung dieses Verhältnisses erlaubt es uns, die Beziehung zwischen Wort, Begriff und gegenständlicher Wirklichkeit besser zu verstehen und genauer zu definieren.
Wir haben bereits klargestellt, daß das Wort weder als Zeichen des Gegenstandes, noch als Zeichen des Begriffs aufgefaßt werden kann. Kann man aber das Wort als *Widerspiegelung* des Begriffs oder Gegenstandes auffassen?
Beginnen wir mit dem ersten Teil der Frage. Kann man das Wort als Widerspiegelung des Begriffes betrachten? Das geht nach dem, was wir über das Wort festgestellt haben, natürlich nicht. Zwischen Wort und Begriff besteht nicht ein äußerer, sondern ein innerer, organischer Zusammenhang. Wenn das Wort als Einheit von Zeichen–Laut und Bedeutung–Begriff verstanden wird (und genau so muß man es verstehen), wenn es eigentlich ein bezeichneter Begriff ist, dann ist es sinnlos, es als Widerspiegelung des Begriffs aufzufassen.

Betrachtet man das Wort aber sogar nur als Lautverbindung, so kann es dennoch nicht als Widerspiegelung des Begriffes gelten, da die Lautverbindung sich zum Begriff verhält wie das Zeichen zur Bedeutung, aber keineswegs wie die Widerspiegelung zum Widergespiegelten.

Gehen wir deshalb zum zweiten Teil der Frage über. Ist das Wort eine Widerspiegelung des Gegenstandes? Gegen diese Auffassung führen die bürgerlichen Linguisten gewöhnlich zwei Argumente ins Feld. Dem ersten zufolge existiert in ein und demselben sprachlichen System eine Vielzahl von Wörtern zur Bezeichnung ein und desselben Gegenstandes, und umgekehrt kann ein Wort eine Vielzahl von Gegenständen bezeichnen. Im zweiten Argument wird auf die Zeichennatur des Wortes verwiesen. Beide Argumente können nur dann überzeugend wirken, wenn die Frage der Widerspiegelung der gegenständlichen Wirklichkeit im Wort vereinfacht und vulgär-wissenschaftlich behandelt wird. Wenn man das Problem aber, wie es die dialektisch-materialistische Erkenntnistheorie erfordert, unter Berücksichtigung der Spezifik des komplizierten Widerspiegelungsprozesses untersucht, dann werden diese Argumente hinfällig.

Der Hauptinhalt (Bedeutung) eines Wortes ist der Begriff, und der Begriff ist eine *abstrahierte und verallgemeinerte* Widerspiegelung der gegenständlichen Wirklichkeit.

Eine Vielzahl von Begriffen kann ein und denselben Gegenstand von verschiedenen Seiten aus widerspiegeln. Ein Begriff kann eine Vielzahl in irgendeiner Weise gleichartiger Gegenstände widerspiegeln. Schließlich enthält der Begriff eine Reihe von Anzeichen, von denen jedes ebenfalls ein Begriff ist. Folglich kann ein Begriff verschiedene, miteinander zusammenhängende Seiten eines Gegenstandes widerspiegeln. Alles das bedeutet, daß der Begriff die Widerspiegelung jenes wesentlich Allgemeinen ist, über das die Gegenstände der äußeren Welt verfügen und daß er damit die Widerspiegelung dieser Gegenstände selbst ist. Folglich muß auch das Wort, da der Begriff Bedeutung und Inhalt desselben ist, als *Widerspiegelung* der gegenständlichen Wirklichkeit aufgefaßt werden.

Die idealistische Philosophie und die Sprachwissenschaft verdrehen diese Frage. Für Saussure z.B. gibt es nur das Problem der Beziehung von Begriff und akustischem Bild. Er ignoriert vollkommen das Problem der Beziehung zwischen Wort und gegenständlicher Welt. Er schreibt:

„Das sprachliche Zeichen vereinigt in sich nicht einen Namen und eine Sache, sondern eine Vorstellung und ein Lautbild“[18].

Von dieser idealistischen Position aus kritisiert er auch die Sprache als ein willkürliches System von Zeichen. Damit verzichtet er im Geiste des reinsten Agnostizismus vollkommen auf die Untersuchung der Frage nach der Beziehung von Sprache und Wirklichkeit.
Da die Bedeutung des Wortes der Begriff ist, spiegelt er die gegenständliche Welt wider. Das Wort aber ist der *bezeichnete* Begriff. Wir müssen deshalb davon ausgehen, daß es einen Bild-Zeichen-Charakter hat (wir sprechen hier von Bildhaftigkeit nicht im psychologischen, sondern im erkenntnistheoretischen Sinne). Seine Lautform ist das Zeichen des Begriffs, und der Begriff selbst ist die Widerspiegelung der Wirklichkeit. Da aber Laut und Sinn des Wortes, d.h. Zeichen und Bedeutung (Begriff) als innere Momente des Wortes unauflöslich miteinander verbunden sind, während die gegenständliche Wirklichkeit außerhalb und unabhängig von ihm existiert, muß vom erkenntnistheoretischen Standpunkt aus das Wort in seiner Gesamtheit als *bezeichnete, verallgemeinerte Widerspiegelung der Gegenstände und Erscheinungen* betrachtet werden.
Auf Grund unserer Untersuchung können wir einige Schlußfolgerungen ziehen.
Das Wort in seiner Gesamtheit kann keinesfalls als Zeichen und die Sprache nicht als ein System von Zeichen aufgefaßt werden. Eine solche Auffassung ist entweder bewußter Agnostizismus oder führt unweigerlich dahin. Das Wort ist weder Zeichen des Gegenstandes noch Zeichen des Begriffs. Die Zeichentheorie der Sprache muß als wissenschaftsfeindlich und reaktionär abgelehnt werden.
Als Zeichen, d.h. als Zeichen besonderer Art kann nur die Lautform des Wortes betrachtet werden. Das lautliche sprachliche Zeichen weist eine Reihe spezifischer Besonderheiten auf, durch die es eine Sonderstellung unter den im gesellschaftlichen Leben angewendeten Zeichen einnimmt.
Das Wort als Ganzes ist die Einheit von lautlichem Zeichen und gedachter Bedeutung. Hauptbedeutung des Wortes ist der Begriff; unter bestimmten Umständen können jedoch auch anschauliche Abbilder der Gegenstände, emotionale und ästhetische Erlebnisse usw. in die Wortbedeutung eingehen. Dabei werden die genannten Momente der Bedeutung dennoch in Beziehung zu einem bestimmten Begriff und dem von ihm widergespiegelten Gegenstand gedacht. Die Beziehung zwischen dem sprachlichen Zeichen und der Bedeutung hat wiederum einen besonderen Charakter, der von der Beziehung der übrigen Zeichen zu ihren Bedeutungen verschieden ist.

Da die Widerspiegelung der objektiven materiellen Wirklichkeit in den sinnlich wahrnehmbaren Abbildern und Begriffen gegenständlich ist, ist die Bedeutung der entsprechenden Wörter immer gegenständlich ausgerichtet. Da die gegenständliche Wirklichkeit im Denken und in der Sprache auf sozial vermitteltem Wege widergespiegelt wird, ist die Wortbedeutung eine sozial-ideologische Kategorie, die sich nur im Kommunikationsprozeß zwischen den Menschen herausbildet. Der Zusammenhang zwischen dem sprachlichen Zeichen und der Bedeutung ist historisch bedingt.

Das Wort besitzt einen Bild-Zeichen-Charakter, es ist die bezeichnete, verallgemeinerte Widerspiegelung der Gegenstände und Erscheinungen. Da sich das Sein des sprachlichen Zeichens voll und ganz auf die Bezeichnungsfunktion, d.h. auf die Sichtbarmachung der Bedeutung beschränkt und darüber hinaus keinerlei Rolle spielt, tritt sein sinnlich wahrnehmbares Äußeres vollkommen in den Hintergrund und verschwindet aus dem geistigen Gesichtskreis des die Sprache verstehenden Menschen. Unter diesem Aspekt ist die lautliche Form des Wortes sogar weniger ein Zeichen als vielmehr eine „durchsichtige", sinnlich wahrnehmbare Hülle der Bedeutung, die für die menschliche Form der Widerspiegelung der Wirklichkeit charakteristisch ist.

Anmerkungen

1 Aristoteles: *Peri hermeneias.* Werke, Bd. 1, Teil 1. Darmstadt 1976.

2 Saussure, F. de: *Grundfragen der allgemeinen Sprachwissenschaft.* Hrsg. von C. Bally und A. Sechehaye. Übers. v. H. Lommel. 2. Aufl. Berlin 1967.

3 Vendryes, J.: *Language. A linguistic introduction to history.* New York 1925.

4 Carnoy, A.: *La Science du Mot.* Louvain 1927, 9.

5 Bühler, K.: *Sprachtheorie.* Jena 1934, 33.

6 Wygotski, L. S.: *Denken und Sprechen.* Hrsg. v. J. Helm. Mit einer Einleitung von T. Luckmann. Übers. v. G. Sewekow. 2., korr. Aufl. Stuttgart 1971.

7 Čikobava, A.: „Problema jazyka kak predmeta lingvistiki". (Das Problem der Sprache als Gegenstand der Linguistik.) In: *Izv. jaz. ist. i mater. kul't im. akad. N. J. Marra. AN Gruz. SSR. T. X.* Tbilisi 1941, 393.

8 Vološinov, V. N.: *Marxism and the Philosphy of Language.* Übers. v. L. Matejka und I. R. Titunik. New York 1973.

9 Hier und im weiteren gebrauchen wir den Terminus „Bedeutung" im weiten Sinne des Wortes und schließen jeglichen Begriffsinhalt ein, der sich auf Gegenstände, deren Beziehungen und Verhältnisse bezieht und in der lautlichen (materiellen) Seite der Sprache seinen Ausdruck findet.

10 Sextus Empiricus: *Against the Logicians.* Übers. v. R. G. Bury. Bd. 2. London 1967.

11 Engels, F.: *Herrn Eugen Dührings Umwälzung der Wissenschaft.* MEW, Bd. 20. Berlin 1962, 89.

[12] Anm. d. Übers.: Der russische Begriff „značenie" = „Bedeutung" kann im übertragenen Sinne auch als „Würde" wiedergegeben werden.
[13] Marx, K.: *Randglossen zu A. Wagners „Lehrbuch der politischen Ökonomie"*. MEW, Bd. 19, 372–373.
[14] Dieser Begriff des Anzeichen-Zeichens eines Gegenstandes darf nicht mit dem logischen Begriff der Anzeichen-Eigenschaft (Qualität, Seite) des Gegenstandes verwechselt werden. Die Eigenschaft eines Gegenstandes an sich ist kein Zeichen. Sie fungiert nur dann als Zeichen, wenn von ihr (unbewußt) auf den nicht wahrnehmbaren Gegenstand geschlossen wird, d.h. nur dann, wenn die Eigenschaft eine spezifische Zeichenfunktion erfüllt. In allen übrigen Beziehungen ist die Eigenschaft Ausdruck (wesentlich oder unwesentlich) der Natur des Gegenstandes, ist eine Seite, eine Qualität oder ein Strukturelement des Gegenstandes. Deshalb kann das Anzeichen auf Grund der oben gegebenen Charakterisierung nicht allgemein logisch und gnoseologisch als Zeichen interpretiert werden. Eine solche Deutung würde unweigerlich zu schädlichen agnostizistischen Entstellungen der logischen Auffassung vom Begriffsinhalt führen.
[15] Der Terminus „Signal" wird in vielen Untersuchungen auf physikalische Agenzien übertragen, die als Reize für Tiere wirken. Hierbei wird unter „Signal" ein bedingter Reiz verstanden, da er infolge seiner früheren Beziehung zu einem unbedingten Reiz dieselbe Reaktion hervorruft wie der letztere. Da diese Reaktion biologisch zweckmäßig *letztlich* nur in Beziehung zum unbedingten Reiz ist, folgt daraus, daß der bedingte Reiz gewissermaßen ein Signal ist, das eine Reaktion hervorruft, die gegenüber dem unbedingten Reiz zweckmäßig ist. Aber ein solcher Gebrauch des Terminus „Signal" ist sehr bedingt. Für das Tier ist jeder durch längere Wiederholungen erzeugte Zusammenhang von Reizen natürlich (selbst wenn der Mensch ihn künstlich erzeugt hat). Für das Tier wird das systematisch wiederholte Klingelzeichen bei der Nahrungsaufnahme gewissermaßen zu einer Eigenschaft der Nahrung. In diesem Sinne müßte man hier eher von einem Anzeichen (Kennzeichen) sprechen. Da das Schwergewicht aber auf der durch den bedingten Reiz hervorgerufenen Reaktion liegt, ist der Begriff des Signals als Stimulus zur Handlung angebrachter. Dieser Begriff hätte in gewisser Weise auch bei der Anwendung auf die durch unbedingte Reize hervorgerufenen Empfindungen einen rationalen Sinn, z.B. bei Schmerzempfindungen, die eine Signalfunktion erfüllen, da sie eine Schutzreaktion gegenüber Einflüssen, die für den Organismus schädlich sind, hervorrufen. Jedoch kann man hier trotz aller Voraussetzungen im strengen Sinne nicht von einer *Zeichenfunktion* der Reize oder Empfindungen, von der Fähigkeit der Tiere, bedingte Reize als *Zeichen* für etwas anderes zu verstehen, sprechen.
[16] Marr, N. J.: *Jazyk i myšlenie* (Sprache und Denken). Izbr. rab. (Ausgewählte Werke). Bd. III, 111.
[17] Anm. d. Übers.: In dem russischen Wort für „Vereinbarung" = „uslovie" ist der Stamm des Wortes „slovo" = „Wort" enthalten.
[18] Saussure, F. de: *Grundfragen der allgemeinen Sprachwissenschaft*, a.a.O. 77.

Begriff, Wort und Gegenstand
Kritik des semantischen Idealismus (1958)

Wir haben bereits festgestellt, daß die Bedeutung des Wortes nicht als immanentes ideelles Wesen charakterisiert ist, sondern eine gewisse gegenständliche Prägung aufweist, auf Grund derer das Wort eine nominative Funktion im Verhältnis zu den Gegenständen und Erscheinungen der Umwelt ausübt, d.h. als sinnlich wahrnehmbare Bezeichnung und Benennung dessen auftritt, was im Begriff des Gegenstandes ausgedrückt wird.
Auf dieser Grundlage wird eine gewisse Abgrenzung der signifikativen und der nominativen Funktion des Wortes möglich. So kann zum Beispiel das Wort „Pferd“ für den Begriff des Pferdes allgemein stehen oder als Bezeichnung eines einzelnen Gegenstandes, des jeweiligen konkreten Pferdes auftreten. Diese Abgrenzung ist jedoch äußerst relativ, denn wenn man zum Beispiel einen bestimmten Gegenstand „Pferd“ nennt, bezieht man diesen Gegenstand nur auf die allgemeine Klasse der Pferde, wobei er sich von der Mehrzahl der Klassen anderer Dinge und der in ihm allgemein ausgedrückten Begriffsbezeichnung „Pferd“ unterscheidet. Dank der Einheitlichkeit der Funktion läßt sich das Wort sowohl mit der ganzen Klasse der Gegenstände als auch mit jedem einzelnen Element dieser Klasse verbinden, wobei seine Bedeutung das allgemeine und das besondere in seiner Einheitlichkeit widerspiegelt.
Wenn wir über die gegenständliche Prägung des Denkens sprechen, müssen wir jedoch in deutlichem Gegensatz zu den Idealisten der phänomenologischen, intuitionistischen, machistischen und anderen Richtungen beachten, daß erstens nicht die ideellen, „gegenständlichen Gedanken“ den Gegenstand des Denkens bilden, sondern die reale gegenständliche (materielle) Welt, daß zweitens die gegenständliche Prägung des Denkens nicht unmittelbar, sondern vermittelt durch Eindrücke, Vorstellungen, Begriffe erfolgt, und daß diese Prägung drittens keine Folge einer imaginären, exzentrischen Beschaffenheit des Bewußtseins ist, sondern aus allen Bewußtseinsinhalten als sekundären, abhängigen Erscheinungen, als Widerspiegelungen der gegenständlichen, materiellen Welt resultiert.
Die gegenständliche Bezogenheit des Wortes ist eine psychologisch völlig natürliche Erscheinung. Sie ist untrennbar mit der allgemeinen

gegenständlichen Bezogenheit aller menschlichen Bewußtseinsinhalte (Eindrücke, Vorstellungen, Begriffe) verbunden. Sowohl die sogenannte exzentrische Projektion von Empfindungen und Eindrücken als auch die sogenannte Intentionalität des Denkens, die nach Meinung der Idealisten eine Folge der ursprünglichen Beschaffenheit des menschlichen Geistes darstellen, der für sich die gegenständliche Welt schafft, oder die ihm als „ideelle Gegebenheiten" vorliegen, resultieren in Wirklichkeit aus einem langen historischen Prozeß der Bewußtseinsbildung (der die Vorgeschichte des menschlichen Bewußtseins, die ganze phylogenetische Entwicklung der psychischen Tätigkeit der Tiere einschließt), der in realer Abhängigkeit und Bedingtheit von der gegenständlichen Welt abläuft, die unabhängig vom Bewußtsein existiert und die Entwicklung des Nervensystems und all seiner psychischen Funktionen bestimmt.

Bei dieser Entwicklung gelangten die gesellschaftliche Beziehung zur Natur im Arbeitsprozeß (d.h. der vermittelten Benutzung von Werkzeugen) und die sowohl materielle als auch intellektuell-gesellschaftliche Beziehung zwischen den Menschen, wie sie besonders durch den Gebrauch der Sprache vermittelt wird, zu entscheidender Bedeutung für die Bildung der gegenständlichen Prägung des menschlichen Denkens. Da sich die Mittel des affektiven Ausdrucks für die Mitteilung gegenständlicher Inhalte als ungeeignet erwiesen, stand die Sprache infolge ihrer gegenständlichen Bezogenheit seit Beginn ihrer Entwicklung im Dienste kommunikativer und intellektueller Funktionen.

Es gibt Fälle, in denen ein Wort deshalb lediglich als Bezeichnung oder Benennung eines Begriffes und nicht des Gegenstandes betrachtet wird, weil die real (materiell) existierenden Gegenstände dem Inhalt einiger Wörter nicht entsprechen (zum Beispiel „Wassernymphe", „Waldgeist" usw.). Eine solche Schlußfolgerung erscheint uns jedoch nicht gerechtfertigt. Natürlich besteht hinsichtlich der Beziehung zur gegenständlichen Wirklichkeit zwischen solchen Wörtern wie beispielsweise „Haus", „Mensch", „leben", „revolutionär" usw. einerseits und „Engel", „Waldgeist", „Gott", „Hölle", „Nymphe" und dergleichen mehr andererseits ein offensichtlicher Unterschied. Die ersten bezeichnen wirkliche, reale, objektiv vorhandene Gegenstände und Erscheinungen, während die letzteren vorgestellte, illusorische, phantastische Gegenstände betreffen. Diese Beobachtung ist jedoch keinesfalls als Begründung der Gegenstandslosigkeit einiger Wörter anzusehen, wie es A. I. Smirnickij annahm, als er schrieb, daß es Wörter wie z.B. „Wassernymphe", „Hausgeist", „Zentaur", „Faun", „Himmelsbewohner", „Zauberei", „zaubern", „behexen" u.a. gibt, die keinerlei Gegenstände, Erscheinungen usw. bezeichnen, obwohl auch sie völlig bestimmte Bedeutungen haben[1]. Eine solche Schlußfolgerung erscheint uns unbegründet. Jedes bezeichnende Wort ist die Bezeichnung eines Gegenstandes (in einem umfassenden Verständnis). Dieser Gegenstand kann real existieren (wie zum Beispiel „Tisch") oder nur erdacht, vorgestellt sein (wie zum Beispiel „Hausgeist"), aber auf jeden Fall wird er von dem Wort benannt, und nicht sein Begriff. Dieser Begriff (Ausdruck) kann wahr oder unwahr sein, richtig oder illusorisch, realistisch oder phantastisch, aber es handelt sich um den Begriff eines Gegenstandes. Im –Unterschied zu den wahren Begriffen entstehen die illusorischen, phantastischen Wiedergaben der Gegenstände durch eine Umwandlung der Elemente der Wirklichkeit im Bewußtsein der Menschen, die nicht den Gesetzen der objektiven Wirklichkeit entspricht. Aus diesem Grund ist der Gegenstand dieser Begriffe lediglich erdacht und nicht real vorhanden, obschon er trotzdem zum Gegenstand des Denkens werden kann. Nur in dieser Hinsicht kann von absolut gegenstandslosen Begriffen und Wörtern die Rede sein. Werden also manchmal die Ausdrücke „gegenstandsloses Denken" oder „gegenstandsloses Gespräch" gebraucht, so haben wir gerade das Fehlen des realen, objektiv vorhandenen Gegenstandes vor Augen. In denjenigen Fällen, wo das Wort den Begriff irgendeines Gegenstandes oder den Begriff überhaupt (als logische Konstruktion) benennt, wird der Begriff selbst zum Gegenstand des Denkens, d.h. zu einem Gegenstand, der in der Form des Begriffes besteht, wie er im Wort verkörpert ist. In diesem Fall nennt das Wort freilich nicht den Begriff des Gegenstandes, sondern den Gegenstand selbst (in dessen Rolle die in Frage stehende logische Konstruktion fungiert).

Bei der Behandlung dieser Frage ist es wichtig, die notwendige Unterscheidung zwischen der Form des Gedankens einerseits und dem Inhalt des Gedankens oder seinem Gegenstand andererseits zu beachten. Der Gedanke und der Gegenstand des Gedankens sind nicht ein und dasselbe (nicht einmal in dem Falle, wo es sich um einen bloß vorgestellten Gegenstand handelt). Die Vorstellungen von einer Wassernymphe (als psychische Form) und einer Wassernymphe (als vorgestellter Gegenstand) sind nicht identisch. Dieser Unterschied findet auch in der Sprache seinen Niederschlag. Der Satz „ich habe eine Vorstellung von der Wassernymphe" kann auch von dem nüchternsten Realisten nicht durch den Satz „ich habe eine Wassernymphe" ersetzt werden. Der Hinweis darauf, daß man dann, wenn man den Satz „ich habe eine Wassernymphe" ausspricht, an ihr Vorhandensein in der Vorstellung oder im Bewußtsein denkt, kann die Frage nicht lösen, ob man sich die Wassernymphe als irgendeinen gegenständlichen Komplex vorstellt, der halb Frau, halb Fisch ist und im Wasser lebt, obwohl dieser Komplex in einer solchen Kombination und in einer solchen Verbindung nicht real existiert. Kurz gesagt stellen sich alle Menschen eine Wassernymphe als einen Gegenstand vor, obwohl sie frei von Aberglauben sind und wissen, daß ein solcher Gegenstand in Wirklichkeit nicht existiert. Diese gegenständliche Prägung aller unserer Bewußtseinsinhalte resultiert entgegen den Behauptungen der Idealisten daraus, daß das Bewußtsein eine Form der Widerspiegelung der objektiven Wirklichkeit ist, die unabhängig vom Bewußtsein existiert, daß diese Wirklichkeit die einzige Ursache aller Bewußtseinsinhalte darstellt und daß die unterschiedliche, erkennbare Bedeutung der Bewußtseinstatsachen (Stufen der Wahrheit oder Unwahrheit) nur aus der Angemessenheit oder Unangemessenheit des Widerspiegelungsprozesses folgt. Der Gegenstand eines wahren, realistischen Gedankens existiert unabhängig vom Bewußtsein – das ist der objektive Gegenstand; der Gegenstand eines unwahren, phantastischen Gedankens existiert außerhalb des Menschen nicht – das ist der subjektive Gegenstand des Gedankens. Berücksichtigt man, daß jeder Gedanke Form und Inhalt aufweist, so kann man feststellen, daß sich der Inhalt illusorischer, phantastischer Gedanken sozusagen vergegenständlicht. Das Wort benennt dann den vergegenständlichten Inhalt, d.h. den Inhalt, der in der Form eines bestimmten Gegenstandes auftritt. Obwohl diese Unterschiede zwischen einem tatsächlichen und einem vorgestellten Gegenstand von prinzipieller erkenntnistheoretischer Bedeutung sind, dürfen sie jedoch nicht als Begründung für die Negation der gegenständlichen Prägung (Bezogenheit) aller Begriffe und Wörter betrachtet werden.

A. I. Smirnickij vertritt die Auffassung, daß auch solche Wörter wie beispielsweise „niemand" zweifellos kaum dazu dienen können, irgendeinen Gegenstand zu bezeichnen, wenn man nicht den Begriff der Abwesenheit irgendeiner Person als einen solchen Gegenstand ansehen will[2]. Unserer Meinung nach basiert eine solche Schlußfolgerung auf einem zu engen Verständnis des Gegenstandes als isoliert existierende, sinnlich wahrnehmbare Sache. Ein umfassenderes Verständnis des Gegenstandes im logischen und erkenntnistheoretischen Sinne schafft die Grundlage dafür, den gesamten Charakter komplizierter gegenständlicher Situationen zu erfassen, in denen auch der Abwesenheit von irgend etwas oder irgend jemandem eine objektive gegenständliche

Bedeutung als vorhandenes, objektives Element der realen Situation zukommt. Wenn sich niemand in einem Zimmer aufhält, so ist dort tatsächlich, objektiv (und in diesemSinne gegenständlich) niemand; deshalb bezieht sich die Sache keineswegs ausschließlich auf den Begriff der Abwesenheit irgendeiner Person. Das negative Moment (die Abwesenheit von irgend etwas oder irgend jemandem) ist hier untrennbar mit der positiven, charakteristischen, gegenständlichen Situation verbunden. Dadurch wird sozusagen die andere Seite, das verneinende, negative Moment im positiven ausgedrückt. Unserer Meinung nach muß die dialektisch-materialistische Charakterisierung der Gegenständlichkeit in genau dieser Weise vorgehen.

Diesen Überlegungen ist noch anzufügen, daß im eigentlichen Sinne, wenn auch in etwas anderer Form, solche Begriffe wie „Gedanke", „Gefühl", „Wunsch" und so weiter ebenfalls einen Gegenstand aufweisen, weil das Bewußtsein tatsächlich, objektiv solche Formen besitzt. Wenn wir über sie nachdenken, werden sie zu Gegenständen unseres Denkens, die keineswegs mit einem Gedanken an sie verwechselt werden dürfen. Wörter, die die betreffenden Gedanken ausdrücken, bezeichnen und benennen deshalb ihre Gegenstände (was sie auch immer sein mögen), nicht aber die Gedanken an sie. Wir können daraus den Schluß ziehen, daß es absolut gegenstandslose Wörter oder gegenstandslose Begriffe nicht gibt.

Nach Ansicht der englischen Semantiker Ogden und Richards können die Beziehungen zwischen Wort, Bedeutung und Gegenstand in einem Schema ausgedrückt werden, wie es in Abbildung 1 dargestellt ist:

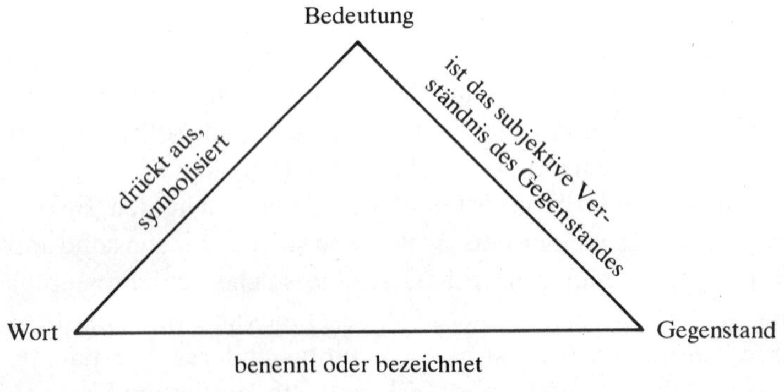

Abb. 1

G. Stern schließt sich dieser Darstellungsweise an, da sie seiner Auffassung nach grundsätzlich richtig ist. Wir halten dieses Schema jedoch für fehlerhaft, da es auf idealistischen Annahmen basiert. Alle drei in diesem Schema formulierten Beziehungen rufen entschiedenste Einwände hervor. Die besondere Kritik richtet sich dabei gegen den Subjektivismus in der Auffassung der Beziehung von Bedeutung und Gegenstand. Die Bedeutung hat keineswegs einen rein subjektiven und individuellen Charakter, denn dieser Begriff ist ein objektiver Ausdruck der Wirklichkeit im menschlichen Denken: Es weist nicht nur eine psychologische, sondern auch eine logische Seite auf.

Der Hauptfehler dieses Schemas ist jedoch in dem idealistisch begründeten Mißverhältnis zwischen Sprache und Denken und zwischen Wort und Begriff zu suchen, das die versteckte Prämisse für die Darstellung der Beziehung von Wort und Bedeutung ist. Diesem Schema ist zu entnehmen, daß das Wort die Bedeutung „ausdrückt", während in Wirklichkeit das Wort eine Bedeutung hat. Das Wort stellt nämlich die untrennbare Einheit einer lautlichen Form und der Bedeutung dar. Für diese Einheit ist die Bedeutung in gleicher Weise erforderlich wie der Laut. Dem Schema gemäß ist die Bedeutung jedoch für das Wort genau so äußerlich wie der Gegenstand. Es ist offensichtlich, daß hier unter einem Wort nur die wahrnehmbare Form (Laut) verstanden wird. Ein solches Verständnis führt allerdings unweigerlich zu einem Mißverhältnis zwischen Sprache und Denken.

Aus diesem Hauptfehler resultiert auch der folgende, der sich auf das Verhältnis Wort–Gegenstand bezieht. Aus dem Schema folgt, daß das Wort, das zu einem Zeichen (Laut) wird, unabhängig von der Bedeutung und ohne auf sie einzugehen den Gegenstand unmittelbar bezeichnet oder benennt. In Wirklichkeit kann jedoch der Laut für sich genommen keinen Gegenstand bezeichnen. Er übt nur dann eine Bezeichnungsfunktion aus, wenn er eine Bedeutung widerspiegelt. Eine unmittelbare Verbindung zwischen Laut und Gegenstand existiert demnach nicht. Ihre Beziehung ist immer durch die Bedeutung des Lautes, d. h. durch den Begriff, vermittelt. Man könnte deshalb zu Recht sagen, daß das Wort insgesamt (unter Einschluß seiner Bedeutung) in der Lage ist, als Bezeichnung oder Benennung eines Gegenstandes zu fungieren. Wenn es nicht richtig ist, den Gegenstand als Bedeutung des Wortes anzusehen, so ist es auch unzulässig, die Bedeutung vom Gegenstand zu trennen, sie auf die rein subjektive Erscheinung, die individuelle Vorstellung des Menschen zurückzuführen, wie es beispielsweise H. Amman tut. Eine solche Auffassung führt zur Subjektivierung der Sprache oder zum Ausschluß der Bedeutungen aus der Sprache, wenn letztere als objektives System der Verständigungsmittel

angesehen wird. In beiden Fällen folgt daraus eine subjektiv-idealistische Auslegung der Bedeutung des Wortes.
Im Gegensatz zu dem angeführten idealistischen Schema schlagen wir eine andere Darstellungsweise vor, die sich auf die materialistische Auffassung von den Beziehungen zwischen Begriff, Wort und Gegenstand stützt:

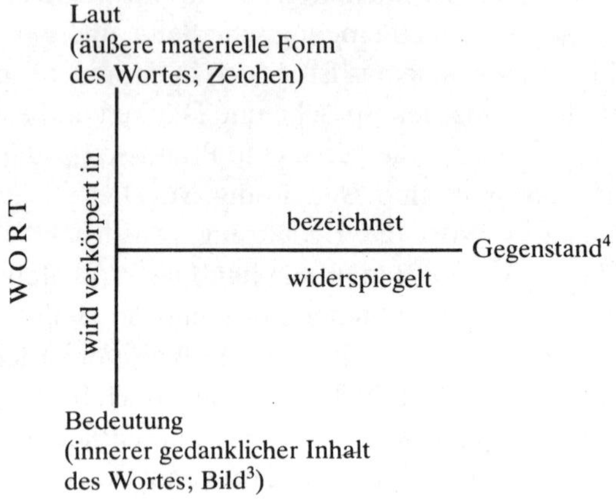

Abb. 2

Selbstverständlich werden die komplizierten Beziehungen, die wechselseitigen Beeinflussungen und Vermittlungen der beteiligten Seiten und Elemente bei der graphischen Darstellung in diesem Schema vergröbert. Im Prinzip scheint sie uns jedoch zuzutreffen.
Das Wort ist ein kompliziertes, materiell-ideelles Gebilde, das eine Einheit aus Laut und Bedeutung darstellt. Der Laut ist materiell und übt hinsichtlich des Gegenstandes die Funktion des Zeichens aus. Der Laut erfüllt diese Funktion jedoch nicht unmittelbar, sondern vermittelt durch die Bedeutung, deren Träger er ist. Diese Vermittlung durch die Bedeutung ist die Bedingung des Verstehens im Verständigungsprozeß. Jegliche andere dauerhafte oder zeitweilige Beziehung zwischen Laut und Gegenstand geht nicht über die Wirkung der Mechanismen des ersten Signalsystems hinaus und hat keinen sprachlichen Charakter. Um einen Gegenstand zu bezeichnen, muß der Laut eine Bedeutung haben. Die Bedeutung ist ideell und erfüllt hinsichtlich des Gegenstandes eine Darstellungsfunktion. Die Bedeutung ist für das Wort nicht irgend etwas äußeres, sondern gehört unmittelbar zum Wort; sie bildet sein wesentlichstes Merkmal. Die Bedeutung widerspiegelt ihrerseits den Gegenstand nicht unmittelbar, sondern vermittelt durch den Laut, denn die

verallgemeinerte, begriffliche Widerspiegelung kann nur durch das zweite Signalsystem erfolgen, d.h. ein besonderes System der physiologischen Beziehungen, die beim Aussprechen und Aufnehmen der Lautkomplexe entstehen und eine verallgemeinerte Bedeutung tragen (d.h., die als Signal der Signale fungieren).

Deshalb scheint uns Professor E. M. Galkina-Fedoruks Bestimmung der Bedeutung des Wortes als Beziehung des Lautkomplexes zum Gegenstand unbegründet[5]. Daß sich der Lautkomplex in irgendeiner Weise auf den Gegenstand bezieht, steht außer Zweifel. Wie ist aber diese Beziehung beschaffen? Von welcher Art ist sie? Es handelt sich doch um keine unmittelbare und natürliche Beziehung im wahrsten Sinne des Wortes. Die Beziehung des Lautes zum Gegenstand wird durch die Bedeutung vermittelt, deren Träger der Lautkomplex ist. Die Bedeutung selbst ist dagegen die sprachliche Form der Widerspiegelung des Gegenstandes. Wollte man deshalb sagen, die Bedeutung sei die Beziehung des Lautes zum Gegenstand, so impliziert das die Anerkennung, daß es sich bei der Bedeutung um diejenige Beziehung handelt, die durch die Bedeutung vermittelt wird. Der Begriff „Beziehung" ist in diesem Fall nicht besonders aussagekräftig. Alle Wortlaute beziehen sich auf Gegenstände und Erscheinungen. Aber wie beziehen sie sich darauf? Das hängt davon ab, was sie bedeuten, d.h. wie ihre Bedeutung beschaffen ist. Letzteres bestimmt die Natur der Beziehung des Lautes zum Gegenstand, doch handelt es sich bei dieser Beziehung selbst um keine Bedeutung. Die Beziehung des Lautes zum Gegenstand ist eine Bezeichnungs- oder Benennungsrelation, aber keine Bedeutungsrelation. Das sind verschiedene Dinge. Selbst E. M. Galkina-Fedoruk meint, daß der Laut hinsichtlich des Gegenstandes die Funktion eines Zeichens ausübt. Daraus ergibt sich also, daß die Beziehung des Zeichens zum Gegenstand auch die Bedeutung ist. Aber das Zeichen kann nichts Gemeinsames mit dem zu bezeichnenden Gegenstand aufweisen, d.h. keinerlei Ähnlichkeit mit ihm haben. Indessen ist die Bedeutung des Wortes, wie auch E. M. Galkina-Fedoruk betont, sein gedanklicher Inhalt und unter der Perspektive des gedanklichen Inhalts wird ein Gegenstand von einem Wort nicht bezeichnet, sondern widergespiegelt. Daraus folgt, daß die Bedeutung nicht als Beziehung des Lautes zum Gegenstand betrachtet werden darf.

Die historische Entwicklung der Wörter ist mit der Geschichte derjenigen Gegenstände und Erscheinungen verbunden, die sie in den verschiedenen Perioden der geschichtlichen Entwicklung eines Volkes bezeichnet haben. Aus diesem Grund kann die Wortgeschichte nicht isoliert im Rahmen der Linguistik untersucht, sondern muß im Kontext der Archäologie, der Ethnographie, der Geschichte der Technik, der ökonomischen, politischen, rechtlichen, moralischen Verhältnisse usw. sowie deren Widerspiegelungen im menschlichen Denken vorgenommen werden. Die Bedeutung des Wortes, die Entwicklung der inneren Seite des Wortes, bildet zwar einerseits den Gegenstand der Semasiologie als einer Spezialdisziplin der Sprachwissenschaft; andererseits ist aber die Bedeutung des Wortes mit der Entwicklung des gesellschaftlichen Lebens und Denkens verbunden, ohne die sie unverständlich bleibt. Deshalb ist die Bedeutung des Wortes gerade dasjenige Element, das die wahrnehmbare Form des Wortes mit der gegenständlichen Wirklichkeit verbindet, die sie in den Gedanken der kommunizierenden Menschen widerspiegelt. Die idealistische Philosophie trennt das Denken von der objektiven Wirklichkeit und den historisch-gesellschaftlichen Bedingungen ihrer Entwicklung und nimmt damit der Linguistik die Möglichkeit, das Problem der Bedeutung des Wortes zu lösen. Es ist deshalb nicht erstaunlich, daß dem amerikanischen Linguisten W. Graff der Prozeß der Bedeutungskonstitution rätselhaft erscheint. Demgegenüber hat der dialektische Materialismus eine wissenschaftliche Möglichkeit zur Lösung dieses Problems erschlossen.

Das Wort ist von komplizierter, bildlich-zeichenhafter Natur. Es handelt sich um eine bezeichnete Widerspiegelung der Gegenstände und Beziehungen. Deshalb sind sowohl die vorher untersuchte Behauptung, daß das Wort den Gegenstand nur bezeichne, ihn aber nicht widerspiegele, als auch die ihr entgegengesetzte, jedoch nicht minder metaphysische Behauptung, daß das Wort den Gegenstand nur widerspiegele, ihn aber nicht bezeichne, falsch. Allerdings kann man auch diese letztere Ansicht in unserer Literatur antreffen. Zum Beispiel schreibt E. A. Frolova, daß die Bezeichnung das Objekt in sich widerspiegele, auf das sie sich bezieht, wobei nicht nur ihre gedankliche, sondern auch ihre lautliche Seite betroffen ist. Natürlich ist ein solches Verständnis der Beziehung der lautlichen Seite des Wortes zum Gegenstand in keiner Weise stichhaltig. Wenn die Anhänger der ersten dieser beiden falschen Ansichten das Wort vollständig auf den Lautkomplex reduzieren und auf einer phonetischen Sprachtheorie beharren, so sind die Anhänger der zweiten Ansicht der Meinung, daß auch in bezug auf den Laut nicht von einer Zeichenfunktion die Rede sein darf, weshalb sie unvermeidlich auf die Theorie der Lautnachahmung zurückgreifen müssen, die von der Wissenschaft schon lange aufgegeben worden ist.

Wir gelangen demnach zu dem Ergebnis, daß das Wort insgesamt als Einheit von lautlicher Form und Bedeutung (Begriff) eine bezeichnete, verallgemeinerte Widerspiegelung von Gegenständen und Erscheinungen ist. Die Ursache der Bedeutung liegt in der gegenständlichen Wirklichkeit. Die Bedeutung selbst ist deshalb die sozial vermittelte Auffassung und Widerspiegelung der gegenständlichen Wirklichkeit.
Jede dieser oben genannten Seiten des Wortes hat eine komplizierte Struktur. Davon zeugt bereits die allgemeine Charakterisierung der Natur des Wortlautes. Der Wortlaut stellt die Einheit des (akustischen) physischen Prozesses, des physiologischen Prozesses (der Tätigkeit der Gehör- und Sprachorgane) und der psychischen Funktion des letzteren (akustisches und kinästhesisches Bild) dar. Noch komplizierter ist die Struktur des Wortlautes als spezifisches Sprachelement, als materielle Erscheinung, die die soziale Funktion des Trägers der Bedeutung im Verständigungsprozeß ausübt. Der Laut als wahrnehmbare Form des Wortes ist nicht nur ein phonetischer Bestandteil des Wortes, sondern weist auch eine morphologische Seite, Intonation usw. auf.
Alle Elemente des Wortlautes tragen zur Klärung der Gedanken bei. Das einfachste Element der lautlichen Zusammensetzung des Wortes ist das Phonem. Phoneme sind Laute der menschlichen Sprache, die zwar selbst keine Bedeutung haben, aber als Mittel zur Unterscheidung und zum Aufbau der bedeutungstragenden Spracheinheiten, der Wörter und der dazugehörigen Morpheme fungieren. Die Einheit dieser gedankenklärenden Funktion wird durch dasjenige Prinzip gewährleistet, das der Verallgemeinerung der Vielzahl der Laute zu einem einheitlichen Phonem zugrunde liegt. Die Laute der Sprache variieren je nach ihrer Stellung im Kontext anderer Laute. Sie verändern sich außerdem in Abhängigkeit von den individuellen Besonderheiten der menschlichen Stimme und den konkreten Bedingungen des jeweiligen Sprachaktes. Der Begriff „Phonem" widerspiegelt nur jene Gemeinsamkeit in den Lauten, auf Grund derer sie in der Sprache ihre spezifische gedankendifferenzierende Funktion ausüben, wobei jedes Phonem hinsichtlich seiner Beziehungen zu anderen Phonemen im System der jeweiligen Sprache gegliedert ist. Somit ist bereits das einfachste Element der lautlichen Zusammensetzung des Wortes, das Phonem, ein verallgemeinerter Laut und nur deshalb kann das Phonem als strukturelles Element der Sprache als Mittel der verallgemeinerten Widerspiegelung der Wirklichkeit im menschlichen Verständigungsprozeß dienen.
Die Basismorpheme sind die Träger der grundlegenden lexikalischen Bedeutung, die in der Wortreihe durch die grammatikalischen Bedeu-

tungen der Affixe modifiziert wird. Zum Beispiel drückt in den Wörtern „Ausfuhr", „Überfahrt", „Fuhrmann", „Ausfahrt", „überführen" usw. die Wurzel die grundlegende allgemeine lexikalische Bedeutung aus: Verschiebung, Transport, hauptsächlich auf der Erde. In den Wörtern „Lehrer", „Erbauer", „Denker", „Versöhnler", „Schädling" und dergleichen mehr, dient das allgemeine Affix zum Ausdruck der allgemeinen grammatischen Bedeutung, d.h. zur Bezeichnung einer Person, die durch irgendeine bestimmte Tätigkeitsart charakterisiert wird. Mit Hilfe besonderer wortbildender Affixe kann der grundlegenden lexikalischen Bedeutung, die in der Wurzel fixiert ist, eine Bedeutung der Gegenständlichkeit (Bläue), der Eigenschaft (blau), der Handlung (bläuen), der Veränderung (blau werden) beigefügt werden. Somit entsteht eine Reihe semantisch untereinander verbundener Wörter. Mit Hilfe der wortverändernden Affixe werden wiederum die grammatikalischen Bedeutungen eines jeden Wortes modifiziert. Daraus erhellt, daß die Affixe zu den einflußreichsten Mitteln zählen, auf Grund derer die Veränderung und Umbildung der Begriffe erfolgt und mit deren Hilfe die Begriffe elastisch und plastisch werden, und die Fähigkeit erlangen, die feinsten Nuancen des menschlichen Denkens wiederzugeben. Das Wort als Ganzes hat immer eine relativ selbständige lexikalische und grammatikalische Bedeutung. Außerdem ist jedes Wort mit einer Vielzahl anderer Wörter durch die allgemeinen lexikalischen und grammatischen Bedeutungen verbunden, die in seinen Morphemen fixiert sind, die je nach dem Grad ihrer Abstraktheit einen unterschiedlichen begrifflichen Inhalt ausdrücken. Somit gibt es auf der lautlichen (materiellen) Seite der Sprache kein einziges Element, das nicht direkt oder indirekt, unmittelbar oder mittelbar eine gedankenklärende und verallgemeinernde Funktion ausübt.

Die Bedeutung des Wortes ist auch in struktureller und funktioneller Hinsicht äußerst kompliziert. Sie ist in ein umfassendes System von Abhängigkeiten eingebunden, das ihre Stellung im System der Sprache, ihre Beziehung zu anderen Wörtern, speziell ihr Verhältnis zu Synonymen und Antonymen, die Möglichkeiten zur Bildung von Ableitungswörtern, die Anzahl ihrer grammatischen Formen und Beziehungen usw. bestimmt. All diese Aspekte beeinflussen den Reichtum der lexikalisch-phraseologischen Varianten des Wortes, die jedoch mit einer bestimmten gedanklichen, die Bedeutung des Wortes charakterisierenden Einheit verbunden sind. Das Wort hat eine lexikalische und eine grammatikalische Bedeutung. Die lexikalische Bedeutung des Wortes ist die Widerspiegelung irgendeiner Erscheinung der Wirklichkeit (des Gegenstandes, der Qualität, der Handlung usw.) wie zum Beispiel: „Tisch“, „leben“, „Verstand“, „schön“, „Weiße“ usw. Die grammatikalische Bedeutung des Wortes ist die Widerspiegelung der Zugehörigkeit dieser Erscheinung zu Gegenständen oder Eigenschaften oder Handlungen usw. sowie die Widerspiegelung ihrer vielfältigen Beziehungen zu anderen Erscheinungen wie zum Beispiel „ich sitze am Tisch“, „er lebt“, „ihr Verstand“, „eine schöne Sache“, „die Augen ermüdeten von der glitzernden Weiße“ usw.

Die lexikalische und grammatikalische Bedeutung des Wortes sind untrennbar miteinander verbunden und bilden eine Einheit, die nur auf analytischem Wege untergliedert werden kann. Das Wort ist stets grammatikalisch geprägt; das gilt auch für solche Fälle, in denen es isoliert, „freistehend“ betrachtet wird. Aus diesem Grunde ist der Träger der lexikalischen Bedeutung des kennzeichnenden Wortes in den flektierenden Sprachen streng genommen nur die Grundlage des Wortes (d.h. die Wurzel mit den wortbildenden Affixen). Die Grundlage des Wortes kann aber nicht gleichzeitig das Wort als Ganzes sein (obwohl sie in einzelnen Fällen zusammenfallen können). Die Bedeutung des Wortes in ihrem vollen Umfang resultiert aus der Einheit seiner grundlegenden lexikalischen Bedeutung, der Vielfalt der abgeleiteten (speziellen) Bedeutungen und all seinen zusätzlichen grammatikalischen Bedeutungen (Geschlecht, Zahl, Fall, Person, Zeit usw.). Eine solche Bedeutung des Wortes ist natürlich eine Abstraktion. Manchmal nennt man das Wort im vollen Umfang aller seiner Bedeutungen lexikalisch. Jede durch den Kontext begrenzte (konkrete) Bedeutung des Wortes besteht in der Einheit seiner lexikalischen und seiner grammatikalischen Bedeutung. Die grammatikalischen Bedeutungen der Wörter stehen in Beziehung zu den lexikalischen Bedeutungen bzw. in einigen Fällen in einem gewissen Abhängigkeitsverhältnis. Zum Beispiel bestimmt die lexikalische Bedeutung des Verbs im Satz den Fall des Substantivs (ich liebe meine Schwester, ich lenke das Flugzeug). Die Einheit der lexikalischen Bedeutung, die in den vielfältigen grammatikalischen Formen des Wortes aufrechterhalten bleibt, widerspiegelt die Wirklichkeit, in der die Gegenstände ihre spezifischen Merkmale beibehalten, wenn sie in verschiedene Beziehungen zu anderen Gegenständen treten. Deshalb ist es falsch, jede grammatikalische Form des Wortes als gesondertes Wort anzusehen. Die Bedeutung des Wortes besitzt eine relative Beständigkeit und ist für alle Menschen gleich, die die jeweilige Sprache sprechen.

Das Schema der inneren Struktur des Wortes (bezogen auf die flektierenden Sprachen) läßt sich wie in Abbildung 3 darstellen:

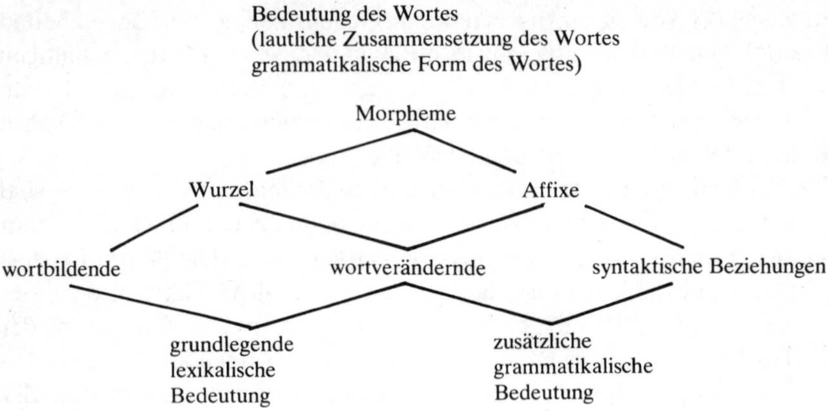

Abb. 3

Der Begriff kann nur als allgemeine Bedeutung des Wortes auftreten, insofern er die Einheit seiner lexikalischen und grammatikalischen Bedeutung darstellt. Folglich kann der Begriff nur im Wort als Ganzem verkörpert sein, nicht jedoch in seinen einzelnen Teilen. In dieser Hinsicht können wir uns deshalb auch nicht restlos der von Professor A. A. Reformatskij vertretenen Meinung anschließen. Obwohl er völlig richtig feststellt, daß Gegenstände nicht als Morpheme bezeichnet werden können, behauptet er, daß sowohl Wurzeln als auch Affixe ihrerseits Begriffe ausdrücken können[6]. Tatsächlich drücken aber beispielsweise die Wurzeln „zeml" oder „okn" keine Begriffe aus. Die Wurzel „zeml" bedeutet nur, daß das Wort, das auf der Wurzel „zeml" basiert, irgendeine Beziehung zu „zemlja" unterhält. Um den Sinn dieser Beziehung verstehen zu können, ist unbedingt die Existenz des Begriffes „zemli" vorausgesetzt, der im Wort „zemlja" enthalten ist. Wir operieren in der Rede mit Worten und nicht mit Morphemen. Die Wurzeln werden nur durch eine spezielle Analyse und Isolierung desjenigen Teils eines Wortes aufgedeckt, der bei allen grammatikalischen Veränderungen des betreffenden Wortes stabil bleibt, einer Reihe von Wörtern, die in sinnhafter Beziehung verbunden sind, gemeinsam ist und als Träger der grundlegenden lexikalischen Bedeutung des Wortes dient. Genau so wenig können auch solche Affixe wie „ost'", „iv", „io'", „a" usw. irgendwelche Begriffe ausdrücken. Das Affix „ost'" bedeutet lediglich, daß ein Wort mit diesem Affix ein Merkmal oder eine Eigenschaft beschreibt, wobei der Inhalt durch die Bedeutung der Wurzel bestimmt wird. Die Affixe werden durch Feststellung ihrer Gemeinsamkeit in Wörter der gleichen grammatikalischen Kategorie isoliert, die in Beziehung zu der Gemeinsamkeit ihrer sinnhaften Funktion steht. Sie sind die Träger der grammatikalischen Bedeutungen des Wortes.

Es ist also völlig einleuchtend, daß alle Morpheme sowohl eine Wurzel- als auch eine Affixbedeutung besitzen. Daraus folgt allerdings nicht, daß die Morpheme selbst (d.h. für sich genommen) Begriffe ausdrücken. Der Begriff wird im Wort (oder in der Wortverbindung) verkörpert, so daß er dadurch als Bedeutung des Wortes auftritt, d.h. als Einheit seiner lexikalischen und grammatikalischen Bedeutungen. Die Tatsache, daß die Wurzel des Wortes invariant bleibt und die Flexion den „variablen" Teil des Wortes bildet, ändert an diesem Verhältnis nichts, denn der Begriff unterhält viele, verschiedenartige Beziehungen zu anderen Begriffen (und wird dementsprechend modifiziert), wobei die Möglichkeit und Notwendigkeit solcher Beziehungen durch den Inhalt des betreffenden Begriffes bestimmt wird (als eine der Erscheinungen seiner Flexibilität). Da die Morpheme eine verallgemeinernde semasiologische Funktion ausüben, die mit der Aufgabe der Klärung des Begriffes mit sprachlichen Mitteln verbunden ist, kann man sagen, daß die Morpheme eine begriffliche Bedeutung haben, allerdings nur in dem Sinne, daß man mit ihrer Hilfe den Begriff im Wort ausdrücken kann. Kurz gesagt, die Teile haben nur im Kontext der anderen Teile eines umfassenden Ganzen eine solche Bedeutung, wobei sich das „Variable" irgendeines Teils nicht im Widerspruch zu dieser allgemeinen Gesetzmäßigkeit befindet.

Im Zusammenhang mit dem Problem der Bedeutung ist ein Hinweis von Marx auf die Beziehung der Wörter „Wert" und „Bedeutung" von großem Interesse. Dieser Hinweis regt uns zu einigen wichtigen Schlußfolgerungen hinsichtlich der behandelten Fragen an. Marx schreibt, daß in einer Reihe von Sprachen die Wörter „Wert" und „Würde" (Der russische Begriff ‚značenie' = ‚Bedeutung' kann im übertragenen Sinn auch als ‚Würde' wiedergegeben werden. Anm. d. Übers.) sowohl der etymologischen Herkunft als auch ihrem aktuellen Sinn nach eng miteinander verbunden seien[7]. In der deutschen und in der englischen Sprache wie auch in einer Reihe anderer Sprachen werden die Begriffe Wert und Bedeutung mit einem Wort bezeichnet. Marx betont allerdings, dies berechtige noch längst nicht dazu, ausgehend von der etymologischen Analyse eines Wortes, voreilige

Schlußfolgerungen über das Wesen der ökonomischen Verhältnisse zu ziehen, die jetzt durch dieses Wort bezeichnet werden. Das Verhältnis dieser beiden Wörter ist allerdings für uns von großem Interesse und veranlaßt uns zu einigen analogen Überlegungen.
Ebenso wie der Wert, der im wesentlichen die gesellschaftlich-ökonomischen Beziehungen zwischen den Menschen betrifft, die durch Produktion und Warenaustausch vermittelt werden, ist auch die Bedeutung, die im wesentlichen die gesellschaftlich-intellektuellen Beziehungen zwischen den Menschen erfaßt, die durch die Laute der Sprache vermittelt werden, eine Beziehung, in der die Widerspiegelung der Wirklichkeit erfolgt. Ebenso wie der Austausch von Waren gemäß ihrem Wert und nicht gemäß ihrer Naturaleigenschaften erfolgt (obwohl diese Eigenschaften die Befriedigung verschiedener Bedürfnisse ermöglichen, die die notwendige Voraussetzung für die Produktion und Realisierung der Waren bilden), erfolgt auch der (mündliche) Austausch der Gedanken gemäß der Bedeutung der Wörter und nicht gemäß ihrem Laut (obwohl letzterer die notwendige Voraussetzung für die Realisierung der Gedanken im Verständigungsprozeß darstellt).
Diese Analogie wird jedoch wesentlich durch die prinzipiellen Unterschiede begrenzt, auf die wir an anderer Stelle hingewiesen haben. Wir können also sagen, daß die Bedeutung des Wortes in seinem „intellektuellen Wert" besteht, der als wahrnehmbare, fixierte Widerspiegelung der Wirklichkeit im Bewußtsein der kommunizierenden Menschen fungieren kann. Erst im Prozeß der sozialen Kommunikation erlangen die Lautkomplexe Bedeutung, indem sie als Mittel des gegenseitigen Verstehens dienen und eine Wortfunktion ausüben. Da die Begriffe erst mit Hilfe von Wörtern gebildet werden können, heißt das allerdings, daß die Begriffe selbst als Form der Widerspiegelung der Wirklichkeit erst unter den Bedingungen der sozialen Kommunikation entstehen. Wir gelangen also erneut zu der äußerst wichtigen Feststellung der sozialen Natur aller Begriffe (im Sinne ihrer Genese und Struktur).

Anmerkungen

[1] Vgl. Smirnizkij, A. I.: „Die Bedeutung des Wortes". In: *Voprosy Jazykoznanija* 2 (1955), 80.
[2] Ebd.
[3] Bild in erkenntnistheoretischem Sinne, d.h. Widerspiegelung des Gegenstandes. Wir weisen deshalb besonders darauf hin, weil der Laut als solcher ebenfalls ein Klangbild hervorbringt; letzteres übt jedoch hinsichtlich des Gegenstandes die Zeichenfunktion aus.

[4] Gegenstand im umfassenden logischen und erkenntnistheoretischen Sinne dieses Terminus, der sowohl die Klassen der Gegenstände, die einzelnen Gegenstände, die zu diesen Klassen gehören, sowie die Eigenschaften, Wirkungen, Zustände, Verhältnisse usw. der Gegenstände umfaßt.

[5] Vgl. Galkina-Fedoruk, E. M.: „Wort und Bedeutung im Lichte des Studiums der Klassiker des Marxismus-Leninismus". In: *Vestnik MGU* 9 (1951), 120.

[6] Vgl. Reformatskij, A. A.: *Einführung in die Linguistik.* Moskau 1955, 23.

[7] Vgl. Marx, K./Engels, F.: *MEW* Bd. 19, 371f.

Das Wort als bezeichnende, verallgemeinernde Widerspiegelung der gegenständlichen Wirklichkeit (1958)

Die bürgerliche (assoziative und strukturelle) Psychologie, die auf den falschen Prinzipien der idealistischen Philosophie basiert, erwies sich bei der Frage nach dem Zusammenhang von sinnlich wahrnehmbarer Form und Bedeutung des Wortes als völlig hilflos. Daraus erklären sich auch die entsprechenden Ansichten ausländischer Linguisten.

Völlig haltlos ist die Erklärung des Zusammenhangs von sinnlich wahrnehmbarer Form (der lautlichen Form) und der Bedeutung (dem gegenständlichen Inhalt) im Sinne einer *assoziativen* Ähnlichkeitsbeziehung. Auch wenn im Anfangsstadium der Entwicklung der Sprache manchmal eine gewisse Ähnlichkeit der sprachlichen Form mit den zu bezeichnenden Gegenständen bestand, so nicht deshalb, weil die betreffenden, sprachlichen Formen als *natürliche* Erscheinungen selbst über eine Ähnlichkeit mit den verschiedenen Gegenständen verfügten und deshalb durch Assoziation mit den letzteren verbunden eine Zeichenfunktion übernahmen, sondern weil die Menschen *künstlich, absichtlich* solche Laute benutzten, die auf Grund ihrer Rolle in lebenspraktischen Prozessen eine gewisse Beziehung zu dem gegenständlichen Inhalt leichter verständlich machen konnten. Die bloße Ähnlichkeit, und das heißt: die Nachbarschaft zweier Erscheinungen kann die Transformation einer Erscheinung in die Bezeichnung der anderen nach sich ziehen. Die Mittel, die die Menschen als sprachliche Formen benutzten, waren von Anfang an *menschliche* Mittel, d.h. solche Laute, die die Menschen im Laufe der gemeinsamen praktischen Tätigkeit und der Kommunikation hervorbrachten und mit denen sie deshalb bekannte Bedeutungen verbinden konnten. Die sinnlich wahrnehmbare Form der Sprache verkörperte von Anfang an eine Bedeutung, d.h. sie trat als Träger der Bedeutung auf.

Infolgedessen halten wir es ebenfalls für falsch und irreführend, die Beziehung zwischen der sinnlich wahrnehmbaren Form des Wortes und seiner Bedeutung als Strukturbeziehung zu erklären. Dieser Ansicht zufolge geht der Laut gemeinsam mit anderen Dingen in die Struktur der jeweiligen Situation ein und übernimmt in diesem Zusammenhang die Funktion von Zeichen dieser Dinge. So wird beispielsweise für einen Affen ein Stock in der Struktur einer speziellen Situation zu einem Hilfsmittel, einem Werkzeug, mit dem er die Frucht erreichen kann.

Diese Analogie ist jedoch rein äußerlich. In Wirklichkeit sind die Funktion des Werkzeuges zur Erreichung von irgend etwas und die Funktion des Zeichens, das irgendeinen Gegenstand bezeichnet, vollkommen verschieden. Der Stock stellt für das Tier in dieser Situation ein Werkzeug dar, um eine Frucht zu erreichen; manchmal wird der Stock jedoch zu etwas anderem, das eine Frucht bezeichnet. Die Laute, die gemeinsam mit anderen Dingen in einer Situation hervorgebracht werden, können für die Tiere einen bestimmten bekannten Sinn haben (z.B. kann ein Winseln bestimmter Art in entsprechenden Situationen zu einem „Werkzeug" werden, um vom Menschen Nahrung zu erhalten), aber sie können nicht zu *Bezeichnungen gegenständlicher Inhalte* (z.B. der Nahrung selbst) werden.
Auf der Ebene menschlicher Tätigkeit ist darüber hinaus zu berücksichtigen, daß der Mensch nicht nur fertige Naturgegenstände als Werkzeuge benutzt, sondern als Spezifikum seiner Tätigkeit diese Werkzeuge auch produziert. Der Interpretationsprozeß der Erscheinungen beginnt nämlich bei den Menschen mit der Erklärung der verschiedenen Akte ihrer gemeinsamen Tätigkeit und der Erläuterung der Mittel und Ziele ihrer produktiven Tätigkeit. Aus diesem Grund übten gewisse Laute für den Menschen nur solange eine Bezeichnungsfunktion aus, wie sie diese Laute *selbst benutzten*. In diesem Prozeß wurden Laute ursprünglich tierischer Herkunft zu qualitativ anderen menschlichen Lauten umgebildet.
Nur dann, wenn in diesem Prozeß die sinnlich wahrnehmbare Form des Wortes von seiner Bedeutung getrennt wird, entsteht die Notwendigkeit einer künstlichen Verbindung der verbalen Form und der Bedeutung nach den Prinzipien der assoziativen und strukturellen Psychologie, da das Getrennte verbunden werden müßte. In Wirklichkeit aber entstehen die sinnlich wahrnehmbare Form des Wortes und seine Bedeutung von Anfang an *gemeinsam* als Widerspiegelung der gegenständlichen Welt im Bewußtsein der Menschen.
Der sinnlich wahrnehmbare Unterschied zwischen der lautlichen Form des Wortes und dem von ihr bezeichneten Gegenstand schließt ihre engsten genetischen Zusammenhänge keineswegs aus. Es ist bekannt, daß bereits in der Antike das Fehlen einer *natürlichen* Verbindung zwischen der lautlichen Form des Wortes und dem zu bezeichnenden Gegenstand festgestellt wurde. So spricht beispielsweise Demokrit über das Fehlen einer eindeutigen Übereinstimmung zwischen dem Wort und dem Gegenstand und führt zur Bestätigung dieser Beobachtung folgende vier Argumente an: Mehrdeutigkeit der Worte (ein Wort kann

viele Bedeutungen haben), mehrere mögliche Bezeichnungen für einen Gegenstand (ein Gegenstand kann durch verschiedene Worte bezeichnet werden), Umbenennung von Gegenständen und schließlich Anonymität vieler Gegenstände. Diese Diskrepanz zwischen dem Wort und dem von ihm bezeichneten Gegenstand wird seit alters her als „Begründung“ agnostischer und skeptischer Annahmen über die Sprache herangezogen. Der Sophist Georgias beispielsweise vertrat die Auffassung, daß ein Laut nicht in der Lage sei, irgend etwas (wie zum Beispiel ‚Licht‘ und vieles andere) zu transportieren; aus diesem Grunde könnte die Erkenntnis, wenn sie überhaupt sprachlich möglich ist, nicht sprachlich ausgedrückt werden.

Diese Argumentation des Sophisten ist vollkommen falsch. Die Betonung der Ungleichartigkeit des sinnlichen Materials des Wortes (Lautes) und des zu bezeichnenden Gegenstandes entbehrt jeder Grundlage, da ihr Zusammenhang keineswegs aus der Beschaffenheit ihres konkreten Materials resultiert. In diesem Zusammenhang kann jedoch folgende Frage auftreten: Wenn die Verbindung der sinnlich wahrnehmbaren Form des Wortes und des zu bezeichnenden Gegenstandes nicht in einer natürlichen Gemeinsamkeit begründet ist, wird sie dann vielleicht per Konvention hergestellt? Durchaus nicht! Bei dem Zusammenhang der sinnlich wahrnehmbaren Form und der Bedeutung, der Artikulation der Buchstaben und des Begriffs, der den Gegenstand widerspiegelt, handelt es sich nicht um eine konventionelle (vereinbarte) Beziehung, sondern um eine natürliche, historisch-soziale Verbindung (die im Prozeß der sozialen Interaktion herausgebildet wurde). Sie entsteht, sie bewährt und realisiert sich nur im Prozeß der gemeinsamen Tätigkeit und der menschlichen Kommunikation. Der soziale Charakter dieser Verbindung ist demnach der Schlüssel zum Verständnis der weiter oben erwähnten inneren Einheit verschiedenartiger Elemente: der sinnlich wahrnehmbaren Form des Wortes und seiner Bedeutung.

Wenn man von dem großen Unterschied zwischen der sinnlich wahrnehmbaren Form des Wortes und den verschiedenen Zeichenarten spricht, muß man berücksichtigen, daß die Grenzen hier wie überall beweglich und relativ sind. Stellt man zum Beispiel dem Wort das Signal gegenüber, so darf nicht außer acht gelassen werden, daß vor allem die ersten Worte primär eine Signalfunktion erfüllen. Das Elementare und Ungegliederte des zu verallgemeinernden Inhalts bedingte gemeinsam mit dem Bedürfnis nach seiner schnellsten Mitteilung den Signalcharakter der ersten Worte.

Auch wenn man in diesem Sinne die primären Sprachmittel als Signale auffassen kann, so ist das nur unter dem großen Vorbehalt möglich, daß man ständig den Unterschied zwischen der sinnlich wahrnehmbaren Form und der Signalform im eigentlichen Sinne dieses Wortes, d.h. ihren konventionellen Charakter als „Überbau" (über den sprachlichen Zeichen) berücksichtigt. [...] Die Besonderheiten der sprachlichen Formen, die sich stark von den verschiedenartigen Zeichen unterscheiden, die im gesellschaftlichen Leben verwendet werden, müssen in jeder philosophischen Sprachuntersuchung bedacht werden.

Die Notwendigkeit zur Bezeichnung wird durch die intellektuellen Kommunikationsbedürfnisse hervorgerufen. Jede lautliche Form des Wortes, die eine komplexe Vorstellung oder einen Begriff bezeichnet, ist als Mittel zur verallgemeinerten Widerspiegelung der Pluralität ähnlicher Gegenstände und Erscheinungen geeignet. Die sinnlich wahrnehmbare Form des Wortes übernimmt dabei eine Repräsentationsfunktion. Deshalb können die Worte eine Stellvertreterfunktion einnehmen und die Funktion derjenigen Vorstellungen und Begriffe ausüben, auf die sie verweisen und an die sie erinnern, und die ihre Bedeutung ausmachen. Die Notwendigkeit zur Bezeichnung resultiert gleichzeitig aus den Bedürfnissen der sozialen Kommunikation. Die sinnlich wahrnehmbare Bezeichnung fungiert hierbei als Kommunikationsmedium, das die Mitteilung der Gesamtvorstellung oder des Begriffes an andere Menschen vermittelt.

Die Frage nach dem Ursprung der sprachlichen Formen, d.h. nach ihrem Zusammenhang mit den zu bezeichnenden Gegenständen, kann nur im Rahmen umfassenderer historischer Studien beantwortet werden. Allgemein läßt sich vorläufig festhalten, daß zur Bezeichnung dieser oder jener Gegenstände ursprünglich nur solche Laute benutzt wurden, die im realen Zusammenhang der menschlichen *Tätigkeit* mit diesen Gegenständen verbunden waren, die natürlich waren, in diesem Kontext auffielen und gerade deshalb als „Vertreter" fungieren konnten. Lenin zitiert in den *Philosophischen Heften* Feuerbachs Definition des Namens: „Was ist aber der Name? Ein Unterscheidungsmerkmal, ein auffallendes Merkmal, welches ich zum Charakter, zum Repräsentanten des Gegenstandes mache, um mir dadurch ihn in seiner Totalität zu vergegenwärtigen"[1].

Alle Merkmale sind in dieser oder jener Form mit den Dingen oder Prozessen verbunden, zu denen sie gehören und auf die sie sich beziehen. Aber nicht alle von ihnen können vom Menschen künstlich reproduziert und als Sprachmittel benutzt werden. Nur ein willkürlich

reproduziertes und benutztes Merkmal kann zu einem solchen Mittel werden.
Die Sprache bestand in ihrer ursprünglichen Form aus Lauten, die der Realität entnommen wurden (vor allem im Zusammenhang der menschlichen Tätigkeit). Die sinnlich wahrnehmbare Form des Wortes stellte nicht das Ergebnis einer willkürlichen Auswahl dieses oder jenes Lautes zur Bezeichnung von Gegenständen dar, sondern wurde durch die objektive Wertigkeit eines bestimmten Lautes im Rahmen der gesellschaftlichen Tätigkeit und durch die Lebhaftigkeit des von ihr hervorgerufenen Eindrucks bestimmt.
Die bewußte Reproduktionsabsicht und die Verwendung des Lautes als Sprachmittel sind dasjenige, was in diesem Rahmen hervorzuheben ist. Hierbei ist allerdings nachdrücklich zu betonen, daß diese Absicht nicht im Sinne der Idealisten als Resultat immanenter variabler Kräfte und des Erkenntnisbedürfnisses anzusehen ist, sondern als Ergebnis derjenigen Aufgaben, die von den Erfordernissen der gesellschaftlichen Praxis an das Denken gestellt werden.
Viele Vertreter der bürgerlichen Philosophie und Sprachwissenschaft (Humboldt, Steinthal, Wundt, Cassirer u.a.) stehen auf dem Standpunkt, daß die Erkenntnis dieser oder jener Merkmale als Vertreter der Mannigfaltigkeit sinnlicher Eindrücke, die sich uns darbieten (genauer, Vertreter des Allgemeinen und des Besonderen), eine angeborene Fähigkeit unseres Geistes sei, durch die die für das Denken typische verallgemeinernde Tätigkeit realisiert wird. Demgemäß interpretieren sie die Sprache als Organon des Denkens.
Solche Ansichten sind ihrem Wesen nach mit Kants agnostischer Theorie des Denkens verbunden. Auch wenn dieser Theorie zufolge die sprachlichen Zeichen nicht völlig willkürlich und konventionell sind, da sie auf sinnlichen Wahrnehmungen basieren, die aus unserer Erfahrung entstehen, so ist diese Konzeption trotzdem idealistisch und führt leicht zu Mißverständnissen: 1. Die sprachlichen Formen werden nicht aus den realen Gegenständen und der menschlichen Tätigkeit abgeleitet, sondern sie haben ihre Grundlage in den sinnlichen Wahrnehmungen, so daß sie lediglich als Erkenntnisphänomene zu betrachten sind. 2. Die Erkenntnis bestimmter Merkmale als Vertreter der mannigfaltigen sinnlichen Wahrnehmungen, wie die sprachlichen Mittel zur Bezeichnung der Einheit, Gemeinsamkeit und Notwendigkeit, werden nicht als Ergebnis realer Bedingungen des gesellschaftlichen Lebens, der Erfahrung und der Praxis, sondern als A-priori-Gesetz der Erkenntnis betrachtet. 3. Die sprachlichen Formen, die das Ganze und Notwendige

ausdrücken und seine Bedeutung beinhalten, werden nicht als Widerspiegelung der Ganzheit und der Zusammenhänge aufgefaßt, die den Dingen innewohnen, sondern lediglich als Resultat der synthetischen Erkenntnistätigkeit a priori. Aus den genannten drei Gründen müssen solche Ansichten entschieden abgelehnt werden.

Andere Vertreter der bürgerlichen Sprachwissenschaft (Saussure, Whitney, Marty, Meilet u.a.) vertreten im Unterschied zu den bislang erwähnten Ansichten die Auffassung, daß die sprachlichen Erscheinungen weder durch einen natürlichen Zusammenhang mit den Dingen verbunden sind, noch mit den aus ihnen resultierenden Wahrnehmungen, und auch nicht durch den Inhalt der Begriffe. Ihrer Meinung nach sind die sprachlichen Zeichen vollkommen willkürlich und konventionell. So schreibt beispielsweise Saussure: „Der Grundsatz der Beliebigkeit des Zeichens wird von niemand bestritten [...], und dieser Grundsatz beherrscht die ganze Wissenschaft von der Sprache." „Das sprachliche Zeichen ist beliebig." „Das Band, welches das Bezeichnete mit der Bezeichnung verknüpft, ist beliebig"[1a]. Meilet stellt fest, daß zwischen den Begriffen und den Worten irgendeiner Sprache keine notwendige Verbindung besteht. Seiner Meinung nach kann jemand, der die Worte französisch „cheval", deutsch „Pferd", englisch „horse", russisch „lošad'" nicht kennt, nicht feststellen, daß es sich um ein und dasselbe Tier handelt. Aus dieser Beobachtung schlußfolgert er, daß die Ausdrucksmittel mit den Begriffen *faktisch* verbunden sind, nicht aber von Natur aus oder mit Notwendigkeit.

Eine solche Annahme ist genauso falsch. Sie basiert auf der metaphysischen Verabsolutierung desjenigen Momentes einer bestimmten Konvention (im Sinne des Fehlens eines natürlichen Zusammenhangs), das der lautlichen Form der Sprache tatsächlich zu eigen ist. In Wirklichkeit ist aber die sprachliche Form nur relativ unmotiviert, konventionell. Das obige Beispiel wurde vollkommen isoliert aus dem System einer bestimmten Nationalsprache herausgegriffen. Die sprachliche Form ist aber nicht unmotiviert oder konventionell, sondern muß im Zusammenhang des gesamten Systems einer bestimmten Nationalsprache und des historischen Entwicklungsprozesses betrachtet werden. Die sprachlichen Einheiten sind auch keineswegs konventionelle Zeichen, da niemals eine explizite Vereinbarung stattgefunden hat (abgesehen von speziellen wissenschaftlich-technischen Termini, die allerdings ebenfalls auf der bereits in Gebrauch befindlichen Sprache beruhen).

Wenn neue Begriffe gebildet werden, bedient man sich oftmals der alten, mit früheren Begriffen noch zusammenhängenden Worthüllen, die jedoch verschiedenen Veränderungen und Umbildungen unterzogen wurden. Nun geschieht die Verwendung dieser oder jener existenter Wortbezeichnungen nicht völlig zufällig, willkürlich, sondern entwickelt sich auf der Grundlage tatsächlich bestehender direkter oder indirekter, innerer oder äußerer Zusammenhänge, die als Äquivalenz-, Analogie- oder Assoziationsbeziehungen zu beschreiben sind. Dieser Prozeß der verbalen Objektivierung von Begriffen ist unabhängig von den subjektiven Interessen einzelner Individuen. Selbst bei der Festlegung wissenschaftlicher Termini zur Bezeichnung neuer Begriffe ist die Auswahl dieser oder jener verbalen Form als Grundlage nicht zufällig, sondern motiviert.

Die Beziehung der sinnlich wahrnehmbaren Formen der Sprache zu ihren Bedeutungen ist historisch bedingt. Die ihr zugrunde liegende Gesetzmäßigkeit läßt sich nur durch die Untersuchung des Ursprungs und der Entwicklung der Sprache klären. Die bürgerliche Theorie der Konventionalität sprachlicher Zeichen versucht, durch Eliminierung der Frage nach dem Sprachursprung aus der Linguistik den Weg zur Klärung dieser Gesetzmäßigkeit zu verschleiern. Nur wenn man sich auf die Theorie des dialektischen und historischen Materialismus und die Ergebnisse der modernen materialistischen Linguistik stützt, indem man die Herkunft und die Entwicklung der Sprache im Zusammenhang mit den Bedingungen des materiellen Lebens der Menschen erklärt, und von den Ursprüngen der Menschheitsgeschichte ausgeht, kann man den gesetzmäßigen Zusammenhang zwischen sprachlichen Formen und ihren Bedeutungen verstehen.

Aus dem Fehlen eines natürlichen Zusammenhangs zwischen dem Laut und der Bedeutung läßt sich keineswegs die Annahme einer willkürlichen Beziehung ableiten, denn es ist als sehr wahrscheinlich anzusehen, daß 1. die ersten bedeutungstragenden Lautkomplexe, die sich im Prozeß der produktiven Tätigkeit des Menschen herausgebildet haben, in physikalischer Hinsicht die Fortsetzung derjenigen tierischen Laute darstellen, die, durch diese oder jene Umstände hervorgerufen, den psychischen Zustand eines Herdenverbandes zum Ausdruck brachten; 2. erweist sich der gesamte historische Prozeß als stetige Variation und Veränderung von Lauten in allen möglichen Kombinationen, die der Einwirkung phonetischer und grammatikalischer Gesetze unterliegen und hierbei auch innerlich durch die Entwicklung der Bedeutungen in bestimmter Weise motiviert werden, da die Notwendigkeit besteht, verschiedene Lautmodifikationen hinsichtlich sprachlich bereits fixierter und gefestigter Bedeutungen zu klären.

Bei der Untersuchung der Ursprünge der Sprachentwicklung kann man von der berechtigten Annahme ausgehen, daß die ersten sprachlichen Mittel solche Laute waren, die im Prozeß der menschlichen Interaktion benutzt wurden. Es ist selbstverständlich, daß diese Laute sowohl mit der produktiven Tätigkeit als auch mit denjenigen Dingen verbunden waren, die den Gegenstand und das Ergebnis dieser Tätigkeit bildeten. Dieser Zusammenhang ist als grundlegende Bedingung der Intersubjektivität der ursprünglichen Sprachformen anzusehen. Im Verlauf der weiteren Entwicklung verminderte sich auf Grund der erfolgreichen Funktionsweise der verschiedenen Laute als sprachliche Verständigungsmittel der unmittelbare Bezug zu einer bestimmten Tätigkeit, bis man schließlich völlig von dieser Tätigkeit abstrahieren konnte.

Um die wesentlichen Züge von Erscheinungen zu verallgemeinern und zu bezeichnen, ist es erforderlich, die sprachliche Form von dem unmittelbaren Bezug und der Ähnlichkeit zu einzelnen konkreten Gegenständen zu lösen; darüber hinaus ist es erforderlich, den anschaulich-bildhaften Charakter, die unmittelbare Widerspiegelung der Gegenstände und Erscheinungen in ihrer objektiven Ganzheit aufzuheben, da sie die Untergliederung und bewußte Auswahl spezieller Aspekte ausschließt. Einer solchen Forderung kann nur eine sinnlich wahrnehmbare Form entsprechen, die die genannte Aufgabe am weitestgehenden löst. Eine solche Form ist die lautliche, verbale Sprache.

Diese Besonderheit der lautlichen Sprache wurde auch von den Klassikern des Marxismus-Leninismus betont. Marx sagt: „Der Name einer Sache ist ihrer Natur ganz äußerlich“[2]. Das bedeutet aber keineswegs, daß eine Benennung etwas vollkommen Willkürliches, durch nichts Motiviertes ist. Bei der Analyse der Geldbezeichnungen wies Marx nach, daß sie durch die Bezeichnung der Waren entstanden, indem sie in verschiedenen Abschnitten der Entwicklung der Warenwirtschaft die Funktion der Kosten anderer Waren übernahmen, d.h. als deren allgemeines Äquivalent auftraten. Marx lenkte die Aufmerksamkeit darauf, daß die Produktion im Laufe der Geschichte der Gesellschaft zur Befriedigung der Bedürfnisse die Verwendung dieser oder jener Zeichen für ein bestimmtes Material verlangte und diesem Material bekannte Entsprechungen gegenüberstellte. Marx wies ebenfalls darauf hin, daß sich diese Beobachtung auch auf die lautliche Form des Wortes bezieht und sich in der historischen Entwicklung nachweisen läßt. Diese Annahme über den Ursprung der Benennungen wird von der modernen Linguistik völlig bestätigt.

Das Wort erfüllt, wie weiter oben angesprochen wurde, nur in einer Hinsicht eine Bezeichnungsfunktion, nämlich hinsichtlich seiner lautlichen (phonetischen) Form. Hinsichtlich des gedanklichen Inhalts (seiner Semantik) handelt es sich bei dem Wort (im erkenntnistheoretischen Sinne) um ein *Bild*, obgleich die *Bedeutung*, der Sinn des Wortes, mit einem bestimmten Inhalt der Erkenntnis (vor allem mit dem Begriff) übereinstimmt, der die Gegenstände und Erscheinungen der Umwelt bezeichnet. In diesem doppelseitigen Charakter der Sprache besteht ihr größter Vorteil, die Grundlage ihrer weitreichenden Fähigkeiten. In der Sprache ist die lautliche Form organisch mit dem intellektuellen Inhalt verbunden. Die Sprache dient als Mittel der verallgemeinerten Widerspiegelung der Wirklichkeit.

Auf diesem doppelseitigen Charakter beruht aber auch die Möglichkeit der Loslösung der sinnlich wahrnehmbaren Form des Wortes von seiner Bedeutung (seinem Begriff), d.h. die Möglichkeit der Sinnentleerung des Wortes, wenn sein objektiver Inhalt in Vergessenheit gerät. In diesem Zusammenhang ist an eine Überlegung Lenins zu erinnern, die er in seinen *Philosophischen Heften* festhielt:

> „Die Entwicklung des Begriffs ‚Verhältnis' (379–394) äußerst unklar. Zu erwähnen nur, S. 394, die Bemerkung über *Symbole*, daß gegen sie im allgemeinen nichts zu sagen sei. Aber ‚*gegen alle Symbolik*' ist zu sagen, daß sie manchmal nichts ist als ‚ein bequemes Mittel, es zu ersparen, die *Begriffsbestimmungen* zu fassen, anzugeben und zu rechtfertigen'. Aber gerade das ist Sache der Philosophie"[3].

Der Inhalt der Sprache hat in seiner Form immer die Wirklichkeit widergespiegelt. In der Zeit, als dem anschaulich-bildhaften Denken Priorität zukam, wurden in der *Form* der Sprache *selbst* die bezeichnenden und widerspiegelnden Züge zusammengefaßt. Ähnlich aber veränderten sich die Beziehungen der genannten Aspekte in Richtung einer stärkeren Schematisierung und Abschwächung der bildhaften Züge, bis mit der Erreichung des kognitiven Denkens die Form der Sprache insgesamt bezeichnenden Charakter erlangte.

Durch diesen Übergang von der anschaulichen äußeren Darstellung der Gegenstände zu deren verallgemeinerter Bezeichnung wurde die sprachliche Abstraktion und Verallgemeinerung bedingt, aus der eine Vertiefung der menschlichen Erkenntnis resultierte. „Der Gedanke", so schreibt Potebnja, „wird durch das Wort idealisiert und befreit sich von dem erdrückenden, zersplitternden Einfluß unmittelbarer sinnlicher Wahrnehmungen"[4].

Wenn in der ursprünglichen Form der Sprache vor allen Dingen gemeinsame äußere Merkmale von Erscheinungen, die in ihrer Ganz-

heit sinnlich wahrgenommen und vorgestellt werden konnten, abstrahiert, verallgemeinert und bezeichnet wurden, setzte in der weiteren Entwicklung der lautlichen, verbalen Sprache ein entsprechender Prozeß der Abstraktion, Verallgemeinerung und Bezeichnung der inneren Züge, der inneren Einheit, der Mannigfaltigkeit der Erscheinungen ein, die dem menschlichen Denken zugänglich waren.
Nur die lautliche Sprache konnte zu einer adäquaten Ausdrucksform der Begriffe werden, die das Wesen der Gegenstände widerspiegeln. Die lautliche Sprache ist dazu geeignet, mit dem Wort die Einheit der wesentlichen Grundmerkmale der Gegenstände auszudrücken und zu bezeichnen.
Hegel schrieb, daß „der wahre Sinn das Wesen des Gegenstandes erfaßt – und dasselbe muß vom Wort gesagt werden, wenn der wahre Sinn darin verkörpert wird“[5]. Für Hegel ist auf Grund seiner idealistischen Position der Begriff, der im Wort verkörpert wird, nicht die Widerspiegelung des Wesens dieses Gegenstandes, sondern er stellt vielmehr das Wesen selbst dar, so daß seine Auffassung von der Bedeutung des Wortes idealistisch entstellt ist. Den Zusammenhang des Wortes mit dem Wesen des Gegenstandes betonte auch Humboldt:

„Sowohl die Dinge in der äußeren Natur, als die innerlich angeregte Tätigkeit dringen auf den Menschen mit einer Menge von Merkmalen zugleich ein. Er aber strebt nach Vergleichung, Trennung und Verbindung und in seinen höheren Zwecken nach Bildung immer mehr umschließender Einheit. Er verlangt also auch, die Gegenstände in bestimmter Einheit aufzufassen, und fordert die Einheit des Lautes, um ihre Stelle zu vertreten. Hierbei verdrängt dieser aber keinen der anderen Eindrücke, welche die Gegenstände auf den äußeren oder inneren Sinn hervorzubringen fähig sind, sondern wird ihr Träger …“[6].

Humboldt nimmt jedoch im Anschluß an den Kantschen Agnostizismus an, daß die begriffliche Einheit das Ergebnis der a priori synthetischen Tätigkeit des Verstandes und daß die lautliche Einheit des Wortes nur das Mittel zur Realisierung dieser Tätigkeit sei. In dieser Weise wurde bei ihm die Funktion des Wortes bei der Erkenntnis des Wesens der Dinge idealistisch entstellt.
Die Rolle des Wortes bei der Widerspiegelung der Gegenstände wird in der marxistischen Erkenntnistheorie grundsätzlich anders als in den kantianischen oder hegeliansichen Theorien bestimmt. Wir gehen davon aus, daß von dem Wort nur diejenigen wesentlichen Merkmale der Gegenstände bezeichnet werden, die objektiv und unabhängig von Sprache und Denken in der Wirklichkeit existieren und daß das Wort als materialisierte Form des Begriffes, als Form der *Widerspiegelung* der materiellen Wirklichkeit fungiert, d.h. als Widerspiegelung ihrer

wesentlichen Seiten, Eigenschaften, Zusammenhänge und Beziehungen.

Ursprung und Entwicklung der Sprache resultierten somit aus der Notwendigkeit der Kommunikation, der Verallgemeinerung und der Begriffsbildung. Der bezeichnende Charakter der lautlichen Form der Worte erfüllte von Anfang an die Forderung, die Begriffe im Kommunikationsprozeß adäquat auszudrücken. Aus diesem Grunde ist K. Kautskys Behauptung, von der Sprache würde gefordert, mit speziellen Worten *jeden einzelnen Gegenstand* zu bezeichnen, eine grobe Entstellung und Vulgarisierung des Problems der Begriffsbildung. Da die Sprache aber nicht dazu in der Lage sei, was er als das *Unvermögen der Sprache* (?!) bezeichnet, führt das notwendig zur Benutzung ein und desselben Wortes zur Beschreibung einer Vielfalt von Gegenständen. In derselben Weise ist dann auch die Begriffsbildung zu erklären. Kautsky schreibt:

„Wahrscheinlich stimulierte das Unvermögen (!) der Sprache zur Bildung der ersten Vorstellungen. In der Natur existieren nur einzelne Gegenstände, und die Sprache ist viel zu arm dazu, jedes Exemplar einzeln zu bezeichnen. Deshalb muß der Mensch mit ein und demselben Wort verschiedene einander ähnliche Gegenstände bezeichnen“[7].

Es ist typisch, daß die Pragmatisten dieses nominalistische Motiv für die Schlußfolgerung benutzten, daß es unmöglich sei, mit sprachlichen Mitteln die unendliche Vielfalt der Erscheinungen unserer Erfahrung auszudrücken. So schreibt beispielsweise F.C.S. Schiller:

„Die Anzahl der Worte jeder Sprache ist begrenzt, während die Anzahl der Erscheinungen unbegrenzt ist. Wir versuchen deshalb vergeblich mit den beschränkten Möglichkeiten unserer Sprache alle Bedeutungsnuancen mitzuteilen“[8].

Auf diese Weise bekommt die nominalistische Konzeption der Begriffsbildung nicht nur metaphysischen und empirisch nicht verifizierbaren Charakter, sondern wird falsch und unsinnig, da der Grund gleichartiger Bezeichnungen ähnlicher Dinge nicht in der objektiven Ähnlichkeit der Dinge selbst und in der Widerspiegelungstätigkeit des menschlichen Intellekts gesucht wird, sondern auf die Armut der Sprache, den begrenzten Wortschatz zurückgeführt wird. In Wirklichkeit bildet die Sprache, die nicht auf sinnliche Wahrnehmungen und bildhafte Vorstellungen von Gegenständen beschränkt ist, von Anfang an ein adäquates Mittel zur Erkenntnis des Ganzen, zur Bezeichnung der Begriffe.

Die Sprache war auf Grund ihrer spezifischen Eigenschaften ausschlaggebend für die Entwicklung des abstrakten Denkens und beeinflußte dessen Struktur und Form in nachhaltiger Weise. Nur vermittelt durch die Sprache konnte sich die Fähigkeit zur Bildung allgemeiner Begriffe und deren Verwendung entwickeln. Damit war ein entscheidender Entwicklungsschritt vollzogen. An dieser Stelle entsteht jedoch auch die Gefahr einer möglichen Entfernung der Sprache und des Denkens vom Leben, von der objektiven Wirklichkeit, d.h. es entsteht die Gefahr einer Verselbständigung der Worte (und der von ihnen ausgedrückten Begriffe). Hinter der verbalen Form kann sich wie hinter verschiedenen anderen Zeichen manchmal eine Wahrheit verbergen, „da Zeichen oder Symbole hinsichtlich scheinbarer Gegenstände durchaus möglich sind, und jeder kennt Beispiele solcher Zeichen oder Symbole“[9].

Beispiele solcher Zeichen sind religiöse Symbole. Aus diesem Grund muß man bei der Wortverwendung deren Inhalt deutlich vor Augen haben, da er letztlich zu einer richtigen oder illusorischen Widerspiegelung der materiellen Objekte und Beziehungen führt.

In der heutigen Sprache gibt es in der Regel keine Ähnlichkeit zwischen der lautlichen Form des Wortes und seinem intellektuellen Inhalt (seiner Bedeutung). Es besteht zwischen ihnen jedoch eine enge Beziehung, die sich im Laufe des sozialen Interaktionsprozesses geformt und gefestigt hat.

Saussure behauptet bei seinem Versuch, das Wesen des Wortes zu charakterisieren, daß das Wort die Einheit von Vorstellung und Lautbild darstelle. Auch wenn eine solche Definition auf den ersten Blick als richtig erscheinen mag, verbirgt sich in Wirklichkeit jedoch ein falscher idealistischer Ansatz dahinter.

Wenn er erstens sowohl der Vorstellung als auch dem Lautbild Bezeichnungsfunktion beimißt, so bestimmt er das Wort in seiner Ganzheit als sprachliches Zeichen. Er vertritt also die Meinung, daß nicht nur das Lautbild, sondern das ganze Wort Zeichen sei. Es ist offensichtlich, daß nach Saussures Auffassung die Vorstellung als Bestandteil in das Zeichen eingeht, von dem Zeichen abgedeckt und ihm ähnlich wird. Eine solche Auffassung führt unweigerlich dazu, der Vorstellung selbst Zeichencharakter zuzuschreiben und mündet in die Hieroglyphentheorie der Erkenntnis, d.h. in den Agnostizismus, wie wir an anderer Stelle ausgeführt haben.

Für Saussure sind zweitens beide Seiten des Wortes, das als sprachliches Zeichen aufgefaßt wird, psychischer Natur, da seiner Ansicht nach die Sprache ein System von Zeichen ist, deren wesentliches Merkmal in der Vereinigung einer Vorstellung und eines Lautbildes besteht, wobei diese beiden Elemente des Zeichens in gleichem Maße psychisch sind[10].

Hierbei handelt es sich allerdings um eine vollständig falsche Annahme. Man darf das Wort nicht nur als psychische Erscheinung betrachten, als

Einheit des Lautbildes und der Bedeutung. Eine solche Auffassung von der Sprache ist typisch idealistisch. Wenn Saussure beide Seiten der Sprache als psychisch betrachtet, so kehrt er zu der individualpsychologischen Interpretation der Sprache zurück.
Aber die diametral entgegengesetzte Auffassung, das Wort sei nur der Lautkomplex, so daß nur die Erscheinung als materiell zu betrachten sei, ist genauso falsch. Eine solche, ihrem Wesen nach vulgär-materialistische These vertritt z. B. K. E. Morozov. Um diese Behauptung aufstellen zu können, ist Morozov dazu gezwungen, die Bedeutung aus den Wortgrenzen auszuschließen. Er begründet seine These damit, daß die Bedeutung des Wortes

„die Beziehung des Wortes (des Lautkomplexes) zum Gegenstand ist. Deshalb kann das eine Element nicht in dem anderen enthalten sein, so lange sie beide Elemente einer Beziehung sind“[11].

Wir haben bereits über die mangelnde Begründung der Ansicht gesprochen, die die Bedeutung des Wortes aus dem Verhältnis des Lautkomplexes zum Gegenstand zu bestimmen versucht. An dieser Stelle sei lediglich auf eine ungerechtfertigte Schlußfolgerung aus dieser These hingewiesen. Diese Schlußfolgerung basiert auf der Annahme, daß eine Beziehung *zwischen* zwei Elementen nur *außerhalb* dieser Elemente bestehen kann. Das ist eine unhaltbare Annahme. Ist denn vielleicht meine negative Einstellung zur idealistischen Weltanschauung keine Angelegenheit meiner inneren Überzeugung? Ist denn vielleicht unsere gewissenhafte Einstellung zur Arbeit kein Ausdruck unseres Bewußtseins? In den Beziehungen, die die Gegenstände zueinander unterhalten, offenbart sich gleichzeitig ihr eigener Charakter. Es ist an dieser Stelle angebracht, auf eine wichtige Bemerkung von Karl Marx hinzuweisen, wonach sich die Eigenschaften eines Gegenstandes in seinen Beziehungen zu anderen Gegenständen offenbaren, nicht aber durch sie geschaffen werden. Bezogen auf das Wort besteht seine wichtigste Eigenschaft in seiner Beziehung zum Gegenstand, da selbstverständlich das Wort außerhalb dieser Beziehung keine Bedeutung hat. Wir haben bereits über die grundlegende Wichtigkeit der Gegenstandsbezogenheit des Wortes gesprochen. Daraus geht jedoch keinesfalls hervor, daß die Bedeutung durch die Beziehung des Lautes zum Gegenstand geschaffen wird, oder aus dieser Beziehung abzuleiten sei. [...]
Auf Grund der Schwierigkeit des Problems, ob die Bedeutung innerhalb oder außerhalb des Wortes anzusiedeln sei, nahm A. I. Smirnizkij an, daß diese Frage bislang noch nicht zufriedenstellend beantwortet

wurde[12]. Unserer Meinung nach resultieren die Schwierigkeiten mancher Linguisten hinsichtlich dieses Problem aus der mangelhaften Berücksichtigung der Dialektik von „innen" und „außen", des Ineinandergreifens dieser entgegengesetzten Kategorien. Die Bedeutung ist die innere Komponente des Wortes. Der Laut hat ohne das Wort keine Bedeutung. Die Bedeutung des Wortes ist derjenige Inhalt, der seinen Ursprung in der umgebenden Wirklichkeit hat und in seiner Beziehung zu dieser Wirklichkeit erkannt wird, d.h. er ist durch seinen äußeren Bezug charakterisiert, denn die Bedeutung des Wortes ist ihrem Wesen nach die sprachliche (in Laute fixierte, in eine materielle Hülle gekleidete) Form der Widerspiegelung der gegenständlichen Wirklichkeit. Aus diesem Grund kann man die Bedeutung des Wortes weder unabhängig von ihrem Verhältnis zum Gegenstand noch zum Lautkomplex verstehen.

Die Bedeutung verkörpert sich in dem Laut und erscheint so als bezeichnete Widerspiegelung des Gegenstandes. Auf diese Weise ist die Bedeutung dasjenige innere gedankliche Element des Wortes, in dem der äußere Gegenstand widergespiegelt wird. Außerhalb dieser Beziehung (der bezeichneten Widerspiegelung des Gegenstandes) gibt es keine Bedeutung.

Da diese Beziehung ihrem Wesen nach als Widerspiegelung zu beschreiben ist (wenngleich in spezifischer sprachlicher Form), können wir sagen, daß der Wortinhalt die Widerspiegelung der objektiven Wirklichkeit ist, die vom Gegenstand determiniert wird und unabhängig vom Wort existiert. Im Anschluß an Lenin können wir weiterhin feststellen, daß in unserem Denken ein solcher Inhalt unabhängig von uns existiert. Da er sich in unserem Denken (als ideelle Widerspiegelung) entwickelt, handelt es sich um einen inneren Inhalt; da es sich bei dem Denkprozeß andererseits um eine Widerspiegelung der objektiven Wirklichkeit handelt, weist dieser Inhalt (all seine wesentlichen Merkmale, deren Existenz durch die Erfahrung, die Praxis bestätigt werden) gleichzeitig auch einen äußeren Aspekt auf, der unabhängig von uns existiert. Bei der Bedeutung des Wortes handelt es sich um eine sprachliche Tatsache, was aber keineswegs bedeutet, daß es sich um eine spezifische (bezeichnete) Widerspiegelung der Wirklichkeit in der Sprache handelt. Folglich ist die Beziehung des Inneren und des Äußeren nicht so „äußerlich" wie manchmal angenommen wird. Aus diesem Grunde muß man bei der Untersuchung der Bedeutung des Wortes auch seine unterschiedlichen Aspekte, Zusammenhänge und Beziehungen berücksichtigen. Daß die Bedeutung zum Wort gehört, kann als dessen innere Komponente betrachtet werden. Diese Feststellung zieht aber nicht die Schlußfolgerung nach sich, daß der Bereich der Bedeutung eines Wortes nicht auch außerhalb von ihm liegt, denn selbst der Ausdruck „Bereich der Bedeutung" weist einen solchen Verweisungsaspekt auf, so daß es nicht nur möglich, sondern sogar notwendig ist, einen außerhalb des Wortes existenten Bereich anzuerkennen.

Das Wort ist die Einheit der lautlichen Form und der Bedeutung, deren Grundlage der Begriff ist, d.h. die verallgemeinerte Widerspiegelung der Wirklichkeit. In dieser Verbindung weist auch die lautliche Form zwei Momente auf: die artikulierte Lautverbindung (das materielle, physiologisch-physikalische Moment) und das Lautbild (das psychische Moment). Das Lautbild ist wie jedes andere Bild das Bild irgendeiner äußeren Erscheinung. Ohne den Laut wäre keine sprachliche Kommunikation möglich. Wenn also das *Lautbild* im *Bewußtsein* des Menschen von Bedeutung ist, so nur deshalb, weil der *Lautkomplex* (die materielle Erscheinung), der dieses Bild hervorruft, im sozialen Interaktionsprozeß eine solche Bedeutung einnimmt.

Hierdurch wird auch verständlich, daß das Wort auf keinen Fall als rein psychische Erscheinung betrachtet werden darf. Psychisch ist nur das Wort der inneren Sprache. Hierbei ist allerdings ständig zu beachten, daß die Lautbilder der inneren Sprache nichts als die Widerspiegelungen der materiellen Laute der äußeren Sprache sind und daß diese Bilder mit den physiologischen Prozessen des Zentralnervensystem zusammenhängen, deren Funktion sie sind. Das Wort der äußeren Sprache ist insgesamt als sozial bedingte und sozial vermittelte psychophysikalische Erscheinung bestimmt. Diese praktische materielle Realisierung ist die Verkörperung des Begriffes. Unabhängig davon kann die Grundfunktion des Wortes als menschliches Kommunikationsmittel nicht verstanden werden.

Das Primat des Denkens über die Sprache haben wir bereits erwähnt. Diese Feststellung kann jetzt in der Anwendung auf die sprachliche Sphäre formuliert werden. In der Einheit des semantischen Inhalts und der lautlichen Form der Sprache kommt dem semantischen Inhalt der Primat zu, da die lautliche Form nur als Träger der Bedeutung existiert. Aus diesem Grund kann die sinnlich wahrnehmbare Form des Wortes nur den intellektuellen Inhalt als Bedeutung haben. Das kann jedoch nie ausschließlich der Fall sein, da die Form der Sprache auch der Qualität nach eine sinnlich wahrnehmbare Erscheinung ist, so daß auch dadurch in gewisser Hinsicht ihr Inhalt bestimmt wird (z.B. der Laut als akustische Erscheinung oder akustisches Bild, das Schriftzeichen als graphische Erscheinung oder optisches Bild). Der eigenständige, sinnlich wahrnehmbare Charakter der Sprache ist sehr anschaulich am Beispiel der gesprochenen und geschriebenen Wörter einer unbekannten Sprache zu demonstrieren. Erinnern wir uns an dieser Stelle an die Bemerkung von K. Marx, die Sprache sei von Anfang an mit dem Fluch der Materie behaftet. Die sprachliche Form besitzt jedoch nur insofern einen eigenständigen Charakter, als sie hinsichtlich ihrer sinnlich wahrnehmbaren Form betrachtet werden kann, nicht aber in dem Sinne, daß sie unabhängig von ihrer Bezeichnungsfunktion existieren könnte, denn sie existiert primär als Bedeutungsträger. Außerdem entfernt sie sich nur so weit von ihrem „eigentlichen", sinnlich wahrnehmbaren Inhalt, wie es für ihre Funktion als intellektuelles Erkenntnismittel erforderlich ist. Dieser letztgenannte Aspekt wird nun nicht durch die völlige Beseitigung oder Zerstörung des sinnlich wahrnehmbaren Charakters erreicht, sondern durch eine spezifische „Aufhebung".

Dies war das Ergebnis der *historischen Entwicklung der Sprache*, wobei der „eigentliche", sinnlich wahrnehmbare Charakter der sprachlichen Erscheinungen im Bewußtsein immer mehr an Wichtigkeit verlor. Er existierte zwar, ohne aber bewußt erkannt zu werden. Er blieb auch im Laufe der Entwicklung weiterhin bestehen, aber die intellektuelle Bedeutung der sprachlichen Formen trat immer weiter in den Vordergrund. Zur eindeutigen Erfassung der Sprache ist eine Verbindung der sinnlich wahrnehmbaren Form und der Bedeutung erforderlich, die selbst nicht als Zeichen aufgefaßt werden kann. In einer solchen Verbindung ist das Zeichen streng genommen die sinnlich wahrnehmbare Form des Wortes, der Träger der Bedeutung, bzw. die transparente materielle Hülle der Bedeutung.

Die Feststellung trifft sowohl für die Phonologie, die Morphologie als auch für die Syntax zu. Alle phonologischen, morphologischen und syntaktischen Mittel der Sprache dienen ausschließlich der Erkenntnis ihres semantischen Gehaltes. Im Normalfall beachten wir die sprachliche Form nur solange, bis irgendein Gedanke realisiert ist. Die Sprache ‚erleuchtet' den Gedanken, sie macht den Gedanken transparent. Wir richten unsere Aufmerksamkeit erst dann auf die sprachliche Form, d.h. wir nehmen sie als solche oftmals erst dann wahr, wenn sich ein Fehler eingestellt hat, so daß das Verständnis des Sinnes erschwert wird, oder wenn die Sprache als ästhetisch, beeindruckend, schön, musikalisch, poetisch empfunden wird und uns in gewisser Hinsicht von der Erkenntnis ihres logischen Inhalts ablenkt.

In dieser Weise ist die Beziehung der sinnlich wahrnehmbaren Form zur

Bedeutung beschaffen. Durch die Klärung dieser Beziehung kann nunmehr das Problem der Beziehung des Wortes und des Begriffes zur gegenständlichen Wirklichkeit besser erfaßt und bestimmt werden. Wir haben bereits geklärt, daß man das Wort niemals als Zeichen des Gegenstandes, auch nicht als Zeichen des Begriffes ansehen darf. Aber kann man das Wort als *Widerspiegelung* des Begriffes oder des Gegenstandes betrachten?

Beginnen wir mit dem ersten Aspekt der Frage – kann man das Wort als Widerspiegelung des Begriffes ansehen? Nach dem, was bezüglich des Wortes festgestellt wurde, ist klar, daß das nicht möglich ist. Zwischen dem Wort und dem Begriff gibt es keinen äußeren, sondern einen inneren organischen Zusammenhang. Wenn man unter dem Wort die Einheit der sinnlich wahrnehmbaren Form – des Lautes und der Bedeutung – des Begriffes versteht (und so ist das nämlich zu verstehen), wenn es im Grunde ein bezeichneter Begriff ist, so ist es sinnlos, das Wort als Widerspiegelung des Begriffes zu betrachten. Betrachtet man aber das Wort lediglich als Lautverbindung, so darf man es auch dann nicht als Widerspiegelung des Begriffes verstehen, da sich die Lautverbindung zu dem Begriff verhält wie die Form zum Inhalt, wie der Träger der Bedeutung zur Bedeutung selbst, aber durchaus nicht wie die Darstellung zum Dargestellten.

Deshalb gehen wir zur zweiten Frage über – ist das Wort die Widerspiegelung des Gegenstandes? Dagegen werden von den bürgerlichen idealistischen Linguisten gewöhnlich zwei Einwände erhoben. Der erste besteht darin, daß in ein und demselben Sprachsystem eine Vielzahl von Worten zur Bezeichnung ein und desselben Gegenstandes existiert und daß umgekehrt ein Wort durch eine Vielzahl von Gegenständen bezeichnet werden kann. Der zweite Einwand betrifft die Zeichennatur des Wortes. Diese beiden Einwände können nur „überzeugend" erscheinen, wenn die Frage nach der Widerspiegelung vereinfacht, vulgär ausgelegt wird. Wenn man an die Frage herangeht, wie dies die dialektisch-materialistische Erkenntnistheorie fordert, und dabei das Spezifische der Widerspiegelung als eines komplizierten Prozesses berücksichtigt, so verlieren diese Einwände jede Relevanz.

Der Hauptinhalt (die Bedeutung) des Wortes ist der Begriff, und der Begriff ist die *abstrahierte* und *verallgemeinerte* Widerspiegelung der gegenständlichen Wirklichkeit. Eine Vielzahl von Begriffen kann ein und denselben Gegenstand unter verschiedenen Aspekten widerspiegeln. Ein Begriff kann eine Vielzahl in bestimmten Hinsichten gleichartige Gegenstände widerspiegeln. Schließlich enthält der Begriff eine

Reihe von Merkmalen, von denen jedes ein Begriff ist, und folglich kann ein Begriff verschiedene miteinander verbundene Aspekte des Gegenstandes widerspiegeln. Geht man hiervon aus, so gibt es absolut keinen Grund zu leugnen, daß der Begriff die *Widerspiegelung* jenes wesentlichen Ganzen ist, das den Gegenständen der äußeren Welt selbst eigen ist, und daß er gerade hierdurch die Widerspiegelung der Gegenstände selbst ist. Folglich muß man das Wort, insofern der Begriff seine Bedeutung und sein Inhalt ist, als *Widerspiegelung* der gegenständlichen Wirklichkeit betrachten.

Die idealistische Philosophie und Sprachwissenschaft entstellen diese Frage vollkommen. Für de Saussure besteht beispielsweise nur das Problem der Beziehung des Begriffs und des Lautbildes. Er ignoriert das Problem der Beziehung von Wort und gegenständlicher Welt völlig. Er schreibt: „Das sprachliche Zeichen vereinigt in sich nicht einen Namen und eine Sache, sondern eine Vorstellung und ein Lautbild“[13]. Unter dieser idealistischen Voraussetzung charakterisiert er die Sprache als willkürliches Zeichensystem. Aufgrund dieser rein agnostizistischen Betrachtungsweise abstrahiert er von der Frage nach dem Verhältnis von Sprache und Wirklichkeit.

Oben haben wir bereits davon gesprochen, daß der Laut im Wort als Form auftritt und der Begriff als Inhalt, als Bedeutung. Der Laut ist nicht die Form des Wortes an sich, sondern nur insofern, als er (der Laut) eine Bedeutung trägt. Ebenso ist der Begriff nicht an sich die Bedeutung des Wortes, sondern nur insofern, als er (der Begriff) durch die Lautform bezeichnet ist. Nur in der Synthese des Wortes werden Begriff und Laut zur Bedeutung und Form des Wortes. Im Grunde genommen ist das Wort die organische Einheit der sinnlich wahrnehmbaren Form und der Bedeutung.

Das Wort ist der *bezeichnete* Begriff. Es ist deshalb festzustellen, daß es in sich die Widerspiegelungs- und Bezeichnungsfunktion vereinigt. Seine lautliche Form stellt die Materialisierung des Begriffes dar, wobei der Begriff selbst die Widerspiegelung der Wirklichkeit ist. Da aber die lautliche und die gedankliche Seite des Wortes, d.h. die sinnlich wahrnehmbare Form und die Bedeutung (der Begriff) untrennbar miteinander verbunden sind, wie die innere Seite des Wortes mit der gegenständlichen Wirklichkeit, die außerhalb und unabhängig davon existiert, muß man unter erkenntnistheoretischer Perspektive das Wort als Ganzheit betrachten und zwar als *bezeichnete, verallgemeinerte Widerspiegelung der Gegenstände und Erscheinungen.*

Anmerkungen

[1] Lenin, W. I.: *Philosophische Hefte.* Werke, Bd. 38. Berlin 1973, 73.
[1a] Saussure, F. de: *Grundfragen der allgemeinen Sprachwissenschaft.* Hrsg. v. C. Bally u. A. Sechehaye. 2. Aufl. Berlin 1967. Alle Zitate auf S. 79.
[2] Marx, K./Engels, F.: *MEW,* Bd. 17, 113.
[3] Lenin, W. I.: *Philosophische Hefte.* Werke, Bd. 38. Berlin 1973, 111.
[4] Potebnja, A. A.: *Sprache und Denken,* a.a.O. 181.
[5] Hegel, G. W. F.: *Philosophie des Geistes.* Werke in zwanzig Bänden. Bd. 10. Ed. Moldenhauer/Michel. Frankfurt 1970, 280.
[6] Humboldt, W. v.: „Ueber die Verschiedenheit des menschlichen Sprachbaues und ihren Einfluß auf die geistige Entwicklung des Menschengeschlechtes". In: Ders.: *Schriften zur Sprachphilosophie.* Ed. A. Flitner/K. Giel. 4. Aufl. Darmstadt 1972, 427.
[7] Kautsky, K.: *Ethik und materialistische Geschichtsauffassung.* Moskau 1922, 86.
[8] Schiller, F. C. S.: *Formal Logic.* London 1912, 26.
[9] Lenin, W. I.: *Werke,* Bd. 14, 222.
[10] Vgl. Saussure, F. de: *Grundfragen der allgemeinen Sprachwissenschaft,* a.a.O. 19.
[11] Morozov, K. E.: *Der Zusammenhang von Wort und Begriff.* Moskau 1956, 133.
[12] Smirnizkij, A. I.: „Die Bedeutung des Wortes", a.a.O. 81.
[13] Saussure, F. de: *Grundfragen der allgemeinen Sprachwissenschaft,* a.a.O., 77.

Die Erkenntnistheorie des Pragmatismus und die Zeichentheorie der Sprache (1962)

Die Frage nach der Rolle der Zeichen im Erkenntnisprozeß und bei der Tätigkeit der Menschen ist eine der wichtigsten Fragen der Erkenntnistheorie. Diese Frage steht heute im Mittelpunkt der Aufmerksamkeit vieler erkenntnistheoretischer Schulen und Richtungen. In der sich um diese Frage entwickelnden harten theoretischen Auseinandersetzung stehen dem dialektischen Materialismus die verschiedenen erkenntnistheoretischen Konzeptionen der modernen bürgerlichen Philosophie gegenüber, die in einem wesentlichen Punkt – in der idealistischen Interpretation der Herkunft, des Wesens und der Rolle der Zeichen – übereinstimmen. Eine der idealistischen Zeichentheorien ist die pragmatische Konzeption der Sprache. Ihre kritische Analyse ist Gegenstand des vorliegenden Artikels.

Die führenden Vertreter des Pragmatismus heben die außerordentlich wichtige Rolle der Zeichen in der gesamten Tätigkeit der Menschen besonders hervor. Die Bedeutung dieses Problems und seine im Laufe der Entwicklung der modernen Wissenschaft zutage getretenen vielfältigen Aspekte haben nach ihrer Auffassung dazu geführt, daß die Frage nach den Zeichen jetzt zu einem zentralen Problem der Erkenntnistheorie geworden ist. J. Dewey und A. Bentley behaupten, in der Antike sei die Erkenntnis darauf gerichtet gewesen, die Gesetze der Dinge (den Logos der Welt) aufzudecken, im Mittelalter darauf, die Universalien und die Beziehung der einzelnen Dinge zu ihnen zu erkennen; in der Neuzeit aber und insbesondere in unserer Epoche sei die Erkenntnis im wesentlichen darauf gerichtet, die Rolle der Zeichen und Wörter zu klären, da gerade die Zeichen und ihr Gebrauch der Schlüssel zur Erklärung der gesamten menschlichen Tätigkeit seien. In Übereinstimmung mit dieser Auffassung von den Aufgaben der Philosophie räumen die Pragmatisten der Definition der Rolle der Zeichensysteme allgemein und insbesondere der Sprache im Erkenntnisprozeß einen großen Platz ein.

Die Beschäftigung mit den Problemen der Semiotik begann in den USA unter dem direkten Einfluß des Pragmatismus. E. Moore charakterisiert in einer Arbeit über den amerikanischen Pragmatismus Ch. Peirce als „einen Pionier auf dem Gebiet der Entwicklung der Zeichentheorie". Nach der Auffassung von Peirce muß eine grundlegende Reform der

Logik darin bestehen, alle ihre Grundlagen nicht auf der vagen Psychologie der verschiedenen Empfindungswerte aufzubauen, sondern auf der Zeichentheorie, die auf der sicheren experimentellen Grundlage einer Untersuchung der Rolle der Zeichen im menschlichen Verhalten entwickelt wird. Das unterstreicht auch F. Mayer in seiner Arbeit über die Geschichte des amerikanischen Denkens. Er schreibt:

„Peirce war ein Pionier im Kampf gegen die psychologische Logik und für die Gründung der Logik nicht auf Empfindungswerten, sondern auf der Zeichentheorie“[1].

Es ist auch bezeichnend, daß auf dem interamerikanischen Philosophenkongreß in Washington 1957 ein spezieller Vortrag zum Thema *Die Rolle der Sprache in der Philosophie von J. Dewey* gehalten wurde.

Das Problem der Zeichen lösen die Pragmatisten auf der Grundlage ihrer Erkenntnistheorie. Es ist bekannt, daß sie, ebenso wie die Machisten, versucht haben, den Gegensatz von Materialismus und Idealismus durch Verkündung einer „Neutralität“ der Erfahrung gegenüber dem Materiellen und Ideellen, Physischen und Psychischen zu „überwinden“. James schreibt:

„Ein einheitlicher Teil der Erfahrung spielt in einem bestimmten Kontext die Rolle des erkennenden geistigen Zustandes, des ‚Bewußtseins‘, während in einem anderen Kontext derselbe einheitliche Teil der Erfahrung die Rolle des erkannten Dinges, des objektiven ‚Inhalts‘ spielt. Kurz gesagt, in dem einen Kontext tritt er als Gedanke, in dem anderen als Ding auf“[2].

Die Gedanken, so behauptet er, seien aus demselben Material wie die Dinge. Hierbei hänge die Bildung des einen oder anderen „Dinges“ aus dem „neutralen“ Material der sinnlichen Erfahrung von uns ab.

„Wir teilen also den Strom der sinnlich gegebenen Wirklichkeit nach unserem Willen in Dinge“[3].

Als Mittel für die Realisierung dieser Operation dienen Zeichen, welche die Menschen zur Fixierung von Empfindungskomplexen geschaffen haben, die eine ähnliche Rolle in ihrem Verhalten spielen.

Diese Idee von der „Neutralität“ der Erfahrung wird auch von J. Dewey vertreten. „Die unmittelbare empirische Bedeutung des Neutralen“, so meint er, müsse als Gleichgültigkeit gegenüber der Unterscheidung zwischen Subjektivem und Objektivem verstanden werden, die sich für einen „bestimmten Zweck innerhalb der Erfahrung einstellt“[4]. Dewey warnt besonders vor der Tendenz, das Objekt als etwas vom Subjekt unabhängig Existierendes zu betrachten. Der Begriff „Objekt“ ist nach seiner Ansicht etwas völlig Unklares, da er auf ganz verschiedene Erscheinungen angewendet wird; es sei deshalb ratsam, seinen Gebrauch überhaupt zu vermeiden und statt dessen den „neutralen“

Begriff „Material“ zu verwenden, wobei unter diesem nur die Bedingungen unserer subjektiven Tätigkeit zu verstehen sind.

Die „Spezifik“ der Pragmatisten in dieser Frage besteht allein darin, daß sie den Begriff der Erfahrung „aktivieren“, indem sie ihn als Sphäre der individuellen Tätigkeit betrachten. Nach ihrer Meinung können das Objektive und das Subjektive, das Reale und das Ideelle nur als verschiedene Aspekte der Tätigkeit angesehen werden. Das „Reale“ ist als „hemmendes“ Material und als „Mittel“ zur Erziehung der gewünschten Veränderungen im Prozeß der Tätigkeit zu betrachten, das „Ideelle“ als die verschiedenen Möglichkeiten des Gebrauchs und der Veränderung der Materialien und Mittel, die im Laufe dieser Tätigkeit entdeckt werden. Die Wissenschaft ist nach der Ansicht Deweys ein System „möglicher Standpunkte oder Methoden, die bei der Charakterisierung der einen oder anderen erfahrungsmäßigen Erscheinungen angewendet werden müssen, deren Natur und Sinn für uns unklar sind. Sie gibt uns eine Reihe von Werkzeugen an die Hand, unter denen wir wählen müssen. Natürlich hängt die Wahl von den Erfordernissen der konkreten Fakten ab, die in jedem Falle abgegrenzt und deutlich gemacht werden müssen, genau so wie der Zimmermann entsprechend der gestellten Aufgabe entscheiden muß, ob er zu Hammer, Säge oder Hobel greift ...“[5] Die hier angeführte oberflächliche Analogie zur Arbeitswelt kann natürlich nicht den tiefen Subjektivismus der Pragmatisten verbergen, mit dem sie Gegenstand und Aufgaben der Wissenschaft definieren. In Wirklichkeit entscheidet der Zimmermann die Frage der Wahl des Werkzeuges nicht nur unter dem Aspekt des herzustellenden Gegenstandes, sondern auch unter dem Aspekt der Besonderheiten des zu bearbeitenden Materials. Hierbei stellt dieses Material mit all seinen Eigenschaften keineswegs Komplexe von sinnlichen Erfahrungen („Fakten“) dar, sondern existiert objektiv, unabhängig vom Subjekt. Auch das Produkt seiner Arbeit gewinnt eine objektive vom Subjekt unabhängige Existenz.

Außerdem müssen die Aufgaben der wissenschaftlichen Erkenntnis der materiellen Welt und die der Arbeitstätigkeit gestellten Aufgaben vom gnoseologischen Standpunkt aus unterschieden werden. Ziel der Erkenntnis ist es, in die Natur des Objekts, das *vor und unabhängig vom Subjekt* existiert, einzudringen. Ziel der Arbeit ist es, einen Gegenstand zu schaffen, der seine Form durch das *Subjekt selbst* erhält, dessen Material jedoch unabhängig von ihm existiert. Natürlich sind die Formen der materiell-praktischen und der wissenschaftlich-theoretischen Tätigkeit sehr eng miteinander verbunden. Im Arbeitsprozeß erkennen die Menschen die materiellen Dinge, ihre Eigenschaften und Beziehungen. Andererseits ist die Erkenntnis der materiellen Welt und ihrer objektiven Gesetze eine außerordentlich wichtige Vorbedingung für eine erfolgreiche Arbeit. Dennoch müssen diese Tätigkeitsformen voneinander abgegrenzt werden. Man muß ständig im Auge behalten, daß sowohl die Ziele, die sich die Menschen stellen, als auch die Mittel zur Erreichung dieser Ziele von der materiellen Welt bestimmt werden, die unabhängig vom Subjekt existiert; die menschliche Erkenntnis strebt nach einer möglichst adäquaten Widerspiegelung dieser Welt. Lenin schreibt:

„Die Gesetze der Außenwelt, der Natur, [...] sind die Grundlagen der zweckmäßigen Tätigkeit des Menschen. Der Mensch hat in seiner praktischen Tätigkeit die objektive Welt vor sich, ist von ihr abhängig, läßt durch sie seine Tätigkeit bestimmen“[6].

Folglich hat die subjektive Tätigkeit des Menschen immer eine objektive Grundlage. Dieser Grundsatz wird von den Pragmatisten völlig entstellt; sie stellen die Frage auf den Kopf. Die Subjekt-Objekt-Beziehung wird von ihnen teleologisch behandelt. Das Wissen, so behauptet Dewey, läuft auf die Herstellung einer Entsprechung von Mitteln und Ziel hinaus. Hierbei werden sowohl das Ziel als auch die Mittel als Elemente der Handlungssituation des Subjekts betrachtet. Der Pragmatismus übertreibt und verabsolutiert die Rolle des Subjekts, indem er es zum Schöpfer der Wirklichkeit macht. Dementsprechend werden auch alle Mittel der Erkenntnis, unter denen die Zeichensysteme die wichtigste Rolle spielen, als Mittel charakterisiert, denen allein subjektive Bedeutung zukommt.

In der pragmatistischen Erkenntnistheorie erweisen sich Reales und Ideelles als untrennbar verbunden im Sinne der prinzipiellen Koordination von Avenarius. Die Wechselwirkung (genauer die Koordination) dieser Seiten der Erfahrung wird im Prozeß der Tätigkeit „Situation“ genannt. Auf Grund dieser Anschauung definieren die Pragmatisten die gesamte Welt als eine Serie von Situationen[7]. Der Erkenntnisprozeß ist nur die Umwandlung einer weniger bestimmten Situation in eine bestimmtere. Dewey schreibt:

„[...] einige Forschungsmethoden sind besser als andere, genauso wie einige Methoden der Chirurgie, der Landwirtschaft, des Straßenbaus, der Navigation usw. besser als andere Methoden sind. [Bessere Methoden sind solche], deren Erprobung bis jetzt gezeigt hat, daß sie besser für die Erreichung bestimmter Ergebnisse sind. [...] Die Forschung ist die gezielte und kontrollierte Umwandlung einer bestimmten Situation in eine völlig bestimmte“[8].

Der subjektiv-idealistische Charakter dieser Konzeption tritt deutlich in jenen Schlußfolgerungen zutage, die die Pragmatisten aus der Idee von der „Neutralität" der Erfahrung als Sphäre der Tätigkeit des Subjekts ableiten. Der Pragmatist Schiller schreibt:

„Die Welt ist im Grunde das, was wir aus ihr machen. Es ist nutzlos, sie damit zu bestimmen, was sie ursprünglich war oder was sie getrennt von uns ist, [...] sie ist das, was wir aus ihr gemacht haben"[9].

Auch Dewey behauptet das. Nach seiner Meinung ist die Annahme, daß das reale Objekt des Wissens dem Akt der Erkenntnis vorausgehe und unabhängig von ihm existiere, falsch; das echte Objekt des Wissens (wenn schon dieser Begriff verwendet werden soll) ist nur die Folge einer gezielten Handlung; alle Aussagen darüber, was vor dem Subjekt war, entstehen durch Extrapolation von vorhandenen empirischen Situationen, und die Bedeutung solcher Aussagen besteht allein in ihrer Rolle als Mittel zur Orientierung des Subjekts bei dessen Handlungen. Damit erweist sich die Argumentation der Pragmatisten über die „Neutralität" der Erfahrung, der Situationen usw. nur als Deckmantel für die subjektiv-idealistische Behauptung, die Welt sei das Produkt der Aktivität des Subjekts, außerhalb dessen es keinerlei Realität gebe.
Bekanntlich hat Lenin die machistische Idee von der „Neutralität" der Erfahrungselemente und die pragmatistische Auffassung von der „aktiven Tätigkeit" einer vernichtenden Kritik unterzogen. Diese Kritik behält ihre volle Gültigkeit auch gegenüber allen modernen subjektiv-idealistischen Konzeptionen, die sich immer noch des Arsenals bereits widerlegter Argumente bedienen. Wir möchten hier unterstreichen, daß die Idee von der „Neutralität" der Erfahrungselemente nicht nur als Instrument zur Negierung der Materie, sondern auch als Mittel zur Negierung des Bewußtseins als Funktion des Gehirns, als Widerspiegelung der Wirklichkeit dient. Das sind in Wahrheit die zwei Seiten ein und derselben positivistisch-pragmatistischen Medaille. Hierbei ist zu beachten, daß diese Position es den Pragmatisten ermöglicht, eine vulgär-naturalistische Interpretation des menschlichen Verhaltens zur Klärung aller gnoseologischen Probleme, darunter auch des Zeichenproblems, in Übereinstimmung mit dem Grundprinzip ihrer Philosophie anzuwenden.
Auf dieser Grundlage entstand ein enger Zusammenhang und eine wechselseitige Beeinflussung zwischen Pragmatismus und Behaviorismus in der amerikanischen Philosophie und Psychologie. J. Dewey hebt hervor, daß seine Konzeption des „Instrumentalismus" in engem Zusammenhang mit der behavioristischen Richtung in der Psychologie steht, die von J. Watson begründet wurde. Der Einfluß des Pragmatismus auf die Ideen der Behavioristen unterliegt ebenfalls keinem

Zweifel. Der zentrale behavioristische Begriff des „Verhaltens" entspricht dem pragmatistischen Grundbegriff der „Tätigkeit". Beide Begriffe sind gleichermaßen durchdrungen von philosophischem Idealismus und vulgärem Naturalismus bei der Interpretation der menschlichen Tätigkeit. Sie zielen darauf ab, sowohl Materie als auch Bewußtsein zu negieren.

Besonders deutlich tritt das „Verschwinden" des Bewußtseins in den Arbeiten der Behavioristen hervor. Wenn die einzige Realität das Verhalten des Organismus ist, wenn die ganze Welt eine Serie von Situationen darstellt, in denen sich dieses Verhalten entwickelt und die außerhalb dieser nicht denkbar sind, so muß von diesem „neutral-monistischen" Standpunkt aus der Begriff des Bewußtseins als Funktion des Gehirns, als Widerspiegelung der Wirklichkeit ebenso „überflüssig" werden wie der Begriff der Materie. Eine solche Schlußfolgerung zieht auch J. Watson:

„Da bei objektiver Untersuchung des Menschen der Behaviorist nichts beobachtet, was er als Bewußtsein, Gefühl, Empfindung, Vorstellung, Wille bezeichnen könnte, ist er nicht mehr der Ansicht, daß diese Begriffe auf echte Phänomene der Psychologie hinweisen"[10].

Damit wird also das Bewußtsein aus dem Bereich der Erscheinungen, die von der Erkenntnistheorie und Psychologie untersucht werden, verbannt.

Wenn es aber kein Bewußtsein gibt, wenn es „verschwunden" ist und sich im Verhalten aufgelöst hat, worin besteht dann das menschliche Denken? Das Denken reduziert sich nach Ansicht der Pragmatisten und Behavioristen auf die Sprache als eine der Verhaltensformen.

„Das Denken ist, allgemein gesprochen, ein sprachlicher Prozeß; manchmal gehören als Teil des Gesamtsystems einer latenten Tätigkeit deutlich ausgeprägte Bewegungen dazu, die Worte ersetzen (Gesten, Pose)"[11].

Die Situation, in der sich das Verhalten entfaltet, kann schematisch als Wechselbeziehung von Reizen und Reaktionen (R-R) dargestellt werden. Das Denken ist unter diesem Aspekt die Gesamtheit subvokaler, sprachmotorischer Reaktionen des Kehlkopfes auf äußere Reize; es unterscheidet sich prinzipiell durch nichts von allen anderen Formen der Muskeltätigkeit.

„Das Denken ist Verhalten, motorische Aktivität, ebenso wie Tennis, Golf oder eine andere Form der Muskelanstrengung. Das Denken stellt ebenfalls eine Muskelanstrengung dar, und zwar eine solche, wie sie bei der Unterhaltung angewendet wird. Denken ist einfach Sprache und zwar Sprache mit latenten Muskelbewegungen"[12].

So reduzieren die Behavioristen das Denken auf die Sprache als eine Verhaltensform.

Darüber hinaus meinen die Behavioristen, daß die Bewegung des ganzen Körpers, alle seine Reaktionen auf äußere Reize im weiteren Sinne des Wortes, als Denken zu betrachten sind. Nur weil im menschlichen Verhalten (bei der Lösung komplizierter Aufgaben) latente sprachmotorische Reaktionen vorherrschen, kann das Denken im engeren Sinne des Wortes auf die lautlose Rede zurückgeführt werden. Watson schreibt:

„Wir denken und planen mit dem ganzen Körper, da aber die sprachlichen Reaktionen gewöhnlich gegenüber den viszeralen (d.h. emotionalen Reaktionen, – L.R.) und manuellen (d.h. motorischen Reaktionen, – L.R.) dominieren, kann man sagen, daß das Denken in wesentlichem Maße eine lautlose Rede ist"[13].

Dieselben Ansichten über das Denken entwickelt auch der Behaviorist A. Weiss. Er behauptete, daß alle psychischen Prozesse und insbesondere das Denken voll und ganz auf die von uns beobachteten äußeren physikalisch-chemischen und physiologischen Fakten zurückgeführt werden können. Diese Fakten nehmen, wenn sie sich auf das Verhalten der Menschen in der Gesellschaft beziehen, lediglich eine komplizierte Form an, enthalten aber niemals etwas, was man gewöhnlich als ideell bezeichnet[14].

Die Reduzierung des Denkens auf die Sprache und der Sprache auf die äußere Tätigkeit (Verhalten) ist für den Behaviorismus wie auch für den Pragmatismus charakteristisch. Für Dewey ist die Sprache eine „praktisch orientierte Handlung". Der Begriff der Sprache löst sich bei ihm in den allgemeinen Begriff der Handlung auf. Daraus resultiert die Identifizierung der Sprache mit allen anderen Tätigkeitsformen, die den Strom von Erlebnissen organisieren. E. Gellner hat zu Recht bemerkt, daß, wenn bei Goethe Faust die Frage stellt, was zuerst war, das Wort oder die Tat, die moderne linguistische Philosophie der Neopositivisten und Pragmatisten dieses Dilemma mit der Behauptung lösen würde, das Wort sei auch die Tat[15]. Darüber hinaus „löste" diese Philosophie die Frage so, daß der Gedanke das Wort sei und das Wort die Tat; deshalb gebe es hier überhaupt kein Problem. Es läßt sich leicht einsehen, daß die Gleichsetzung, mit der das gesamte Problem ad absurdum geführt wird, es erlaubt, das Verhältnis beliebig umzukehren, d.h. die Tätigkeit (das Verhalten) als organische Rede (im weiteren Sinne des Wortes) und die letztere als Denkaktivität zu charakterisieren. Die vulgär-naturalistische Interpretation des Denkens ist kein Zufall bei den Pragmatisten und Behavioristen, sondern soll ihnen idealistische „Früchte" bringen.

So wird also das Denken von den Pragmatisten und Behavioristen auf die Sprache als Verhaltensform des Subjekts reduziert. Die Sprache ihrerseits wird als Gesamtheit der Akte zur Erzeugung von *Zeichen* interpretiert. Die Menschen erzeugen Zeichen, um bei anderen Menschen entsprechende Verhaltensreaktionen hervorzurufen. Die Zeichen erfüllen nach Meinung der Pragmatiker eine „kommunikative" Rolle. Hierzu müssen wir allerdings bemerken, daß diese Rolle eine ziemlich seltsame ist, da die Zeichen nicht als Mittel zum Ausdruck von Gedanken und für den Gedankenaustausch dienen, sondern nur als Mittel für den „Austausch" von Reaktionen, Handlungen, Verhaltensformen. Da das Denken auf die Sprache reduziert wird, wird die intellektuelle Funktion der Sprache vollkommen negiert und ihrer „kommunikativen" Rolle wird jeglicher intellektueller Inhalt abgesprochen. Als real, als empirisch gegeben werden nur äußere Verhaltensfakten anerkannt, während die Gedanken, betrachtet man sie als etwas von den Zeichen Verschiedenes, als „außerhalb der Erfahrung liegend" und „transzendent" erklärt werden. Recht deutlich hat das P. Bridgman ausgedrückt; er sagt, daß den Pragmatisten zufolge die Bedeutung eines beliebigen sprachlichen Zeichens ausschließlich in dessen Einfluß auf das menschliche Verhalten, nicht jedoch in einem „transzendenten" Ideenreich bestehe.

Nach Ansicht von Landberg, einem Vertreter des sogenannten sozialen Behaviorismus, bezeichnen solche Worte wie „Gewohnheit", „Tradition", „Gedanke", „Gefühl" usw. nur das beobachtete menschliche Verhalten und sind deshalb mit Hilfe derselben Methoden zu untersuchen, die bei der Untersuchung eines beliebigen Verhaltens angewendet werden. Wenn Dewey von der Sprache als einem Medium spricht, in dem die menschliche Kultur existiert und durch das sie weitergegeben wird, so versteht er unter Kultur wiederum nur eine Form von Fakten der menschlichen Tätigkeit, des Verhaltens und aller im Laufe dieser Tätigkeit entstandenen empirischen Situationen. Im übrigen sei auch die empirische Gegebenheit dieser Situationen nur sehr bedingt zutreffend, da die „Existenz" dieser oder jener Situationen nur das Ergebnis der Aktivität des Subjekts sei und keine objektive, vom Subjekt unabhängige Bedeutung habe.

Ein solcher Standpunkt öffnet der Behauptung Tür und Tor, alles was mit dem einen oder anderen Zeichen bezeichnet wird, sei gleichermaßen real. Wenn ein Zeichen gebraucht wird, so wird in ihm ein bestimmter Verhaltensakt in einer bestimmten Situation verwirklicht, und das ist gewissermaßen die einzige „Realität", von der vom Standpunkt des Pragmatismus aus überhaupt gesprochen werden kann. Um diese

Schlußfolgerung etwas abzuschwächen, die jeden Unterschied zwischen den Wörtern als Trägern der wahren wissenschaftlichen Begriffe und Wörtern als Träger religiöser Verirrungen verwischt, machen die Pragmatisten den „Vorbehalt", der Grad der Aktivität und Effektivität dieser oder jener Verhaltensformen könne sich im Laufe der historischen Entwicklung ändern; viele von ihnen können deshalb eine vorübergehende Bedeutung haben, aber im allgemeinen, prinzipiellen Sinne mußten sie alle als gleichermaßen „real" anerkannt werden. Dewey und Bentley schreiben:

„Das, was einen Namen erhalten hat, ist keine Fiktion. ‚Herkules' war seinerzeit der Name für etwas in kosmischer oder kultureller Hinsicht Existentes. [...] ‚Meeresschlangen' und ‚Gespenster' spielten ihre Rolle, wie inaktiv sie auch heute als existenzielle Namen sein mögen"[16].

So geben die Pragmatisten den Weg frei für die „verhaltensmäßige Begründung" jeglicher religiöser Vorurteile und jeglichen Aberglaubens. Wenn die Bedeutung der Worte nur durch die Effektivität ihres Gebrauchs im menschlichen Verhalten bestimmt wird, dann kann man die Schlußfolgerung ziehen, daß solche Worte wie „Gott", „Hölle", „Paradies" usw. im Prinzip keine weniger „objektive" Bedeutung haben als die Worte „Natur", „Raum", „Zeit", „Bewegung" usw. und voll und ganz den Aufgaben des Aufbaus eines ganzheitlichen effektiven Zeichensystems entsprechen. Diese ganze Argumentation ist nur eine pragmatistische Variante der Theorie von der Wahrheit als „sozial organisierter Erfahrung", die Lenin in *Materialismus und Empiriokritizismus* einer vernichtenden Kritik unterzogen hat. Die modernen Idealisten sind nicht in der Lage, irgendwelche neuen Argumente zur Verteidigung ihrer überholten Ideen anzuführen.

Wir haben oben den idealistischen Sinn der pragmatistischen These von der „Neutralität" der Erfahrung, der Tätigkeit in bezug auf das Materielle und Geistige klargestellt. Die Besonderheit vieler moderner erkenntnistheoretischer Konzeptionen besteht darin, daß die Zeichen als „neutrale" Elemente, die alle Schwierigkeiten überwinden sollen, ins Feld geführt werden. Die Zeichen werden zu jenen neutralen Wesen erklärt, aus deren vielgestaltigen Beziehungen alle Erscheinungen, alle Objekte und Systeme gebildet werden. Der antimaterialistische Charakter dieser Konzeptionen liegt klar auf der Hand. Der dem Behaviorismus nahestehende Neopositivist Holt schreibt:

„*Materie* gibt es nicht; die uns umgebenden Objekte sind ihrer Zusammensetzung nach neutral"[17].

Diese „neutralen“ Objekte haben nach seiner Auffassung Zeichencharakter. Die verschiedenen Bereiche der Erscheinungen unterscheiden sich voneinander nur durch den Grad der Kompliziertheit hinsichtlich der vielgestaltigen Kombinationen der Ausgangszeichen. Er schreibt:

„Bestimmte, relativ neutrale Wesen stellen logisch-mathematische *Zeichen* oder Systeme dar; bestimmte kompliziertere Aggregate sind physische Körper in ihren räumlichen und zeitlichen Beziehungen; die kompliziertesten Aggregate schließlich – durch Reaktionen bestimmte Beziehungen – sind Komplexe, die geistig genannt werden“[18].

Die Welt wird also mit Hilfe von Zeichen konstruiert, die primär neutrale Wesen sind, ähnlich wie bei den Machisten die Welt aus primär „neutralen“ Elementen der Erfahrung aufgebaut wurde. Da nach der Auffassung Holts alle Begriffe im Grunde genommen Zeichen sind, so sind die Zeichensysteme der Logik natürlich das einzige Mittel, um ein wissenschaftliches Weltbild zu entwickeln. Das letztere ist voll und ganz davon abhängig, welches Zeichensysteme als Grundlage für den Aufbau dieses Weltbildes genommen wird.

Das Operieren mit Zeichen liegt also nach Ansicht der Pragmatisten jeglicher Form menschlichen Verhaltens zugrunde; da durch dieses Verhalten alle „Objekte“ bestimmt werden, auf die das Verhalten gerichtet ist, bildet der aktive Zeichengebrauch die Welt.

Die Pragmatisten betrachten die Sprache als ein vom Denken losgelöstes Zeichensystem, weil sie das Denken einfach mit der Sprache gleichsetzen, d.h. mit dem Gebrauch dieser Zeichen als einer Form des Verhaltens. Es ist sinnlos, von einer Einheit und einem Zusammenhang der Erscheinungen dort zu sprechen, wo wir es mit deren völliger Identität zu tun haben. Das Denken betrachteten die Pragmatisten als Regulierung des Verhaltens mit Hilfe von Zeichen. Die *Gedanken* werden mit den *Zeichen* identifiziert. Diese Idee betont insbesondere Ch. Morris. Er schreibt, der Ausgangspunkt bei Peirce sei die Behauptung, „jeder Gedanke ist ein Zeichen“. Folglich sind die Gedanken keine Widerspiegelung der objektiven Wirklichkeit, sondern nur Zeichen, die das Verhalten des Subjekts organisieren. Dieser Grundsatz ist eine der Leitideen des Pragmatismus. Der polnische Pragmatist St. Brzozowski schrieb:

„Die Wahrheiten sind nur *Zeichen*, die uns die Möglichkeit geben, uns nicht im Chaos der Erscheinungen zu verirren. […] Zur wissenschaftlichen Wahrheit wird jeder Gedanke, jedes Begriffssystem, mit dem wir die gewünschten Resultate erzielen können“[19].

Da die Pragmatisten das Denken und das Operieren mit Zeichen identifizieren, erübrigt sich für sie der Begriff der *Zeichenbedeutung* als ideelle, im Zeichen fixierte Form der Widerspiegelung der Wirklichkeit.

Doch darf man nicht denken, daß die Pragmatisten (in welchem Sinne auch immer) die Bedeutung der Zeichen gänzlich negieren. Sie erkennen pragmatische Bedeutungen an. Peirce versteht den Gedanken als Zeichen, das zur effektiven Organisation des Verhaltens dient und gibt der Zeichenbedeutung eine entsprechende Interpretation. Er meint, daß wir für die Definition der Bedeutung eines Zeichens bestimmen müssen, welche „Gewohnheiten" es hervorbringt. Nach seiner Auffassung ist unter der Bedeutung die Beziehung des Zeichens zu den Gewohnheiten, Handlungen und Operationen des Subjekts zu verstehen.

Eine Weiterentwicklung erfährt diese subjektivistische Ansicht, die auf einer Spekulation mit den Begriffen „Tätigkeit" und deren „Nützlichkeit" beruht, bei Dewey. Das Wesen der pragmatistischen Auffassung der Bedeutung läuft auf Folgendes hinaus: Wenn die Zeichen bestimmte Reaktionen des Subjekts sind, so machen die Elemente der verschiedenen Situationen, mit denen diese Reaktionen korreliert sind, die Bedeutung aus. Der Bereich der Bedeutung liegt nach Auffassung der Pragmatisten nicht in der materiellen Welt und nicht in deren ideeller Widerspiegelung im menschlichen Bewußtsein, sondern in jener Gesamtheit von Handlungen und Zuständen, die die „neutrale" Lebens- und Erfahrungssphäre ausmachen. Ähnlich dem Körperlichen und Geistigen gehören Zeichen und Bedeutung zu ein und demselben „neutralen" Bereich. Die Funktion der Bezeichnung läuft allein auf den Prozeß der Korrelation und Transformation hinaus, den das Subjekt im Bereich seiner Erfahrung realisiert.

Nach Auffassung Deweys ist der Geist ein objektives, konstantes „strukturelles" System von Zeichen und Bedeutungen. Was wir als Bewußtsein bezeichnen, ist immer nur ein Teil dieses Systems, seine „Phase", die sich zu einem gegebenen Moment im Zustand der aktiven Transformation befindet. Das Bewußtsein ist nur das Fungieren einer Erscheinung als Zeichen für eine andere. Der Geist ist untrennbar mit dem Verhalten des Subjekts verbunden, das die verschiedenen Teile und Phasen des Bedeutungssystems aktualisiert. Gerade infolge der Bedürfnisse, die durch das Verhalten des Subjekts bestimmt werden, nehmen die bestimmten Erscheinungen eine Zeichenfunktion gegenüber anderen Erscheinungen an. Somit wird nach Dewey in den Bedeutungen keinerlei objektiver Inhalt widergespiegelt. Die Bedeutung der Zeichen wird nach seiner Auffassung ausschließlich durch die Aktivität des Subjekts, durch die Bedürfnisse seines Verhaltens bestimmt. In voller Übereinstimmung mit seiner allgemeinen erkenntnistheoretischen Konzeption nimmt er an, daß die Bedeutung immer nur eine Bedeutung für das Verhalten des Subjekts ist und in ihr kein objektiver (vom Subjekt unabhängiger) Inhalt vorhanden ist und auch nicht sein kann.

B. Russell rückt zweifellos in die Nähe des Pragmatismus (Behaviorismus, Instrumentalismus), wenn er die Bedeutung als physiologische Reaktion des Organismus auf das Zeichen charakterisiert. Beim Übergang zu komplizierteren Gebieten des menschlichen Operierens mit wissenschaftlichen Zeichen werden nur die Erscheinungsformen dieser Reaktionen modifiziert, während ihr Wesen, Russell zufolge, unverändert bleibt. So schreibt er z. B.:

„Die Bedeutung eines komplizierten mathematischen Ausdrucks besteht darin, eine Regel für praktsiches Handeln in bestimmten Fällen zu geben. Nehmen wir z. B. die Regel vom Verhältnis des Kreisumfangs zum Kreisdurchmesser. Nehmen wir an, Sie sind ein Bierbrauer und benötigen Reifen mit einem bestimmten Durchmesser für Ihre Bierfässer. In diesem Falle gibt Ihnen der Ausdruck (über das Verhältnis von Kreisumfang zu Durchmesser) eine Regel zur Berechnung des für die Reifen notwendigen Materials an die Hand“[20].

An anderen Stellen aber charakterisiert Russell die Bedeutung als Abbild, als reproduktive Vorstellung. Wir wollten in diesem Zusammenhang nur gewisse Ähnlichkeiten bei Russell und den Pragmatisten in bezug auf Zeichen und Bedeutung deutlich machen.

Der pragmatistischen Auffassung von Zeichen und Bedeutung kommt auch die operationalistische nahe. P. Bridgman meint, daß die Bedeutung des Zeichens in seinen Anwendungsoperationen bestehe. Hierbei werden unter Operationen „gezielte Handlungen“ des Individuums verstanden. Zu diesen Handlungen gehören Bridgman zufolge auch die „Papier-Bleistift“-Operationen, d.h. das Operieren mit sprachlichen Zeichen und den speziellen konventionellen Zeichen der verschiedenen Wissenschaften.

Wie wir sehen, ist die pragmatistische Zeichenkonzeption eine subjektiv-idealistische. Die Negierung der objektiven materiellen Welt und ihrer ideellen Widerspiegelung führt die Pragmatisten unweigerlich zur Negierung der Tatsache, daß in den Zeichen Bedeutungen fixiert werden, die gedankliche Abbilder der verschiedenen Gegenstände, Eigenschaften und Beziehungen der objektiven Wirklichkeit sind. Deshalb sind die erkenntnistheoretischen Grundlagen der pragmatistischen Zeichentheorie falsch und müssen abgelehnt werden.

Anmerkungen

[1] Mayer, F.: *A History of American Thought.* Univ. of California Press 1951, 257.
[2] James, W.: „Does ‚Consciousness' Exist?" In: *Journal of Philosophy* 1 (1904), 477–491.
[3] James, W.: *Der Pragmatismus. Ein neuer Name für alte Denkmethoden.* Übers. v. W. Jerusalem. Leipzig 1908, 162.
[4] Dewey, J.: *Problems of Men.* New York 1946, 405
[5] Dewey, J.: *Problems of Men*, a.a.O. 221–222.
[6] Lenin, W. I.: *Philosophische Hefte.* Werke, Bd. 38, 177–178.
[7] Vgl. Dewey, J.: *Experience and Education.* New York 1938, 41.
[8] Dewey, J.: Logic. *The Theory of Inquiry.* New York 1938, 104 u. 117.
[9] Schiller, F. C. S.: „Axioms as Postulates". In: *Personal Idealism.* Hrsg. von H. Sturt. London 1902, 60.
[10] Watson, J. B.: *Behaviorismus.* Ergänzt durch den Aufsatz „Psychologie, wie sie der Behaviorist sieht". Hrsg. und mit einem Vorwort v. C. F. Graumann. Köln 1968.
[11] Ebd.
[12] Ebd.
[13] Ebd.
[14] Vgl. Weiss, A.: *A Theoretical Basis of Human Behavior.* Columbus 1925.
[15] Vgl. Gellner, E.: *Words and Things.* London 1959, 72.
[16] Dewey, J. und Bentley, A.: *Knowing and the Known.* Boston 1949, 148.
[17] Holt, E. B.: *The Concept of Consciousness.* London 1914, 124.
[18] Ebenda 182–183.
[19] Brzozowski, St.: *Idee. Wstęp do filozofii dojrzalości dzoéjowej.* Lwów 1910, 55. (Hervorhebung von mir, L. R.)
[20] Russell, B.: Human Knowledge, its Scope and Limits. London 1948.

Die neopositivistische Erkenntnistheorie und die Zeichentheorie der Sprache (1962)

Das Problem des Verhältnisses von Sprache, Denken und objektiver Wirklichkeit ist von großer prinzipieller erkenntnistheoretischer Bedeutung. Dieses Problem ist Gegenstand heftiger Auseinandersetzungen zwischen den Vertretern des dialektischen Materialismus und den vielen Richtungen der modernen idealistischen Philosophie, insbesondere des Neopositivismus. Von der Lösung dieses Problems hängt die theoretische und methodologische Grundlage der allgemeinen Sprachwissenschaft ab; sie ist somit auch für die Linguistik von eminenter Bedeutung. Deshalb müssen die verschiedenen Standpunkte zu diesem Problem sehr aufmerksam untersucht werden.

Zu diesem Problemkreis gehört auch die Frage, ob man die Sprache insgesamt als Zeichensystem betrachten kann und ob eine solche Charakterisierung der Sprache vom philosophischen Standpunkt aus befriedigen kann. Für die allseitige Klärung und richtige Lösung des Problems ist es zweifellos notwendig, die vorliegenden Zeichenkonzeptionen zu analysieren. Aufgabe dieses Artikels ist es, die erkenntnistheoretischen Grundlagen der neopositivistischen Zeichentheorie der Sprache kritisch zu betrachten. Dieser Betrachtung möchten wir noch einige positive Bemerkungen vorausschicken, um unsere Ausgangsposition zu klären.

1.

Jede relativ selbständige sprachliche Einheit, also auch das Wort, stellt ein kompliziertes materielles und ideelles Gebilde dar. Zu den Komponenten des Wortes gehören notwendig die äußere Lautform und der innere Sinngehalt (Bedeutung). Eine Lautung ohne Bedeutung ist kein Wort. Da sich die Diskussionen um die Zeichentheorie der Sprache aber nicht auf ihre Lautform (die Zeichenfunktion der letzteren unterliegt keinem Zweifel), sondern vor allem auf die Bedeutung beziehen, wollen wir diese näher betrachten.

Zunächst möchten wir bemerken, daß der Terminus „Wortbedeutung" hier im weitesten Sinne verwendet wird; gemeint ist damit jeder von Menschen erkannte Inhalt in bezug auf Gegenstände, deren Eigenschaften und Beziehungen, der in der lautlichen (materiellen) Form der Sprache fixiert wird. Die Struktur der Wortbedeutung ist sehr kompliziert, und ihre eingehende Untersuchung würde den Rahmen dieses Artikels überschreiten. Für die Bedeutung sind jedoch einige allgemeine Merkmale charakteristisch, die erkenntnistheoretische Probleme berühren. Gerade diese Merkmale werden uns hier vor allem interessieren.

Was ist die Wortbedeutung? Vor allem muß man natürlich die vereinfachende Identifizierung der Wortbedeutung mit dem objektiven Gegenstand zurückweisen. Wenn man ein Blatt Papier vernichtet, so vernichtet man damit keineswegs die Bedeutung der Worte „ein Blatt Papier" u.ä. Und umgekehrt: wenn man das Wort „Buch" ausspricht und damit jemand anderem eine bestimmte Bedeutung mitteilt, so übergibt man ihm dadurch durchaus nicht das Buch selbst als Gegenstand. Wir weisen jedoch vor allem aus erkenntnistheoretischen Erwägungen die Ansicht zurück, daß die Wortbedeutung mit dem Gegenstand selbst identisch ist. Die gegenständliche Welt existierte ja bereits zu einem Zeitpunkt, als es das Denken und die Sprache noch nicht gab. So gab es z.B. einen Gegenstand wie die Sonne auch schon, als es noch kein Wort zur Bezeichnung dieses Gegenstandes gab. Da es kein Wort gab, gab es auch nicht seine beiden Komponenten – die lautliche und die semantische – die Form und die Bedeutung (die ja korrelativ sind). Aber den Gegenstand gab es bereits. Folglich kann man die Bedeutung nicht mit dem Gegenstand gleichsetzen, wenn sich auch *jede Bedeutung direkt oder indirekt auf einen Gegenstand bezieht* und ihn von dieser oder jener Seite widerspiegelt. Völlig richtig schrieb Akademiemitglied V. L. Komarov:

„Damit der Mensch daran denken konnte, wie er die Kiefer oder Birke benennt, mußten diese Bäume im Wald wachsen, unabhängig davon, ob der Mensch sie so bezeichnen oder ob er ihre Existenz niemals wahrnehmen würde"[1].

Die sprachlichen Benennungen einschließlich ihrer Inhalte sind in bezug auf die objektive Wirklichkeit sekundär. Wir können also feststellen, daß der Gegenstand nicht identisch mit der Wortbedeutung ist.

Wenn aber nicht der Gegenstand die Wortbedeutung ist, dann ist diese Bedeutung ein Bestandteil der Sprache selbst. Deshalb wurde eingangs auch gesagt, daß die Bedeutung die innere Komponente des Wortes ist. Damit ist aber das Wesen der Bedeutung noch nicht konkreter bestimmt. Man kann in dieser Frage verschiedene Standpunkte vertreten. Die einen halten die Bedeutung für ein Zeichen, die anderen für die Widerspiegelung und wieder andere für die Beziehung zwischen

Zeichen und Gegenstand. Wir wollen versuchen nachzuweisen, daß die Bedeutung die in sprachlichen Lauten fixierte Widerspiegelung der objektiven Wirklichkeit ist. Nur eine solche Interpretation der Bedeutung, so will uns scheinen, entspricht den Prinzipien der marxistisch-leninistischen Widerspiegelungstheorie. Die Behauptung, daß die Bedeutung ein Zeichen sei, ein Element, eine Seite oder eine Eigenschaft des Zeichens, vermag das Problem nicht zu lösen, da für das Zeichen als *Ganzes* immer die berechtigte Frage bleibt: Was aber ist seine Bedeutung?

Folglich ist der Begriff der Bedeutung weder ganz noch teilweise mit dem Begriff des Zeichens identisch. Das Zeichen ist nur in dem Maße ein Zeichen, wie es eine Bedeutung repräsentiert, woraus jedoch keinesfalls folgt, daß die Bedeutung eine Komponente des Zeichens ist bzw. eine Seite oder Eigenschaft desselben darstellt. Das Zeichen repräsentiert nicht das Zeichen selbst, sonst würde der Prozeß der Repräsentation jeden Sinn verlieren. Ebenso unhaltbar ist, wie wir im folgenden sehen werden, die Meinung, die Bedeutung sei die Beziehung des Zeichens zum Gegenstand. Diese beiden Konzeptionen führen zu falschen erkenntnistheoretischen Schlußfolgerungen.

Wie ist nun aber die Beziehung von Lautung, Bedeutung und Gegenstand zu verstehen?

Die Lautung eines Wortes ist etwas Materielles und erfüllt gegenüber dem Gegenstand die Funktion eines Zeichens. Sie erfüllt diese Funktion jedoch nicht unmittelbar, sondern vermittelt – über die Bedeutung, deren Träger sie ist. Diese vermittelnde Funktion der Bedeutung ist Voraussetzung für die Verständigung im Kommunikationsprozeß. Jede andere konstante oder zeitweilige Verbindung von Lautung und Gegenstand geht über die Wirkung der Mechanismen des ersten Signalsystems nicht hinaus und ist nicht sprachlicher Natur. Zur Bezeichnung des Gegenstandes muß die Lautung eine Bedeutung haben. Die Bedeutung aber ist ideell und erfüllt gegenüber dem Gegenstand eine Funktion der Widerspiegelung. Sie ist nicht etwas dem Wort Äußerliches, sondern gehört zum Wort selbst und ist dessen wesentlichstes Element. Die Bedeutung spiegelt ihrerseits den Gegenstand nicht unmittelbar, sondern vermittel wider – über die Lautung, da eine verallgemeinerte begriffliche Widerspiegelung der Wirklichkeit nur über das zweite Signalsystem möglich ist, d. h. über ein besonderes System physiologischer Zusammenhänge, die bei der Artikulation und Aufnahme von Lautkomplexen mit verallgemeinerter Bedeutung (die als Signale von Signalen fungieren) entstehen[2].

Der untrennbare innere Zusammenhang von Lautung und Bedeutung im Wort wird auch durch andere Erkenntnisse der Physiologie, Psychologie und Psychiatrie erhärtet. Wenn infolge pathologischer Störungen bestimmter Gehirnzentren der Zusammenhang zwischen Lautung und Bedeutung und folglich auch zwischen Lautung und Gegenstand gestört ist, kommt es unweigerlich zu Sprachstörungen, und die Wörter verlieren ihre kommunikative und intellektuelle Bedeutung, d.h. sie hören auf, als sprachliche Erscheinungen zu fungieren. Bei einer Schädigung des motorischen Sprachzentrums (Brocasches Zentrum) kommt es zu einer motorischen Aphasie (zum Verlust des Sprechvermögens: Der Kranke kann nicht sprechen). Bei einer Verletzung des Wernickeschen Zentrums kommt es zu einer sensorischen Aphasie (zum Verlust des Sprachverständnisses: Der Kranke hört einzelne Laute, die sich für ihn jedoch nicht mit einer Bedeutung verbinden und deshalb keine sprachliche Funktion erfüllen – der Kranke kann das Gesprochene nicht verstehen). Das Wesen der Aphasie besteht also in der Unterbrechung des Zusammenhangs zwischen Bedeutung und Lautung: Bei der motorischen Aphasie handelt es sich um einen Bruch zwischen Bedeutung und lautlicher Artikulation, bei der sensorischen Aphasie um einen Bruch zwischen Bedeutung und Gehörbild. Diese Erkenntnisse der Sprachpathologie beweisen einmal mehr, daß Bedeutung und Lautform im normal funktionierenden Wort untrennbar miteinander verbunden sind.
Bei konsequent materialistischer Sprachauffassung muß die Wortbedeutung notwendigerweise als eine innere Komponente des Wortes verstanden und als Widerspiegelung von Gegenständen und Erscheinungen der objektiven Wirklichkeit definiert werden. Der bedeutende zeitgenössische Psychologe H. Wallon schreibt ganz richtig, daß das Wort „nichts bedeutet, wenn es nicht zu jeder Zeit die Bilder der Dinge und eine mögliche Rückkehr zu deren sinnlich wahrnehmbarer Realität impliziert, worin seine eigentliche Bedeutung liegt“. Im Wort „nur das Symbol eines Dinges“ zu sehen, „bedeutete eine Präparierung, die die psychische Tätigkeit ihres eigentlichen Lebens beraubt“[3].
Somit ist die Wortbedeutung eine spezifisch sprachliche Form der Widerspiegelung der Wirklichkeit. Die Spezifik der Bedeutung als einer Form der Widerspiegelung besteht darin, daß die in den Lauten der Wörter und Sätze fixierte Widerspiegelung nicht nur mit der Natur der widergespiegelten Wirklichkeit, dem Charakter der praktischen Beziehung zu ihr und den Formen ihrer Bewußtwerdung zusammenhängt, sondern auch mit dem historisch entstandenen System der Sprache als

einem Kommunikationsmittel, das die Besonderheiten der Bedeutung auf Grund des tiefen inneren Zusammenhangs zwischen dem Widerspiegelungsprozeß und den Erfordernissen und Aufgaben der Kommunikation wesentlich bestimmt. Wenn daher die Untersuchung der verschiedenen Formen der Erkenntnis durch deren Abstraktion vom ganzheitlichen komplizierten Prozeß der Widerspiegelung und der Tätigkeit der Menschen im Kommunikationsprozeß unter verschiedenen Aspekten durch die Erkenntnistheorie, Logik und Psychologie erfolgt, so ist es Aufgabe der Semantik (Semasiologie), die Formen der Widerspiegelung von der Seite zu untersuchen, von der sie in spezifischer Weise durch die kommunikative Rolle der Sprache als eines bestimmten, in einem gegebenen Kollektiv einheitlichen Systems der Kommunikationsmittel definiert werden. Eine solche Untersuchung erfolgt ebenfalls durch Abstraktion, allerdings unter einem anderen Gesichtspunkt, da die Widerspiegelung hier nur insoweit bedeutsam ist, als sie in sprachlichen Mitteln realisiert und von diesen übermittelt wird.

Auf Grund dieser Überlegungen halten wir eine Definition der Wortbedeutung als *Beziehung* des Lautkomplexes zum Gegenstand für falsch. Zweifellos ist die Lautung in irgendeiner Weise mit dem Gegenstand korreliert. Worin besteht aber das Wesen dieser Beziehung? Schließlich ist es keine unmittelbare und keine im eigentlichen Sinne des Wortes natürliche. Die Beziehung der Lautung zum Gegenstand wird durch die *Bedeutung vermittelt*, deren Träger der Lautkomplex ist. Die Bedeutung selbst ist die sprachliche Form der Widerspiegelung des Gegenstandes. Wenn behauptet wird, die Bedeutung sei die Beziehung zwischen Lautung und Gegenstand, so heißt das nichts anderes, als daß die Bedeutung eine durch die Bedeutung vermittelte Beziehung ist. Der Begriff der „Beziehung" ist in diesem Falle nicht spezifisch. Alle Wortlautungen beziehen sich auf Gegenstände und Erscheinungen. Wie aber sieht diese Beziehung aus? Das hängt davon ab, was die Wortlautungen bedeuten, d. h. welche *Bedeutung* sie haben. Die letztere bestimmt die Natur der Beziehung zwischen Lautung und Gegenstand, aber diese Beziehung selbst ist nicht die Bedeutung. Die Beziehung zwischen Lautung und Gegenstand ist die Bezeichnungsrelation, nicht aber die Bedeutung. Das sind zwei verschiedene Dinge. Die Lautung erfüllt gegenüber dem Gegenstand eine Zeichenfunktion. Definiert man die Bedeutung als Beziehung zwischen Lautung und Gegenstand, so ist die Beziehung zwischen Zeichen und Gegenstand wiederum die Bedeutung. Möglicherweise hat aber das Zeichen nichts mit dem bezeichneten Gegenstand gemein und keine Ähnlichkeit mit diesem. Die Wortbedeutung hingegen ist sein Sinngehalt, und unter dem Gesichtspunkt des Sinngehaltes ist das Wort nicht die Bezeichnung, sondern die Widerspiegelung des Gegenstandes. Ursprung der Bedeutung ist die objektive Wirklichkeit. Sie selbst ist die sozial vermittelte, lautlich fixierte Widerspiegelung der objektiven Wirklichkeit. Die Wortbedeutung als innere Komponente des Wortes ist spezifischer Gegenstand der Semasiologie, eines Teilgebiets der Sprachwissenschaft. Andererseits hängt die Wortbedeutung mit der Entwicklung des gesellschaftlichen Seins und des Denkens zusammen, ohne die sie nicht verständlich ist. Deshalb ist die Bedeutung genau jenes Element des Wortes, das die materielle, wahrnehmbare Form des Wortes mit der sich im Bewußtsein der kommunizierenden Menschen widerspiegelnden objektiven Wirklichkeit verbindet.

2.

Die Reduzierung der Bedeutung auf das Zeichen oder die Eliminierung der Bedeutung aus der Sprache führen in gleichem Maße zu einer falschen Behandlung der Sprache als eines Zeichensystems. Wie die moderne philosophische, psychologische und linguistische Literatur zeigt, hängt die Zeichentheorie der Sprache in ihrer jetzigen Form eng mit der neokantianischen, neopositivistischen und pragmatistischen Erkenntnistheorie zusammen, wobei dieser Zusammenhang nicht zufällig ist, sondern aus dem Wesen der zu untersuchenden Konzeption resultiert. Wir müssen zunächst unterstreichen, daß die Anhänger der Zeichentheorie bei der Charakterisierung der Sprache als eines Zeichensystems nicht nur die äußere, lautliche Seite der Sprache, sondern die Sprache als *Ganzes* im Auge haben. Hierbei schließen sie in den Begriff der Sprache entweder deren innere, ideelle Seite des Sinngehaltes ein, die ebenfalls semiotisch gesehen wird (als Element oder Komponente des Zeichens), oder aber sie klammern den Komplex der Bedeutungen als ideelle Widerspiegelungen vollkommen aus dem Begriff der Sprache aus und setzen die Lautkomplexe der Sprache unmittelbar mit den Erscheinungen der umgebenden Wirklichkeit (die als Gesamtheit der sinnlich wahrnehmbaren Erfahrungswerte definiert wird) in Beziehung. Es ist völlig klar, daß die Anhänger der Zeichentheorie der Sprache die Bedeutung der Sprache in beiden Fällen nicht als ein Mittel der *Widerspiegelung* der objektiven Wirklichkeit im Bewußtsein der miteinander kommunizierenden Menschen verstehen, nicht als ein Mittel des Austauschs von Gedanken, die die Wirklichkeit widerspiegeln.

Die Auffassung der Bedeutung als Beziehung zwischen Zeichen und sinnlich wahrnehmbaren Erfahrungswerten hängt auf engste mit den Ideen der neopositivistischen Erkenntnistheorie zusammen. Dieser Zusammenhang ist hierbei, wie bereits erwähnt, keineswegs rein äußerlicher und zufälliger Natur. Hiervon kann man sich leicht überzeugen, wenn man sich mit den Anschauungen der bekanntesten Vertreter dieser philosophischen Richtung auseinandersetzt. So ist z.B. nach A. Whitehead die Welt ein Chaos von Fakten, die Gesamtheit einzelner und ungeordneter Ereignisse, denen die Empfindungen als „primäre Elemente" zugrunde liegen. Ordnung, Einheit und Zusammenhang bringt das Subjekt in dieses Ausgangsmaterial mit Hilfe eines Zeichensystems. Von diesem Standpunkt aus ist die Wissenschaft nichts anderes als die Gesamtheit verschiedener Zeichenkonstruktionen. Was wir als physische Gegenstände ansehen, ist für die Neopositivisten das Ergebnis der Konstruktion aus Empfindungen mit Hilfe von Zeichen. „Alle physischen Gegenstände lassen sich auf psychische zurückführen", schreibt R. Carnap. Die Aufgabe der Wissenschaft, so behauptet er, bestehe darin, „aus dem individuellen Strom von Erlebnissen das Objektive zu konstruieren". „Alle Gegenstände können aus ‚meinen elementaren Erlebnissen' konstruiert werden [...] Jeder Gegenstand, der nicht einer aus meinen Erfahrungen ist, ist somit ein scheinbarer Gegenstand"[4]. In vielen anderen Arbeiten versuchen die Neopositivisten, diese ihre subjektiv-idealistische Konzeption zu vertuschen. Sie versuchen, die Sache so darzustellen, als ob die primären Erfahrungswerte, die „Fakten" und „Ereignisse", an sich weder materiell noch ideell, weder physisch noch psychisch sind, sondern erst auf Grund verschiedener, mit Hilfe der Zeichen hergestellter Beziehungen zu solchen werden. B. Russell schreibt:

> „Geist und Materie sind logische Konstruktionen; die Elemente, aus denen sie konstruiert bzw. abgeleitet werden, sind durch verschiedene Beziehungen miteinander verbunden, wobei die einen von der Physik und die anderen von der Psychologie erforscht werden"[5].

Jedoch ist auch diese Annahme der Neopositivisten durchaus nicht neu. Sie ist eine Wiederholung der berüchtigten Idee Machs von der „Neutralität" der Erfahrungselemente gegenüber dem Physischen und Psychischen, die von Lenin in seinem Buch *Materialismus und Empiriokritizismus* glänzend widerlegt worden ist.

Die neopositivistische Erkenntnistheorie führt den gesamten Erkenntnisprozeß im Grunde genommen auf die Beziehung zwischen Zeichen und Objekt zurück, die als Kombinationen von Empfindungen verstanden werden. Diese Beziehung wird als eindeutige Entsprechung von Zeichen und Gegenständen betrachtet, keineswegs jedoch als Widerspiegelung der letzteren. Schlick schreibt:

„Der Begriff der Entsprechung im Sinne von Gleichheit oder Ähnlichkeit schmilzt unter den Strahlen der Analyse, und was von ihm übrig bleibt, läuft auf eine eindeutige Zuordnung hinaus. In dieser eindeutigen Zuordnung besteht auch der Sinn der Beziehung des wahren Urteils zur Wirklichkeit, und alle naiven Theorien, nach denen unsere Begriffe und Urteile die Wirklichkeit angeblich irgendwie ‚widerspiegeln' können, werden auf diese Weise endgültig widerlegt"[6].

Die Anhänger der Zeichentheorie der Sprache und des Denkens argumentieren folgendermaßen: Die Sprache ist ein Zeichensystem; die Erkenntnis ist ein Prozeß der Zuordnung von sprachlichen Zeichen zu Objekten (auf diese Zuordnung läuft die Semantik jeder Aussage hinaus); die Beziehung der sprachlichen Zeichen zu den Objekten ist eine Beziehung der eindeutigen Entsprechung, nicht der Widerspiegelung; deshalb kann bei der Beschreibung des mit den Mitteln der Sprache vollzogenen Erkenntnisprozesses von einer Widerspiegelung der objektiven Wirklichkeit in diesem Prozeß keine Rede sein. So sieht die innere Logik dieser Konzeption aus, die unabhängig von der sonstigen Konsequenz ihrer Verfechter ist.

Damit richtet sich die Zeichentheorie der Neopositivisten gegen die materialistische Widerspiegelungstheorie. Sie suchen nach allen möglichen Argumenten, um diese zu widerlegen. Schlick schreibt:

„Die Widerspiegelung kann ihre Aufgabe niemals ganz erfüllen, denn dann müßte sie ein zweites Exemplar des Originals sein, ein Duplikat; das Zeichen dagegen ist in der Lage, das zu erfüllen, was wir von ihm verlangen, da von ihm nur eine eindeutige Zuordnung gefordert wird"[7].

Schlick negiert die Möglichkeit einer Widerspiegelung der objektiven Wirklichkeit im Bewußtsein des Menschen und zieht die überholten Argumente des subjektiven Idealismus heran, wonach etwa der Gegenstand „in der Widerspiegelung niemals das sein kann, was er an sich ist, denn jedes Bild muß von dem es widerspiegelnden Organ von einem bestimmten Gesichtspunkt aus aufgenommen werden und kann folglich nur eine subjektive und zudem perspektivische Ansicht des Gegenstandes geben"[8]. Wenn diese Argumente auch bei der Kritik des naiven und metaphysischen Materialismus eine gewisse Bedeutung haben können, so sind sie doch vollkommen bedeutungslos gegenüber der dialektisch-materialistischen Erkenntnistheorie, nach der unsere Wahrnehmungen, Vorstellungen und Begriffe *subjektive* Abbilder der objektiven Gegenstände sind, die eine *relative* (also nicht vollständige) Ähnlichkeit mit den abgebildeten Gegenständen aufweisen.

Nach Ansicht der Neopositivisten gibt es eine philosophische Frage nach dem Verhältnis von Bewußtsein und Materie nicht, sondern nur eine linguistische Frage nach der Zuordnung der Zeichen zu den Empfindungen. Sie nehmen an, daß sich die Erkenntnistheorie darauf beschränkt, die Rolle der Zeichensysteme bei der Ordnung der wahrnehmbaren Erfahrungswerte zu analysieren und mit der Widerspiegelung der objektiven Wirklichkeit nichts zu tun hat. Carnap schreibt:

„Aufgabe der Philisophie ist die semiotische Analyse; die Philosophie befaßt sich nicht mit Fragen nach der letzten Natur des Seins, sondern untersucht die semantische Struktur der Sprache der Wissenschaft, darunter den theoretischen Teil der Alltagssprache“[9].

Die Struktur der Sprache bildet das Zeichensystem, nach dessen Regeln das gesamte Material unserer Erfahrung systematisiert wird. Dabei ist dieses sprachliche Zeichensystem so bestimmend, daß die Konstatierung der empirischen Existenz des einen oder anderen Dinges oder Ereignisses davon abhängt, ob es in das System der entsprechend der Struktur der Sprache zu bezeichnenden Erscheinungen eingeordnet werden kann. R. Carnap schreibt:

„Die Dingwelt anzunehmen, bedeutet nichts mehr, als eine gewisse Sprachform anzunehmen. [...] Etwas als ein wirkliches Ding oder Ereignis anzuerkennen bedeutet, es mit Erfolg dem System von Dingen an einer bestimmten Raum-Zeit-Stelle einzuverleiben, so daß es mit den anderen Dingen zusammenpaßt, die als real gemäß den Regeln des Rahmenwerks anerkannt sind“[10].

Nach dieser Theorie ist die Welt ohne sprachliche Bezeichnungen weiter nichts als ein nicht zu gliederndes Chaos von Sinneseindrücken. Erst dadurch, daß die Empfindungen als Ausgangsmaterial der Erfahrung eine Bezeichnung erhalten, gewinnen sie einen „objektiven“ Charakter, d. h. werden sie zum Gegenstand der Erkenntnis.

Hierbei kann nach Ansicht Carnaps das sprachliche System die „reale Existenz“ der Gegenstände nur im empirischen, inneren Sinne definieren. „Wirklich sein im wissenschaftlichen Sinne“, schreibt er, „bedeutet Element des Systems sein“[11]. Element des Systems sein heißt, vom sprachlichen System bestimmt werden. Deshalb kann von einer realen Existenz der gegenständlichen Welt im Sinne einer von der Erfahrung und Sprache unabhängigen Existenz unter keinen Umständen die Rede sein, auch dann nicht, wenn wir aus irgendwelchen Überlegungen heraus konventionell eine „gegenständliche“ Sprache anwenden.

Die Bedeutung des Zeichens wird von den Neopositivisten als seine Funktion in einem willkürlich geschaffenen oder gewählten Zeichensystem verstanden. Die Bezeichnungsfunktion, die das Zeichen erfüllt, schafft nach ihrer Ansicht auch das bezeichnete „Objekt". Wenn die Zeichen irgendwelche Gegenstände bezeichnen, so können diese Gegenstände im Rahmen eines gegebenen Zeichensystems als dessen existente „Objekte" betrachtet werden. Jedoch lassen sich hieraus keinerlei Schlußfolgerungen über die tatsächliche (äußere, ontologische) Existenz der Gegenstände ziehen.

Die Idee des strukturellen und formalen Charakters des Denkens und der Sprache, die bei richtiger Interpretation zweifellos *objektiv* begründet ist, wird von den Neopositivisten idealistisch entstellt und für die Negierung der Gegenständlichkeit und Inhaltlichkeit des Denkens und der Sprache, d.h. letztlich für den Kampf gegen den Materialismus verwendet. R. Carnap drückt das ziemlich offen aus, wenn er sagt, daß die strukturelle Beschreibung „die höchste Stufe des Formalismus und der *Entmaterialisierung*" darstelle[12]. An dem idealistischen Charakter dieses Prinzips ändert sich nichts dadurch, daß man die logische Syntax durch die logische Semantik ergänzt, da hierbei Formalismus und Konventionalismus der Syntax vollständig auf die Semantik übertragen werden. Vom Standpunkt der „reinen Semantik" aus bedeutet die Realität der „Gegenstände" lediglich, daß sie von einem bestimmten Zeichensystem „festgelegt" wurden. Darin besteht nach ihrer Ansicht auch die semantische Funktion der Zeichen. Aus einer solchen Argumentation folgt, daß die gegenständliche Welt (wie auch jede andere „mögliche" Welt) durch das Zeichensystem selbst geschaffen bzw. konstruiert wird.

Die Erkenntnis reduziert sich nach Ansicht der Neopositivisten auf die konventionelle Konstruktion formaler (sprachlicher) Zeichensysteme und die Herstellung formaler Beziehungen zwischen den in der Sprache bezeichneten „Erfahrungswerten", „Fakten" und „Ereignissen" (d.h. Empfindungen und Erlebnissen). Sie nehmen an, daß die Erkenntnis in der Bezeichnung der wahrnehmbaren Erfahrungswerte (Empfindungen) mit Hilfe von Zeichen besteht, die in ein System gebracht und nach konventionellen Regeln transformiert werden. Die „Zweckmäßigkeit" dieser Regeln wird dann durch eine nachfolgende Verifizierung der so erhaltenen Zeichenkombinationen bestätigt. Nach der Ansicht von R. Carnap, W. Urban, A. Ayer und anderen Neopositivisten *schaffen* also die sprachlichen Zeichen letztlich die Bedeutungen (Begriffe), und aus den Bedeutungen werden die Objekte *konstruiert*. Urban schreibt z.B., daß „die Sprache die Bedeutungen schafft, ohne die eine Konstruktion des Objekts nicht möglich ist"[13]. Ayer bestätigt, daß wir selbst mit Hilfe eines Systems konventioneller sprachlicher Zeichen aus den Empfindungen die Gegenstände konstruieren.

Da die Neopositivisten jegliche objektive Determiniertheit der Zeichensysteme negieren, sind sie nicht in der Lage, insbesondere die einheitliche Bedeutung der sprachlichen Zeichen in einem sozialen Kollektiv zu erklären. Das Prinzip der subjektiven Willkür versperrt den Weg zu einer solchen Erklärung und als letzte Zuflucht greifen sie auf den Konventionalismus zurück. W. Berry z.B. argumentiert in seinem Artikel *Symbol, Bewußtsein und Intersubjektivität* (1958) folgendermaßen: Die Kommunikation zwischen den Menschen erfolgt über ein sprachliches Zeichensystem, das als Mittel zur Kommunikation zwischen den Individuen dient; da der Inhalt des individuellen Bewußtseins außerhalb des Bewußtseins keinerlei objektive Grundlage hat, beruht die Intersubjektivität der Bedeutung von sprachlichen Zeichen, die die Voraussetzung für gegenseitige Verständigung ist, auf einer konventionellen Übereinkunft zwischen den Individuen hinsichtlich der Bedeutung der verschiedenen Zeichen.

Aber das Prinzip der Konventionalität als solches hat nie etwas erklärt, da sich unweigerlich immer die Frage nach der Begründung der Konvention stellte. Die Neopositivisten können bei ihrem Versuch, der Grundfrage der Philosophie als einer angeblich „metaphysischen" und „sinnlosen" auszuweichen, diese bestenfalls mit Hilfe ihrer Konstruktionen aufschieben; sie stellt sich im weiteren notwendigerweise bei der Frage nach der Begründung der Konvention: worin besteht diese Begründung, wodurch wird die Konvention bestimmt, durch objektive Ursachen im Bereich der materiellen Wirklichkeit und gesellschaftlichen Praxis, oder durch subjektive Ursachen, die im Bewußtsein des Individuums wurzeln? An dieser Frage kommt man nicht vorbei, und die Neopositivisten beantworten sie, wenn auch verschleiert (sie berufen sich auf „Zweckmäßigkeit", „Effektivität", „Ökonomie des Denkens" usw.), im Geiste des subjektiven Idealismus.

Dem subjektiv-idealistischen Prinzip des Konventionalismus bei der Behandlung von Zeichensystemen müssen wir das dialektisch-materialistische Prinzip des Determinismus entgegensetzen. Das Zeichensystem wird durch ein System von Begriffen bestimmt, und dieses Begriffssystem ist durch die Struktur der objektiven Wirklichkeit und der praktischen Beziehung des Menschen zu dieser Wirklichkeit bestimmt. Die praktischen Beziehungen der Menschen zu der sie umgebenden Wirklichkeit sind vielfältiger Art. Sie hängen nicht nur von der Verschiedenartigkeit der Gegenstände, sondern auch von der

Verschiedenheit ihrer Beziehungen untereinander und unserer Beziehungen zu ihnen ab. All das bedingt die „Vielschichtigkeit" der Gegenstände der Umwelt, bei der verschiedene Seiten derselben Gegenstände als wesentlich und in bestimmter Hinsicht bedeutsam erscheinen können, das um so mehr, als die Gegenstände und ihre Beziehungen sich in einem Prozeß ständiger Veränderung und Entwicklung befinden. Von hierher erklären sich die verschiedenen „Standpunkte", „Perspektiven" und „Ebenen" in der Struktur der objektiven Wirklichkeit selbst und in der Art und Weise ihrer konzeptualen Widerspiegelung mit Hilfe entsprechender Zeichensysteme (z.B. die Geometrie Euklids und die nichteuklidische Geometrie, die klassische Mechanik und die Quantenmechanik, die klassische Theorie von Raum und Zeit und die Relativitätstheorie usw.).
Für eine allseitige Widerspiegelung der Wirklichkeit ist deshalb eine entsprechende Flexibilität der Begriffe erforderlich. Die Flexibilität kann sich in veränderten Inhalten der einzelnen Begriffe, aber auch in der Schaffung verschiedener Begriffssysteme und ihrer Transformationen äußern, wozu auch verschiedene Zeichensysteme verwendet werden können. Ein Element der Willkür (Bedingtheit) ist hier natürlich vorhanden, aber es ist *relativ*, da die Wahl des einen oder anderen Begriffssystems (und der entsprechenden Zeichen) letzten Endes durch deren Effektivität im Prozeß der *Widerspiegelung* der wesentlichen Seiten, Eigenschaften und Beziehungen der *objektiven* Wirklichkeit determiniert ist, die unabhängig vom Denken und der Sprache existiert, wobei das Kriterium für die Wahrheit dieser Widerspiegelung hier wie überall die Praxis bleibt.
Hieraus folgt, daß wir die Überlegungen der Neopositivisten zu diesem Problem nicht von vornherein rundweg ablehnen, sondern uns kritisch mit ihnen auseinandersetzen sollten. Man muß berücksichtigen, daß die von den Neopositivisten behauptete mögliche Existenz vieler Zeichensysteme und deren willkürliche Auswahl bestimmte erkenntnistheoretische Wurzeln haben. Sie bestehen in der realen Möglichkeit, vielfältige Begriffssysteme zu bilden, die durch den komplizierten Aufbau der objektiven Welt und der sich daraus ergebenden Möglichkeit, ja sogar Notwendigkeit, diese Welt unter vielfältigen Aspekten zu betrachten, determiniert sind. Jeder dieser Aspekte ist der Wirklichkeit in irgendeiner Hinsicht adäquat, in ihrer Gesamtheit aber stellen sie den komplizierten ganzheitlichen Prozeß der fortschreitenden wissenschaftlichen Erkenntnis dar. So werden die durch die Wirklichkeit und die Beziehung des Menschen zu ihr determinierte relative Variabilität und

Willkürlichkeit der Begriffs- und Zeichensysteme bei den Neopositivisten zur absoluten, durch nichts determinierten und ausschließlich konventionellen Multiplizität und Willkürlichkeit der Begriffs- und Zeichensysteme.

Da die Neopositivisten nicht erklären können, warum und wie die Zuordnung der Zeichen zu den Objekten erfolgt und auf welche Weise folglich die Bedeutung der Zeichen festgelegt wird, nehmen sie zu künstlichen Konstruktionen Zuflucht und bedienen sich dabei sämtlicher von den verschiedenen Schulen der bürgerlichen Philosophie hervorgebrachter Mittel. Nach der Auffassung von Ayer z.B. ist die Bedeutung des sprachlichen Zeichens weder der reale Gegenstand, noch sein ideelles Abbild. Die Definition der Bedeutung als der ideellen Widerspiegelung des objektiven Gegenstandes lehnt Ayer mit der Begründung ab, daß die Menschen bewußt Wörter gebrauchen können, ohne dabei anschauliche, wahrnehmbare Abbilder zu haben. Als platter Empiriker und Nominalist ignoriert er den konzeptualen Gedanken, der die objektive Gemeinsamkeit der Gegenstände und Erscheinungen widerspiegelt und die Grundlage der Wortbedeutung darstellt. Was ist aber dann nach Meinung Ayers die Wortbedeutung? In seinem 1958 auf dem Philosophenkongreß in Venedig gehaltenen Vortrag *Bedeutung und Intentionalität* behauptete er, daß die Wortbedeutung nur die *Intention* des Subjekts gegenüber dem „Objekt" sei, d.h. die Ausrichtung des Bewußtseins auf das „Objekt". Das „Objekt" bleibt hierbei Gegenstand des Glaubens, der nur durch die Effektivität des auf der genannten Intention beruhenden Verhaltens des Subjekts unterstützt wird. Diese Überlegungen stellen eine eigentümliche Mischung des phänomenologischen Begriffs der Intention, des positivistischen Begriffs des Glaubens und des behavioristischen Begriffs des Verhaltens dar. Das Wesen dieser eklektischen Vermischung ist jedoch der idealistische Subjektivismus, der die Probleme der Beziehung von Zeichen, Bedeutung und Gegenstand wie auch andere erkenntnistheoretische Probleme nicht zu erklären vermag.

3.

Bei der Verteidigung der weltanschaulichen Funktion der Zeichensysteme sind sich die verschiedenen Schulen einer subjektiv-idealistischen Erkenntnistheorie einig. Die feinen Unterschiede zwischen ihnen haben nur sekundäre Bedeutung. Für die Neokantianer ist die Sprache ein

Zeichensystem, mit dem das Bewußtsein entsprechend seinen apriorischen Formen den kontinuierlichen Strom von Eindrücken organisiert. H. Rickert schreibt:

„Der Inhalt, den wir nur ‚wahrnehmen', hat überhaupt keine Formen, sondern wird schon dadurch geformt, daß wir von ihm sprechen"[14].

Noch deutlicher klingt diese idealistische Einstellung in der Argumentation von E. Cassirer an: „Die Welt wird durch die Sprache geschaffen", behauptet er. – „Die objektiven Vorstellungen [...] sind nicht Ausgangspunkt des Prozesses der Herausbildung der Sprache, sondern das Endziel, zu dem dieser Prozeß führt"[15]. Die Objekte des Wissens werden hier also verstanden als Resultat einer sprachlichen Konstruktion.

Die neopositivistischen und die neokantianischen Konzeptionen sind sich einig in der Verteidigung der idealistischen Vorstellung, nach der die formalen Strukturen, die dem Subjekt a priori zu eigen sind oder konventionell von ihm übernommen wurden, die Wirklichkeit bestimmen und konstruieren. Die Spezifik des semantischen Idealismus besteht in dieser Frage nur darin, daß er den Schwerpunkt von den formalen Strukturen der sinnlichen Wahrnehmung und des logischen Denkens auf die formale Struktur der *Sprache* als Zeichensystem verlagert, das alle Prozesse der sinnlich wahrnehmbaren und logischen Erkenntnis und daher auch die gesamte Struktur der Wirklichkeit bestimmt. Für alle genannten Konzeptionen ist jedoch charakteristisch, daß sie die Möglichkeit der Erkenntnis der objektiven Wirklichkeit wie sie ist, unabhängig vom Subjekt, prinzipiell negieren, d.h. dem Agnostizismus das Wort reden.

Deshalb versuchen auch einige Anhänger der Zeichentheorie der Sprache vergeblich davon zu überzeugen, daß zwischen ihrer Theorie und der agnostizistischen (insbesondere der hieroglyphischen) Erkenntnistheorie keinerlei Gemeinsameit bestehe. Natürlich darf man nicht alle Formen der Anwendung des Zeichenbegriffs vermischen, insbesondere in bezug auf die Erscheinungen des Bewußtseins (Empfindungen, Wahrnehmungen, Begriffe) und die Erscheinungen der Sprache (Wörter, Sätze). Jedoch darf man auch nicht einen gewissen Zusammenhang zwischen den verschiedenen Zeichenkonzeptionen in *gnoseologischer Hinsicht* übersehen. Dieser Zusammenhang ist nicht zufällig, denn schon die Tatsache einer tiefen inneren Einheit von Denken und Sprache zeugt von der prinzipiellen erkenntnistheoretischen Relevanz der Frage nach dem Verhältnis von Sprache und objektiver Wirklich-

keit. Der Versuch, diesen Zusammenhang zu negieren, wird durch die wesentlichen Thesen der führenden Vertreter des semantischen Idealismus widerlegt. Zum Beispiel beziehen sich Ogden und Richards, die die „Theorie des sprachlichen Symbolismus" entwickelten, direkt auf die erkenntnistheoretischen Ideen von Helmholtz und schließen sich ihnen an. Helmholtz, so schreiben sie, sei völlig richtig davon ausgegangen, daß die Eigenschaften der Empfindungen nicht die Eigenschaften der Objekte widerspiegelten, daß die Zeichen keine Widerspiegelung der Wirklichkeit seien. Die Sprache ist eines der Zeichensysteme und hat als solches einen vollkommen konventionellen Charakter. Die Wahl des einen oder anderen Zeichensystems hängt ausschließlich von einer Zweckmäßigkeit für die mit seiner Anwendung verbundenen subjektiven Ziele ab. Der Gebrauch sprachlicher Zeichen reduziert sich auf deren eindeutige Zuordnungen zu den Referenten, d. h. zu den sinnlich wahrnehmbaren Erfahrungswerten. Die Referenten sind zugleich Designate, d. h. das, was bezeichnet wird. Eine Aussage machen bedeutet nichts anderes als einen Bezug zu symbolisieren. Vom Standpunkt Ogdens und Richards aus wäre es ein großer Fehler anzunehmen, man könne mittels sprachlicher Zeichen zu irgendeiner Erkenntnis über die Wirklichkeit gelangen. Der Bezug wird nicht widergespiegelt, sondern nur bezeichnet, und über den Bezug hinaus kann man überhaupt nicht vordringen[16].
Die Semiotik erhebt Anspruch auf die Rolle einer allgemeinen Erkenntnistheorie und gibt beliebigen Zeichensystemen eine entsprechende erkenntnistheoretische Interpretation. Nach Auffassung der semantischen Idealisten sind unter Zeichen nicht nur die lautlichen Komplexe der Sprache und deren hörbare Abbilder, sondern auch *alle menschlichen Empfindungen* zu verstehen. S. Chase z. B. meint, daß das System unserer Sinneswahrnehmungen ebenfalls ein Zeichensystem sei. Danach würden wir von unseren Sinnesorganen nur irgendwelche Zeichen über die Außenwelt erhalten, die uns ermöglichen, uns in der Welt der Erfahrung zu orientieren. Von einer Widerspiegelung irgendwelcher objektiver Eigenschaften der Außenwelt in diesen Zeichen könne nach seiner Meinung jedoch keine Rede sein. Es zeigt sich, daß die Referenten (Designate) ebenfalls Zeichen sind und die Rolle der sprachlichen Zeichen sich letztlich allein auf die Bezeichnung aller übrigen wahrnehmbaren Zeichen reduziert. Demnach dienen die einen Zeichensysteme zur Bezeichnung der anderen, und es ist deshalb prinzipiell unmöglich, über die Grenzen der Zeichensysteme hinauszugehen.

Diese erkenntnistheoretische Interpretation der Sprache durch die modernen semantischen Idealisten unterscheidet sich von der Symboltheorie Helmholtz' nur so weit, wie sich eben ein konsequenteres subjektiv-idealistisches System von einer halbmaterialistischen, verschämt agnostizistischen Theorie unterscheidet.
Somit hängt nach Auffassung der Neopositivisten und der ihnen nahestehenden Richtungen die Interpretation der Wirklichkeit nicht von deren objektiven Gesetzen, Zusammenhängen und Beziehungen ab, die mit Hilfe sprachlicher Mittel, welche sich im Laufe der historischen Entwicklung der menschlichen Gesellschaft und deren vielfältigen Beziehungen mit der Umwelt herausgebildet haben, immer vollständiger und differenzierter im menschlichen Bewußtsein widergespiegelt werden, sondern nur von den sprachlichen Systemen als primären Zeichensystemen, die das Weltbild bestimmen. Auf der Grundlage dieser falschen idealistischen Vorstellung entstanden verschiedene linguistisch-metaphysische Konzeptionen („metaphysics of language", „die Weltanschauung der Sprache" usw.), die versuchen, die verschiedenen Weltanschauungen mit unterschiedlichen Zeichensystemen zu erklären. Und wenn die Vertreter der sogenannten „reinen" Semantik versuchen, eine solche Metaphysik, die angeblich von der Struktur historisch entstandener „natürlicher" Sprachen hervorgebracht wurde, dadurch zu überwinden, daß sie eine einheitliche künstliche Sprache der Wissenschaft schaffen, so wird dadurch die subjektiv-idealistische Grundidee nicht nur nicht beseitigt, sondern im Gegenteil verstärkt und zudem in eine raffiniertere Form gebracht. Es liegt klar auf der Hand, daß diese idealistische Interpretation der Frage nach dem Verhältnis von sprachlichen Zeichen zur Wirklichkeit gegen die materialistische Lehre von der *Widerspiegelung* der objektiven Welt im menschlichen Denken, das sich in sprachlicher Form vollzieht, gerichtet ist.
Da nach Auffassung der Neopositivisten die gesamte Welt eine Zeichenkonstruktion darstellt, unterscheiden sich die verschiedenen Bereiche der Erscheinungen nur durch den Grad der Kompliziertheit hinsichtlich der vielgestaltigen Kombinationen der Ausgangszeichen. Der amerikanische Neopositivist Holt schreibt:

„Bestimmte, relativ neutrale Wesen stellen logisch-mathematische Zeichen oder Systeme dar; bestimmte komplizierte Aggregate sind physische Körper in ihren räumlichen und zeitlichen Beziehungen; die kompliziertesten Aggregate schließlich – durch Reaktion bestimmte Beziehungen – sind Komplexe, die geistig genannt werden"[17].

Somit wird die Welt mit Hilfe von Zeichen konstruiert, die primär neutrale Wesen sind, ähnlich wie bei den Machisten die Welt aus primären „neutralen“ Erfahrungselementen konstruiert wurde. Diese enge Verwandtschaft aller Spielarten des Positivismus läßt sich deutlich am Beispiel der Argumentation des machistischen Physikers P. Duhem erkennen, der schrieb:

„Die theoretische Physik, wie wir sie verstehen, ist nicht in der Lage, hinter den unserer Wahrnehmung zugänglichen Erscheinungen die wirklichen Eigenschaften der Körper zu sehen. [...] Die theoretische Physik erfaßt nicht die Realität der Dinge, sondern beschränkt sich auf die Beschreibung der unserer Wahrnehmung zugänglichen Erscheinungen mit Hilfe von *Zeichen oder Symbolen*“[18].

Die Zeichentheorie der Sprache ist, unabhängig davon, ob sie sich auf die historisch entstandenen „natürlichen“ Nationalsprachen oder auf künstlichen Sprachen der Wissenschaft bezieht, falsch, da sie auf einer falschen erkenntnistheoretischen Grundlage beruht. Die Annahme, daß die Sprache die unmittelbare Wirklichkeit des Gedankens sei, ist vom streng materialistischen Standpunkt aus unvereinbar mit der Behauptung, die Sprache sei lediglich ein Zeichensystem. Die Zeichentheorie der Sprache beruht, wie bereits gesagt wurde, entweder auf der Eliminierung der Bedeutung aus dem Wort und der Reduzierung des Wortes auf die Lautung, oder auf der Negierung einer Widerspiegelung des Gegenstandes in der Wortbedeutung. In beiden Fällen ergibt sich ein Bruch zwischen Sprache und objektiver Wirklichkeit, der unweigerlich zum Agnostizismus führen muß.

Anmerkungen

1 Komarov, V. L.: *Učenie o vide u rastenij* (Gattungslehre der Pflanzen). Moskau-Leningrad 1944, 35.
2 Vgl. Resnikow, L. O.: *Ponjatie i slovo* (Begriff und Wort). Leningrad 1958.
3 Wallon, H.: *De l'acte à la pensée, essai de psychologie comparée.* Paris 1970.
4 Carnap, R.: *Der logische Aufbau der Welt.* Berlin 1928, 78, 91, 220.
5 Russell, B.: *The Analysis of Mind.* London 1924, 307.
6 Schlick, M.: *Allgemeine Erkenntnistheorie.* 2. Aufl. Berlin 1925, 57.
7 Schlick, M.: *Allgemeine Erkenntnistheorie*, a.a.O. 82.
8 Ebenda.
9 Carnap, R.: *Introduction to Semantics.* Cambridge 1946, 250.
10 Carnap, R.: *Bedeutung und Notwendigkeit. Eine Studie zur Semantik und modalen Logik.* Übers. v. W. Bader. Wien 1972, 260.
11 Carnap, R.: *Bedeutung und Notwendigkeit*, a.a.O. 260.
12 Carnap, R.: *Der logische Aufbau der Welt*, a.a.O. 15. (Hervorhebungen von mir – L.R.)

[13] Urban, W.: *Language and Reality*. London 1939, 101.
[14] Rickert, H.: „Zwei Wege der Erkenntnistheorie. (Transzendentalpsychologie und Transzendentallogik.)“ In: *Kantstudien* 14 (1909), 169–228.
[15] Cassirer, E.: „Die Sprache und der Aufbau der Gegenstandswelt“. In: *Bericht über den Kongreß der deutschen Gesellschaft für Psychologie* 12 (1932), 134–145.
[16] Vgl. Ogden, C. K. u. Richards, I. A.: *Die Bedeutung der Bedeutung. Eine Untersuchung über den Einfluß der Sprache auf das Denken und über die Wissenschaft des Symbolismus*. Übers. v. G. H. Müller. Frankfurt 1974.
[17] Holt, E. B.: *The Concept of Consciousness*. London 1914, 182–183.
[18] Duhem, P. *Fizičeskaja teorija, Ee cel' i stroenie* (La théorie physique, son objet et sa structure). Sankt Petersburg 1910, 137.

Die Erkenntnistheorie des Pragmatismus und die Semiotik bei Ch. Morris (1963)

Die Untersuchung der allgemeinen Gesetzmäßigkeiten von Zeichensystemen ist Gegenstand einer speziellen Wissenschaft – der Semiotik. Das Studium der verschiedenen Zeichensysteme und die Ausarbeitung einer allgemeinen Zeichentheorie sind ohne Zweifel eine notwendige und wichtige Aufgabe. Nicht wenige Arbeiten der modernen bürgerlichen Wissenschaft sind Fragen der Semiotik gewidmet. Allerdings enthalten sie neben wertvollem Material und richtigen wissenschaftlichen Verallgemeinerungen durchgängig auch falsche Ideen, die in der idealistischen Erkenntnistheorie begründet sind. Eine unkritische Haltung gegenüber diesen Ideen und ihre blinde Übernahme wären aber ebenso gefährlich wie die Geringschätzung oder unterschiedslose Ablehnung all des Positiven, was die ausländische Literatur auf dem Gebiet der Semiotik bietet. Hier, wie auch auf anderen Wissensgebieten, gilt das Wort Lenins, wonach keinem einzigen der bürgerlichen Wissenschaftler, die wertvolle Beiträge zu speziellen Problemen zu leisten in der Lage sind, ein Wort zu glauben ist, wenn es sich um *philosophische* Begründungen, Schlußfolgerungen und Verallgemeinerungen handelt. Unter diesem Gesichtspunkt soll in dem vorliegenden Artikel versucht werden, die semiotische Konzeption des zeitgenössischen amerikanischen Pragmatisten und Positivisten Charles W. Morris zu analysieren. Hierbei gilt unsere Aufmerksamkeit den *philosophischen Grundlagen* dieser Konzeption, während die *technische Seite* der von Morris entwickelten Theorie unberücksichtigt bleiben soll. Eine erschöpfende Analyse dieser Seite des Problems ist Gegenstand einer speziellen Arbeit.

1.

Die Rolle der Zeichen bei der Erkenntnis der Umwelterscheinungen, im Kommunikationsprozeß zwischen den Menschen und bei der Entwicklung der Wissenschaft ist von vielen Denkern unserer Epoche untersucht worden, doch waren ihre Aussagen zu diesem Problem vereinzelt oder nur von sekundärer Bedeutung bei der Begründung der einen oder anderen philosophischen und wissenschaftlichen Systeme. Mit dem Erscheinen der Arbeiten von Ch. W. Morris begann die systematische Bearbeitung von Problemen der Semiotik als einer selbständigen Wissenschaft. Im Jahre 1938 erschien seine Arbeit *Foundations of the Theory of Signs*[1]. Danach veröffentlichte er die Arbeit *Signs, Language, and Behavior*[2], in der er versuchte, seine Zeichenkonzeption umfassend zu begründen.

Morris' Position in allgemeinen Fragen der Erkenntnistheorie bietet nichts absolut Neues. Seinen philosophischen Überzeugungen nach ist er Pragmatist und von der behavioristischen Psychologie stark beeinflußt; darüber hinaus ist er vom logischen Positivismus beeinflußt. Morris setzte sich zum Ziel, die Einseitigkeit und Begrenztheit des Empirismus und des logisch-mathematischen Rationalismus zu überwinden. Dieses Ziel ist nach seiner Ansicht durch eine Kombination von Pragmatismus, Behaviorismus und logischem Positivismus zu erreichen. Ergebnis dieser Synthese, so behauptet Morris, sei die von ihm entwickelte Semiotik. Seine Zeichentheorie umfaßt einerseits – so meint er – die positiven Seiten des Rationalismus (die Zeichen und ihre Beziehungen werden als formales System verstanden), wobei diese allerdings von metaphysischen Spekulationen befreit werden, wie sie in einer nativistischen oder aprioristischen Interpretation des Denkens und der wissenschaftlichen Erkenntnis allgemein zum Ausdruck kommen; andererseits enthält diese Theorie die positiven Seiten des Empirismus (die Zeichen werden als Mittel zur Orientierung in der Sphäre der sinnlich wahrnehmbaren Erfahrung verstanden), die hierbei von der sensualistischen Begrenztheit, der systemlosen Beschreibung subjektiver Erlebnisse, befreit werden.

Diese auf Ideen des Pragmatismus und des logischen Positivismus begründete Zeichentheorie versteht jedes Zeichensystem als ein Mittel der Erkenntnis, das zur methodischen Erreichung praktischer Ziele geschaffen wurde. Morris bemüht sich nicht nur, die Ideen des logischen Positivismus dem Pragmatismus anzupassen, er versucht auch, durch eine „breitere" und „tiefere" Interpretation einiger Begriffe den Pragmatismus mit der für den logischen Positivismus charakteristischen hohen Einschätzung des formalen Apparats der Wissenschaft in Übereinstimmung zu bringen. Geleitet von diesen Motiven und Tendenzen kommt Morris zu der Schlußfolgerung, daß der Begriff des praktischen Interesses als des bestimmenden Faktors der gesamten Erkenntnistätigkeit dahingehend zu erweitern sei, die Notwendigkeit des Aufbaus formaler Zeichensysteme miteinzubeziehen, da diese bei der methodischen Ausarbeitung der positivistischen „Einheits-Wissenschaft" erfolgreich eingesetzt werden könnten.

Nach Morris besteht die Semiotik aus drei Teilgebieten: 1. der Syntaktik, die die Beziehungen zwischen den Zeichen, ihre Kombinatorik untersucht, 2. der Semantik, die die Beziehungen der Zeichen zu den bezeichneten Objekten untersucht, und 3. der Pragmatik, die die Beziehungen zwischen den Zeichen und dem die Zeichen gebrauchenden Subjekt untersucht, das sie erzeugt, anwendet und durch sie bestimmte Resultate erzielt. Hierbei geht Morris davon aus, daß alle drei Arten von Beziehungen untrennbar miteinander verbunden sind und folglich nur als die drei Aspekte des Zeichengebrauchs durch das Subjekt betrachtet werden können.

Nach Morrs besteht die Aufgabe jeder Wissenschaft allein in der Beschreibung empirischer Objekte; als solche sind auch alle Zeichen anzusehen. Die Untersuchung ihrer Rolle im Leben der Menschen und bei ihrer Tätigkeit beschränkt sich darauf, ihre Beziehungen untereinander und zu anderen empirischen Objekten zu analysieren. Das gilt in vollem Maße für jene Zeichen, mit denen Logik und Mathematik operieren. Morris schreibt:

> „Die Logik als Wissenschaft der logischen Beziehungen von Symbolen ist eine empirische Wissenschaft"[3].

Die Beziehungen zwischen den Zeichen als empirischen Objekten werden nach Morris auf empirischem Wege hergestellt: durch die Wahl solcher Regeln des Zeichengebrauchs, die eine Orientierung in der Vielfalt aller anderen empirischen Objekte ermöglichen. Somit werden bei Morris Logik und Mathematik zu „empirischen" Wissenschaften. Die Gesetze des logischen Denkens werden mit den konventionellen Regeln der Zeichenbenutzung gleichgesetzt. Diese Regeln bilden sich bei den Menschen als bestimmte Verhaltensgewohnheiten heraus. Die Bedeutung logischer und mathematischer Regeln (d.h. der Regeln des Zeichengebrauchs) reduziert sich ausschließlich auf deren Nützlichkeit in den verschiedenen Verhaltensakten der Menschen, während dieses Verhalten sich auf die aktive Umgestaltung empirischer Situationen reduziert, wobei unter letzteren die verschiedenen Erlebnisse, d.h. Empfindungen, zu verstehen sind. Hierbei sind Morris zufolge die Regeln des Zeichengebrauchs selbst ebenfalls als besondere Verhaltensweisen zu betrachten, die alle übrigen Verhaltensweisen regulieren. Von dieser Position aus müssen nach seiner Meinung alle Fragen der Syntaktik analysiert werden.

Von demselben Standpunkt aus betrachtet Morris die Aufgaben der Psychologie und Soziologie. Die Psychologie soll sich nur mit der Beschreibung von Reaktionen der Organismen in bestimmten Situationen beschäftigen. Den prinzipiell gleichen Gegenstand hat er der Soziologie zugedacht (nicht zufällig ist der Pragmatismus die theoretische Grundlage des „sozialen Behaviorismus") Von diesem und nur von diesem Standpunkt aus müssen auch die Zeichen als eine spezifische Reaktionsform verstanden werden. Alle psychischen Erscheinungen sind nach Morris nichts weiter als Zeichenreaktionen. Das Bewußtsein ist die Beziehung der Zeichen untereinander und zu den bezeichneten Objekten. Vernünftig ist ein Verhalten, das mit Hilfe von Zeichen kontrolliert wird. Somit ist die Zeichentheorie dazu berufen, alle psychischen und soziologischen Probleme zu lösen.

Morris hebt hervor, daß die Zeichensysteme unter den Bedingungen einer wechselseitigen Kommunikation entstehen. Sie werden nicht von dem einzelnen Individuum erwidert und benutzt, sondern von einer Gruppe, einem Kollektiv, von der Gesellschaft, in welcher die Effektivität der vielfältigen Handlungen an das „gegenseitige Verständnis" gebunden ist. Der Zeichengebrauch ermöglicht es, das Verhalten jedes Individuums im Hinblick auf die Folgen zu kontrollieren und mit dem Verhalten anderer Individuen zu koordinieren. Durch die Anwendung von Zeichensystemen werden die isolierten und unorganisierten Handlungen einzelner Individuen überwunden. Es wäre aber falsch anzunehmen, Morris näherte sich der wissenschaftlichen Auffassung von der sozialen Rolle der Zeichen. Seine Überlegungen auf diesem Gebiet bewegen sich in den Bahnen des soziologischen Positivismus. Die sozialen Beziehungen werden auf psychologische zurückgeführt, die behavioristisch interpretiert werden. Es verwundert deshalb nicht, wenn Morris zwischen der instinktiv-biologischen Kommunikation der Tiere und der bewußten, sozial-historischen Kommunikation der Menschen keinen prinzipiellen Unterschied sieht, ganz zu schweigen von seinem völligen Unverständnis für die bestimmende Rolle, welche die im Prozeß der materiellen Produktion entstehenden gesellschaftlichen Beziehungen bei der sozialen Kommunikation der Menschen spielen.

Natürlich gingen in Morris' Zeichenkonzeption die Fehler jener philosophischen Konzeptionen ein, aus deren Elementen sie entstanden war. Ebenso wie die Neopositivisten und Pragmatisten reduziert Morris erstens die Logik auf ein System von Regeln zum Operieren mit Zeichen; zweitens löst er diese Regeln von der objektiven Wirklichkeit ab, da er sie für das bedingte und willkürliche Produkt einer Übereinkunft zwischen den Menschen hält; drittens billigt er ihnen nur eine „methodische“, „instrumentelle“ Bedeutung zu, die sich auf die Effektivität ihres Gebrauchs als Verhaltensregulatoren im Bereich der sinnlich wahrnehmbaren Erfahrung reduziert. Morris' Zeichenkonzeption ist deshalb ihren philosophischen Grundlagen nach eine idealistische Konzeption. In seiner Theorie wird das Denken als Operieren mit konventionellen Zeichen aufgefaßt, die eine Kontroll-, Regulierungs- und Organisierungsfunktion für das Verhalten des Subjekts in den vielfältigen empirischen Situationen ausüben. Da die Zeichen unter dem Gesichtspunkt ihrer das Verhalten kontrollierenden und organisierenden Funktion betrachtet wurden, ist es erforderlich, die Beziehung der Zeichen zum Zeichenbenutzer und zu seinen sinnlich wahrnehmbaren Erfahrungswerten zu berücksichtigen. Dies macht es wiederum erforderlich, über den Rahmen einer rein formalen Untersuchung der Beziehungen zwischen den Zeichen hinauszugehen und die Beziehungen der Zeichen zum Subjekt und zu den bezeichneten Objekten ebenfalls zu untersuchen. Eine solche Behandlung der Zeichen beeinflußte ihrerseits die Entwicklung des logischen Positivismus beim Übergang von der Periode der „logischen Syntax“ zur Periode der „logischen Semantik“. Dieser Einfluß zeigte sich deutlich bei R. Carnap in seinem Buch *Introduction to Semantics*[4], wo er die von Morris formulierten Aspekte der Untersuchung von Zeichensystemen im Prinzip akzeptiert. In der Folge erkannten die logischen Positivisten, daß außer einer logischen Syntax der als Zeichensystem aufgefaßten Sprache auch eine logische Semantik der Sprache erforderlich sei. Die logische Semantik formulierte zwei spezifische Gruppen von Regeln: 1. Regeln der Bezeichnung (d.h. Regeln für die Zuordnung von Zeichen zu den bezeichneten Objekten: Dingen, Eigenschaften und Beziehungen) und 2. Regeln für die Valenz (d.h. Regeln für die Anmerkung der Wahrheit oder Falschheit von Zeichenformeln).

Für den Pragmatisten Morris ist der zentrale Begriff, der alle drei Aspekte der Zeichenfunktion – den syntaktischen, den semantischen und den pragmatischen Aspekt – verbindet, der pragmatistisch-behavioristische Begriff des *Verhaltens*. Indem sie das Verhalten kontrollieren, regulieren und organisieren, sind die Zeichen immer in den drei oben genannten, miteinander verbundenen Beziehungen wirksam. Diese Beziehungen haben die Aufgabe, das Verhalten des Subjekts effektiv zu organisieren und dienen alle der Erreichung dieses Ziels. Die Zeichen werden so miteinander kombiniert, daß diese Aufgabe erfüllt wird. Die Bedeutung der Zeichen (ihre Beziehung zu den Objekten) ist untrennbar mit dem Verhalten des Subjekts verbunden, das die Zeichen interpretiert, indem es in bestimmter Weise auf sie reagiert. Dieses Verhalten bestimmt auch die Schaffung der Zeichen, ihren Gebrauch und die Erzielung des gewünschten Resultats mit ihrer Hilfe. Morris selbst betont, daß alle drei Aspekte (Syntaktik, Semantik und Pragmatik) im Rahmen einer behavioristisch orientierten Semiotik untersucht werden müssen. Daraus resultiert die führende Rolle der Pragmatik in seiner Zeichentheorie.

Wie bereits erwähnt, stützt sich Morris beim Aufbau seines semiotischen Systems auf den logischen Positivismus und Pragmatismus. Die logischen Positivisten fassen das Denken als Operieren mit konventionellen Zeichen auf, während die Pragmatisten Denken als effektive Regulierung des Verhaltens verstehen. Morris verbindet diese beiden Ideen miteinander und behauptet, daß das Operieren mit konventionellen Zeichen auch ein Mittel zur effektiven Regulierung des Verhaltens sei und sich darin eigentlich die Funktion der Zeichen und mit dieser auch das Wesen des Denkens erschöpfe. Es handelt sich dabei aber um eine vielseitige und universelle Funktion; sie bestimmt alle Verhaltensweisen von Mensch und Tier. Deshalb erklärt Morris die Semiotik zu einer allgemeinen „Wissenschaft von den Zeichen, ob sie nun tierisch oder menschlich, sprachlich oder nichtsprachlich, wahr oder falsch, adäquat oder inadäquat, gesund oder pathologisch sind“[5].

Der Begriff des Zeichens wird von Morris zum zentralen Begriff der Lehre vom Menschen einschließlich aller Sphären der menschlichen Tätigkeit erklärt. Der Begriff des Zeichens, so schreibt er, muß „zu einem ebenso grundlegenden Begriff für die Wissenschaft vom Menschen [werden], wie es der Begriff des Atoms für die Physik und der Begriff der Zelle für die Biologie geworden ist“[6]. Da aber die Physik und die Biologie ebenfalls Bereiche menschlicher Erkenntnistätigkeit sind, müssen auch sie als Zeichengefüge aufgefaßt werden. Folglich muß in allgemeiner erkenntnistheoretischer Hinsicht auch für diese das Zeichen als der zentrale Begriff akzeptiert werden.

Damit ist die pragmatisch interpretierte Semiotik bei Morris eine allumfassende Wissenschaft, die dazu berufen ist, alle Probleme der Philosophie, der konkreten Wissenschaften und des praktischen Lebens zu lösen. Er begründet diese Behauptung damit, daß die Semiotik mit ihren drei Teilgebieten gewissermaßen alle Fragen erfaßt: die Syntaktik – alle Fragen der Logik, die Semantik – alle Fragen der Metaphysik (ontologische und erkenntnistheoretische) und die Pragmatik – alle biosozialen Fragen (in bezug auf Nutzen und Wert).

Wie wir sehen, soll nach den prätentiösen Vorstellungen von Morris die Semiotik zu einem „neuen Organon“ der modernen „Einheits-Wissenschaft“ werden.

2.

Von diesen Voraussetzungen aus entwickelt Morris die grundlegenden Thesen seiner Konzeption. Hierbei erklärt er großsprecherisch, seine Theorie „stütze sich ausschließlich auf wissenschaftliche Methoden“. Um den allgemeinen Begriff des Zeichens zu definieren, führt Morris eine Reihe heuristischer Begriffe ein, und zwar: „Reiz“, „Verhaltensfamilie“, „Reaktionsdisposition“. Unter „Reiz“ versteht er die physische Energie, die auf die Sinnesorgane des lebenden Organismus einwirkt und dessen Reaktion hervorruft. Das Objekt, das den Reiz initiiert, wird als „Reizobjekt“ bezeichnet. Wenn das Reizobjekt nicht nur eine Erregung der Rezeptoren des Organismus hervorruft, sondern auch dessen Bedürfnisse befriedigen kann und deshalb das Ziel seines Verhaltens darstellt, sind die Reaktionen des Organismus als zweckmäßig zu betrachten. Hierbei nimmt das Verhalten des Organismus die Form einer fortlaufenden Reaktionsfolge an, die mit einer unmittelbaren Reaktion auf die Reizwirkung beginnt und mit der Reaktion der Bedürfnisbefriedigung endet. So tritt ein Kaninchen als Reizobjekt gegenüber einem hungrigen Hund auf, der es zunächst sieht, dann verfolgt, tötet und auffrißt. Ähnliche Reizobjekte, die ähnliche Bedürfnisse des Organismus befriedigen und deshalb ähnliche Ziele darstellen, rufen bei verwandten Organismen ähnliche fortlaufende Reaktionsfolgen hervor. Letztere können daher als „Verhaltensfamilien“ bezeichnet werden.

Wenn ein Reiz die Reaktion des Organismus gegenüber einem anderen Reiz beeinflußt, so ist der erste gegenüber dem zweiten als „vorbereitender Reiz“ zu betrachten. Wenn z.B. ein Klingelton häufig der Fütterung eines Hundes vorausgeht, beeinflußt er dessen Reaktion gegenüber der Nahrung. Jedoch wird dieser Einfluß nicht immer sofort realisiert. Bei fehlendem Reizobjekt, das eine Verhaltensfamilie initiiert, drückt sich der Einfluß des vorbereitenden Reizes darin aus, daß er nur eine „Disposition“ zu entsprechenden Reaktionen schafft. Diese Disposition führt nur unter bestimmten zusätzlichen Voraussetzungen zu einer tatsächlichen Reaktion.

Auf der Grundlage dieser heuristischen Begriffe gibt Morris eine Definition des Zeichens. Das Zeichen ist nach seiner Meinung ein vorbereitender Reiz, der beim Fehlen von Reizobjekten unter bestimmten Bedingungen eine Disposition zu einer Verhaltensfamilie (entsprechend den genannten drei Objekten) bewirkt. Der Organismus, in dem das Zeichen die Reaktionsdisposition auslöst, ist der Interpret und die Reaktionsdisposition selbst der Interpretant.

Aus dem Gesagten geht hervor, daß die Bedeutung des Zeichens in jener Reaktionsdisposition besteht, die es hervorruft. Damit ist für die Interpretation der Zeichenbedeutung bei Morris der von ihm eingeführte Begriff der „Reaktionsdisposition" außerordentlich wichtig. Im wesentlichen entspricht dieser Begriff dem, was J. Dewey als „aufgehaltene intraorganische Reaktion" bezeichnet; er charakterisiert zusammen mit diesem letzten Begriff jene Schwierigkeiten und unlösbaren Widersprüche, die der pragmatistisch-behavioristischen Auffassung des Bewußtseins innewohnen. Beim Operieren mit diesem Begriff zeigt sich die „Disposition", dem Kern des Problems auszuweichen. Denn nach Morris ist die Reaktionsdisposition nur die *Möglichkeit* zu einer Reaktion und nicht die Reaktion selbst; diese erfolgt nur unter bestimmten zusätzlichen Bedingungen. Daraus ergeben sich für die Morrissche Theorie unüberwindliche Schwierigkeiten. Unter Beibehaltung der behavioristischen Auffassung vom Verhalten schließt Morris das Denken aus der Betrachtung aus und damit auch die ideelle Bedeutung des Zeichens. Andererseits kann er die Bedeutung auch nicht auf den unmittelbaren Verhaltensakt reduzieren, da das Fehlen einer unmittelbaren Reaktion auf das Zeichen, wie die Erfahrung zeigt, noch nicht beweist, daß das wahrgenommene Zeichen keine Bedeutung hat. Das ist eigentlich auch der Grund für die Einführung des Begriffes „Reaktionsdisposition". Aber obwohl dieser Begriff bei einer oberflächlichen, äußeren Beschreibung der Organismus-Zeichen-Beziehung zutreffend erscheint, bleibt er vom logischen Standpunkt aus gesehen vollkommen unklar und „hängt in der Luft", weil er sich genau genommen weder auf den physischen Verhaltensakt, noch auf die ideelle Widerspiegelung des Objekts bezieht.

Die „Reaktionsdisposition" ist nach Morris jeder Zustand des Organismus, in welchem bei Auftreten bestimmter zusätzlicher Bedingungen eine Reaktionsfolge entsteht, die auf den bezeichneten Gegenstand als das Ziel des Verhaltens gerichtet ist. Der Charakter dieser „zusätzlichen Bedingungen" bleibt jedoch vollkommen unklar. Versteht man darunter, daß der bezeichnete Gegenstand selbst in der unmittelbaren

Verhaltenssituation auftritt, dann ist das Zeichen überflüssig, da der bezeichnete Gegenstand an sich schon zur Auslösung der genannten Reaktionsfolge genügt. Versteht man dagegen unter „zusätzlichen Bedingungen" das Bedürfnis des Organismus an den bezeichneten Gegenständen, so bleibt es unverständlich, warum ein bestimmtes Zeichen die Disposition zu einer Reaktion bei unterschiedlichen Bedürfnissen hervorruft, und umgekehrt, warum unterschiedliche Zeichen eine Disposition zu unterschiedlichen Reaktionen bei Vorhandensein ein und desselben Bedürfnisses auslösen.

Nach der Morrisschen Konzeption besteht die Rolle der Zeichen im Leben der Organismen darin, in der unmittelbaren Situation bei fehlendem Reizobjekt zur Kontrolle der auf diese Objekte als Ziel des Verhaltens gerichteten Handlungen benutzt zu werden. Die Zeichen sind besondere Reize, die zur Regulierung des Subjektverhaltens gegenüber den Zielobjekten unter der Bedingung dienen, daß diese Objekte das Verhalten nicht *unmittelbar* stimulieren. Die Beziehung des Zeichens zu den Reizobjekten einer Verhaltensfamilie macht auch die Bedeutung des Zeichens aus. Diese Bedeutung zeigt sich in einer Folge fortlaufender, die verschiedenen Verhaltensphasen charakterisierender Reaktionen des Organismus und ist deshalb nicht streng eindeutig. Ungeachtet dessen gibt es Zeichen, die in vielen Situationen gebraucht werden und über eine relativ konstante Bedeutung in jeder Situation verfügen, in der sie auftreten.

Nach Morris' Ansicht besteht die wichtigste Eigenschaft des Zeichens darin, daß es Reaktionen auslöst, die den durch den bezeichneten Gegenstand hervorgerufenen ähnlich sind. Eine Hervorhebung dieses Merkmals als Spezifikum ist jedoch vom logischen Standpunkt aus nicht gerechtfertigt. Die Ähnlichkeit der Reaktionen auf verschiedene Reize an sich beweist noch nicht, daß die einen Reize die Zeichen anderer Reize sind. So kann z.B. verschiedene Nahrung ähnliche Reaktionen hervorrufen, was aber durchaus nicht bedeutet, daß die eine Nahrung als Zeichen einer anderen auftritt.

Morris sieht sein Hauptverdienst in der Führung des Nachweises, daß der Reiz ein Zeichen ist und eine *Zielreaktion*, d.h. eine auf einen bestimmten Gegenstand als Ziel des Verhaltens gerichtete Reaktion, stimuliert. Allerdings entbehrt Morris' Begriff vom Zeichen als einem vorbereitenden Reiz für das Ziel des Verhaltens einer streng wissenschaftlichen Begründung. Daß die eine oder andere Erscheinung die Funktion eines eine Zielreaktion stimulierenden vorbereitenden Reizes erfüllt, ist bei Morris durch nichts determiniert. Es bleibt vollkommen

unklar, warum bestimmte Erscheinungen als vorbereitende Reize wirken, woher sie kommen und welchen Gesetzmäßigkeiten sie unterliegen. Dadurch gehen in Morris' Vorstellung von der Rolle des vorbereitenden Reizes zwangsläufig teleologische Elemente ein.
Für Morris sind die genannten Besonderheiten mehr oder weniger allen Zeichen eigen, angefangen von den Signalen, die das Tierverhalten beeinflussen (wenn z.B. mit Hilfe eines Klingelzeichens Hunde zur Fütterung gerufen werden) bis hin zu den Wörtern, mit denen sich die Wissenschaftler in ihrem Verhalten gegenüber der Vielfalt ihrer Erfahrung orientieren. Haben die Zeichen für viele in Gemeinschaft lebende und miteinander kommunizierende Organismen die gleiche Bedeutung, so werden sie „Comzeichen" genannt. Wenn ein und dieselben Zeichen in vielen Situationen gebraucht werden, heißen sie „plurisituationale Zeichen". Damit die plurisituationalen Comzeichen effektiv bzw. allgemein verständlich gebraucht werden, müssen die Möglichkeiten, sie zu kombinieren, in bestimmter Weise eingeschränkt sein.
Die Sprache ist nach der Auffassung Morris' ein Zeichensystem, ein Sonderfall der von Tier und Mensch benutzten Zeichensysteme. Die Besonderheit der Sprache besteht darin, daß sie eine Gesamtheit plurisituationaler Comzeichen darstellt, die durch die möglichen Arten ihrer Kombination eingeschränkt sind[7]. Morris geht davon aus, daß ähnliche Zeichen auch von höher entwickelten Tieren gebraucht werden. So besteht nach seiner Ansicht zwischen der menschlichen Sprache und den von Tieren gebrauchten Zeichen kein prinzipieller Unterschied. Die Sprache ist von seinem Standpunkt aus durchaus keine spezifisch soziale Erscheinung, sondern ebenso den Tieren zu eigen, da bestimmte Tiergruppen in ihrem Verhalten gleichartige Zeichen gebrauchen. Der Zeichengebrauch beim Menschen entwickelt sich ohne irgendwelche qualitativen Veränderungen gewissermaßen kontinuierlich aus dem Zeichengebrauch bei den Tieren. Der Unterschied besteht hier lediglich im Entwicklungsgrad der Zeichen und in der Art und Weise ihres Gebrauchs. Die menschliche Sprache ist ein System „standardisierter akustischer Zeichen", die Gesamtheit der „intersubjektiven Zeichenmittel des Ausdrucks, deren Gebrauch durch syntaktische, semantische und pragmatische Regeln bestimmt ist"[8]. Diese Regeln werden von Morris sehr weit gefaßt und können deshalb entsprechend dem unterschiedlichen Organisationsgrad und dem entsprechenden Schwierigkeitsgrad in den verschiedensten Zeichensystemen nachgewiesen werden.

Da Morris qualitative Unterschiede zwischen der menschlichen Sprache und der Signalisation der Tiere ignoriert, erfolgt in seiner Zeichentheorie gleichzeitig eine „Animalisierung" der menschlichen Sprache, die bis auf die Stufe tierischer Laute (Bellen, Heulen, Zwitschern usw.) ausgedehnt wird, und eine „Anthropomorphisierung" der tierischen Laute, die auf die Stufe der menschlichen Sprache angehoben werden.

Es wäre nun falsch anzunehmen, die Arbeiten Morris' entbehrten jeglicher Rationalität. In seinen auf faktischen Beobachtungen beruhenden Überlegungen zur Rolle der Zeichen sind einige richtige Thesen enthalten, aber sie sind in den meisten Fällen nicht neu. In seiner Beweisführung zur Rolle und Bedeutung der Zeichen hat er in mehrfacher Hinsicht Gedanken der Lehre J. P. Pawlows über die höhere Nerventätigkeit übernommen und die wichtigsten Begriffe in eine neue Terminologie gekleidet. So nennt er den Reiz „Stimulus", den unbedingten Reiz „grundlegenden unmittelbaren Stimulus, der das Ziel des Verhaltens darstellt", den bedingten Reiz „vorbereitenden Stimulus, der das Verhalten gegenüber einem anderen Stimulus beeinflußt" usw. So wird der beim Hund ausgearbeitete bedingte Nahrungsreflex auf ein Klingelzeichen von Morris als „das von einem akustischen Zeichen kontrollierte Verhalten des Hundes in einer Situation, in der er die Nahrung nicht sieht", charakterisiert usw. Bei Pawlow beruht die Erklärung dieser Prozesse allerdings auf einer umfassenden Untersuchung der inneren physiologischen Mechanismen der höheren Nerventätigkeit, während bei Morris die Beschreibung solcher Erscheinungen auf eine oberflächliche Charakterisierung der äußeren Wechselbeziehungen zwischen Reizen und Reaktionen im Sinne des Behaviorismus beschränkt ist.

Morris übernimmt einzelne Grundsätze der Pawlowschen Lehre von der Signaltätigkeit bei Mensch und Tier, interpretiert und verallgemeinert diese jedoch in einer Richtung, die der Pawlowschen Auffassung genau entgegengesetzt ist. Er umgeht die Frage der von Pawlow festgestellten zeitlichen Zusammenhänge zwischen bedingten und unbedingten Reizen vollkommen und zieht es überhaupt vor, den Begriff des bedingten Reizes als Signal nicht zu verwenden. Pawlow indessen, der bei der Erklärung der Signaltätigkeit von dem Prinzip des Detereminismus ausgeht, hat streng wissenschaftlich nachgewiesen, daß die bedingten Reflexe nur deshalb eine Signalfunktion erfüllen können, weil infolge einer Reihe zeitlich gekoppelter Wiederholungen ein zeitweiliger Zusammenhang zwischen diesen bedingten und den unbedingten

Reizen hergestellt wurde. Morris hat das Wesen der von Pawlow entdeckten Gesetzmäßigkeiten der Signaltätigkeit nicht verstanden.
Es verwundert deshalb nicht, daß Morris auch keinerlei wesentliche Unterschiede zwischen den sprachlichen Zeichen der Menschen und den Signalen der Tiere sieht. Er meint, die sprachliche Bezeichnung der Fahrtstrecke eines Autos sei für das Verhalten des Fahrers, der bestrebt ist, zu dem von ihm nicht unmittelbar wahrgenommenen Bestimmungsort zu gelangen, *ebenso* ein Zeichen, wie es für den Hund der Klingelton ist, der seine Bewegung zur Futterstelle kontrolliert, wenn er die Nahrung nicht sieht. Dagegen hat Pawlow nachgewiesen, daß die Herausbildung und der Gebrauch der Sprache zwar eine Signaltätigkeit sind, daß diese jedoch einer *höheren* Ordnung angehört, daß sie eine Tätigkeit des *zweiten* Signalsystems ist, das qualitativ neue spezifische Züge im Unterschied zur Signalisation der Tiere aufweist. Verglichen mit der Lehre Pawlows ist die Morrissche Zeichenkonzeption ein Rückschritt hin zu Idealismus und oberflächlichem Naturalismus.
Die Zeichen sind nach Morris' Auffassung Faktoren, die das Verhalten von Tier und Mensch organisieren. Die Bedeutung der Zeichen besteht letztlich in jenen Reaktionen, die von den Zeichen ausgelöst werden. Da der gesamte Erkenntnisprozeß nach der allgemeinen erkenntnistheoretischen Konzeption des Pragmatismus auf einen Fortschritt in der Organisierung des Verhaltens hinausläuft besteht er im Grunde genommen nur darin, ein effektives Zeichensystem auszubilden und anzuwenden. Damit reduziert Morris alle erkenntnistheoretischen Probleme auf die Beziehungen zwischen den Zeichen und den wahrnehmbaren Erfahrungswerten.

3.

In Anlehnung an die pragmatistischen und behavioristischen Ideen von Peirce und Mead versucht Morris, das Denken bei der Lösung des Problems der Bedeutung auszuklammern. Er reduziert das Denken auf das Sprechen und dieses wiederum auf die Gesamtheit der physiologischen Reaktionen des Organismus, die eine Zeichenfunktion erfüllen.
Nach Morris' Auffassung können die Worte „Bewußtsein" und „Denken" dann einen rationalen Sinn haben, wenn man bei ihrem Gebrauch nur die Tatsache im Auge hat, daß bestimmte Zeichen im semiotischen Prozeß eine Bezeichnungsfunktion ausüben. Einen anderen realen Sinn haben diese Worte angeblich nicht. Jeder andere Inhalt sei fiktiv, und

deshalb wird nach Einführung spezieller semiotischer Termini vom Gebrauch dieser Worte abgeraten, da sie absolut „überflüssig“ seien. Eine solche semiotische „Umdeutung“ der Begriffe „Bewußtsein“ und „Denken“ ermöglicht es Morris, auf „neuer“ Grundlage die wissenschaftsfeindliche Idee der Machisten wiederentstehen zu lassen, nach der das Bewußtsein (Empfindungen, Gedanken) keineswegs eine spezifische Eigenschaft des Gehirns und auch nicht in diesem lokalisiert ist. Zur Verteidigung dieser Ansicht verweist Morris auf Peirce, der behauptete, daß das Denken nicht notwendigerweise mit dem Gehirn verbunden sei. Er stört Morris dabei nicht, daß eine solche Auffassung in krassem Widerspruch zu den heutigen Erkenntnissen der Physiologie und Psychologie, zu der Lehre von der höheren Nerventätigkeit steht.

Da Morris das Denken nicht als eine Form der ideellen Widerspiegelung der Wirklichkeit versteht, akzeptiert er auch die Bedeutung nicht als den inneren ideellen Inhalt des Zeichens. Den Begriff der Wortbedeutung, der den ideellen, die objektiven Erscheinungen der Wirklichkeit widerspiegelnden Sinngehalt des Wortes darstellt, lehnt Morris als überflüssig ab, da die Bedeutung der Wörter, wie auch aller anderen Zeichen, allein auf das Verhalten des Subjekts im Bereich seiner sinnlich wahrnehmbaren Erfahrung reduziert wird. Durch dieses Verhalten werden die Zeichen interpretiert, und folglich erschöpft sich darin im Grunde genommen auch die Bedeutung. Die Zeichen werden nach Morris nur mit Hilfe jener Verhaltensdispositionen beschrieben und differenziert, die sie bei denen, die sie interpretieren (den Interpreten), auslösen.

Von diesem Standpunkt aus sind die Zeichen keineswegs ein Mittel der Erkenntnis, d.h. der Widerspiegelung der objektiven Wirklichkeit. Wie gesagt reduziert Morris in seiner Theorie die Bedeutung der Zeichen auf die durch sie ausgelösten Verhaltensreaktionen, wobei der Prozeß der Widerspiegelung der materiellen Objekte im Bewußtsein ignoriert wird. In seiner semiotischen Konzeption besteht der Wahrheitswert der Zeichenbedeutung nicht darin, daß in diesen Bedeutungen die objektive Wirklichkeit wahrheitsgetreu widergespiegelt wird, sondern darin, daß das von den Zeichen stimulierte Verhalten einer konkreten Situation entspricht, d.h. wahrnehmbaren Fakten, der Gesamtheit der Empfindungen. Das Denken besteht im Operieren mit Zeichen nach bestimmten Regeln, die es ermöglichen, das Verhalten des Subjekts zu organisieren; sie dienen aber keinesfalls dazu, die Gesetze der objektiven Welt aufzudecken.

Will man den erkenntnistheoretischen Kern der Morrisschen Zeichentheorie verstehen, muß man unbedingt auch seine Auffassung von den bezeichneten Objekten untersuchen. Unter „Objekten" versteht er durchaus nicht Gegenstände und Erscheinungen der objektiven Wirklichkeit, die unabhängig von ihrer Bezeichnung existieren. Morris behandelt die bezeichneten „Objekte" als wahrnehmbare Referenten der Zeichen, als bestimmte Empfindungskomplexe. Zwischen dem Zeichen und dem bezeichneten Objekt besteht in seiner Konzeption ein korrelativer Zusammenhang in Form einer „prinzipiellen Koordination". Dies wird für die Rolle der Semantik in seiner Zeichentheorie bestimmend.

Damit das Subjekt die Zeichen zur Organisierung, Regulierung und Kontrolle seines Verhaltens erfolgreich gebrauchen kann, ist nur eine gewisse „Übereinstimmung" zwischen den Zeichen und den durch sie bezeichneten „wahrnehmbaren Erfahrungswerten" notwendig. Hier gerät Morris in die allgemeinen Bahnen der neopositivistischen Zeichenkonzeption. Dieser zufolge sind die Wörter einer Sprache Zeichen, durch die „sinnlich wahrnehmbare Daten", „Fakten" oder „Ereignisse", d.h. verschiedene Empfindungskomplexe, bezeichnet werden; die Sätze einer Sprache sind Zeichenformeln, die strukturelle Schemata darstellen; diese dienen zur Orientierung des Subjekts in den verschiedenen empirischen Situationen, zur Ordnung seines wahrnehmbaren Erfahrungsmaterials bzw. der Vielfalt seiner Empfindungen. Folglich treten in dieser Konzeption gerade die Empfindungskomplexe als die bezeichneten Objekte, d.h. Designate auf.

Die Wahrheit, so behaupten die Neopositivisten, ist die Übereinstimmung der Beziehungen zwischen den Zeichen mit den Beziehungen zwischen den Designaten. Jedoch kann der Mensch das eine oder andere Zeichensystem willkürlich wählen, da man eine Vielzahl von Systemen schaffen kann, von denen sich jedes in einer gewissen „Übereinstimmung" mit seinen Designaten befände. Deshalb, so folgern die Neopositivisten, ist die Wahrheit subjektiv, ein objektives Wissen gibt es nicht und kann es nicht geben. Morris verbindet diesen neopositivistischen Wahrheitsbegriff mit dem pragmatischen. Ergebnis dieser Kombination ist die Ansicht, die Wahrheit sei die Übereinstimmung von Zeichen mit anderen Zeichen bzw. empirischen Objekten überhaupt nach Regeln, die einen effektiven Zeichengebrauch zur Erlangung eines Ziels gewährleisten.

So besteht nach der Auffassung von Morris und anderer Neopositivisten nicht die *Notwendigkeit, die objektive Wirklichkeit* im Bewußtsein der

Menschen *widerzuspiegeln*, um sich in der Umwelt zu orientieren und erfolgreich tätig zu sein; es genügt vollständig, mit Zeichen zu operieren, indem man sie verschiedenen Kombinationen von Empfindungen zuordnet. Der idealistische Charakter dieser der Widerspiegelungstheorie entgegengesetzten Zeichentheorie liegt klar auf der Hand. So betrachtet Morris nicht zufällig Wissenschaft und Religion als zwei verschiedene, aber im Prinzip gleichberechtigte Arten des Zeichengebrauchs.

Auf Grund seiner idealistischen Konzeption wendet sich Morris gegen die Auffassung, die Bedeutung sei eine im Zeichen fixierte ideelle Widerspiegelung. Nach seiner Ansicht schafft die Definition der Bedeutung als eines im Zeichen fixierten Gedankens Unsicherheit hinsichtlich des Begriffs der Bedeutung und führt zu Verwirrung und Mißverständnissen im gesellschaftlichen Leben sowie bei der Behandlung wissenschaftlicher und philosophischer Probleme. Morris eliminiert den Gedanken und reduziert die Bedeutung auf die unmittelbare Beziehung zwischen Zeichen und bezeichnetem Gegenstand. Da sich die Interpretation des Gegenstandes (dessen, was er an sich darstellt, was seine Eigenschaften sind usw.) hierbei vollkommen auf das beschränkt, was man mit ihm anfangen kann, ist es vollkommen klar, daß der bezeichnete Gegenstand im Grunde genommen auf Verhaltensakte des Organismus reduziert wird. Die Zeichen sind aber, wie schon gesagt, Mittel zur Organisation und Kontrolle des Verhaltens. Somit gehen *Zeichen, bezeichneter Gegenstand und Bedeutung in der Morrisschen Konzeption ganz in den Bereich des Verhaltens ein und beschränken sich ausschließlich auf ihn.*

Morris führt die Bedeutung der Zeichen ständig auf das Verhalten zurück, er setzt Bedeutung und Verhalten gleich. Er schreibt:

„Die Semantik untersucht die Bedeutung der Zeichen, folglich untersucht sie das Verhalten des diese Zeichen Interpretierenden, ohne das es keine Bedeutung gibt“[9].

Da die Bedeutung bei Morris im Verhalten aufgeht, reduziert sich die Bedeutung entweder auf das Zeichen oder auf die durch dieses ausgelösten Reaktionen. Da beides Formen der Tätigkeit des Subjekts sind, ergibt sich, *daß aus dieser Konzeption sowohl der ideelle Bestand als auch jeder objektive Inhalt der Bedeutung eliminiert wurden*, d.h. es wurde die Widerspiegelung der gegenständlichen, unabhängig vom Subjekt und seinem Verhalten existierenden Wirklichkeit eliminiert.

Die von Morris verwendeten Begriffe der „Reaktionsdisposition“, der „Verhaltensfamilie“ usw. sind zu stark vereinfacht; das zeigt sich insbesondere bei der Untersuchung der Rolle der Sprache im Verhalten des Menschen. Bekanntlich ist das mit Hilfe der Sprache realisierte Denken eine spezifisch menschliche Eigenschaft. Es entstand als Folge der Arbeit und hängt mit der Entwicklung des zweiten Signalsystems zusammen, das eine höhere Form der Signalisation gewährleistete, d. h. eine abstrahierte und verallgemeinerte Bezeichnung bedingter Reize mit Hilfe sprachlicher Zeichen, wobei die bedingten Reize die Rolle gewöhnlicher Signale gegenüber den unbedingten Reizen spielen. Wenn das Fungieren der bedingten Reize als Signale gegenüber den unbedingten Reizen für die höhere (bedingt-reflektorische) Nerventätigkeit der Tiere charakteristisch ist und ihnen die Möglichkeit bietet, diese Signale zu „interpretieren", sie für ihr Verhalten nutzbar zu machen, so sind Schaffung und Gebrauch sprachlicher Zeichen (der Signale zweiter Ordnung), mit deren Hilfe die Resultate der Abstraktion und Verallgemeinerung der primären Signale fixiert wurden, ausschließlich eine Errungenschaft des Menschen. Das zweite Signalsystem bot die Möglichkeit, außerordentlich viele Verbindungen zwischen sprachlichen Zeichen und den von ihnen bezeichneten Inhalten und anderen sprachlichen Zeichen herzustellen. Diese Verbindungen wurden im Laufe der Entwicklung vielfach vermittelt und bedingten so immer kompliziertere Formen der Widerspiegelung der Umwelt und der praktischen Orientierung in dieser.

Infolgedessen kann die Bedeutung der überwiegenden Zahl von sprachlichen Zeichen nicht unmittelbar auf das Verhalten des Menschen zurückgeführt werden. Die durch sprachliche Zeichen stimulierten Verhaltensreaktionen können sich sehr indirekt, entfernt und vermittelt auf jene Objekte beziehen, die durch diese Zahlen bezeichnet werden. In vielen Fällen beziehen sich diese Reaktionen auf andere reale oder imaginäre Objekte, die mit den bezeichneten nur indirekt in Zusammenhang stehen. M. Cornforth schreibt völlig richtig, daß das menschliche Denken und die Sprache „nicht nur eine Vorstellung von den unmittelbaren oder vermuteten, eine unmittelbare Reaktion erfordernden Fakten schaffen, sondern auch von nur möglichen oder zeitlich und räumlich entfernten Fakten; [...] hierdurch kann das Denken ideelle Experimente zur Erarbeitung von Verhaltensweisen, Theorien und Phantasien während der Denktätigkeit selbst durchführen"[10]. Morris vereinfacht offensichtlich die komplizierte, vermittelte Beziehung des menschlichen Denkens und der Sprache zu den verschiedenen Verhaltensformen und setzt sie den unmittelbaren Reaktionen der Tiere auf vorbereitende Reizsignale, etwa dem Klingzelzeichen zum Füttern, gleich. Cornforth weist völlig zu Recht darauf hin, daß die Bedeutung einer solchen Gesamtheit sprachlicher Zeichen, wie z.B. des Satzes „Kolumbus überquerte 1492 den Atlantik", nicht auf eine „Reaktionsdisposition", eine „Verhaltensfamilie" und ähnliche den Tieren eigene Reaktionen zurückgeführt werden kann[11].

Morris' Auffassung von den Zeichen als Reizen, die auf die Befriedigung von Bedürfnissen des Organismus abzielende Reaktionen stimulieren, ist eine vulgär-naturalistische Verengung des Zeichenbegriffs, die die Vielfalt der bezeichneten Objekte, ihre Eigenschaften und Beziehungen vernachlässigt, deren Bedeutung sich durchaus nicht auf die Befriedigung von Bedürfnissen des Organismus reduziert. Das wird besonders deutlich, wenn wir die sprachlichen Zeichen betrachten, die durchgängig zur Bezeichnung solcher Aspekte und Zusammenhänge der objektiven Welt dienen, deren Hervorhebung und Bezeichnung die gesellschaftliche Praxis, der Charakter der gesellschaftlichen Beziehungen, Aufgaben der wissenschaftlichen Abstraktion usw. erfordern. Außerdem kann ein und dasselbe sprachliche Zeichen (z.B. „rot") eine bestimmte Eigenschaft bezeichnen, die an sich kein Bedürfnis des Organismus befriedigt, die aber zu den Gegenständen gehört, die die verschiedensten Bedürfnisse des Organismus befriedigen bzw. zu diesen Bedürfnissen eine sehr entfernte Beziehung haben. Schließlich bezeichnen sprachliche Zeichen sehr häufig nicht die Verhaltensziele, sondern die Mittel zur Erlangung dieser Ziele.

Die Definition der Bedeutung als Beziehung des Zeichens zu dem bezeichneten Gegenstand verbindet die neopositivistische und die pragmatische Konzeption der Bedeutung. In beiden Fällen wird die Bedeutung als Eigenschaft des Zeichens betrachtet, als seine Ordnungsfunktion für den Erlebnisstrom des Subjekts. Wenn in dem einen Fall dieser Strom von Erlebnissen als die Gesamtheit der wahrnehmbaren Erfahrungswerte und im anderen Falle als die Gesamtheit der Verhaltensakte des Organismus definiert wird, so sind das nur verschiedene erkenntnistheoretische Nuancen innerhalb *einer* subjektiv-idealistischen Richtung; in beiden Fällen werden die objektive, vom Subjekt unabhängige Existenz der bezeichneten Gegenstände und die Rolle der Bedeutung als der in den Zeichen fixierten ideellen Widerspiegelung dieser Gegenstände negiert.

Die Annäherung dieser Ansichten hängt zusammen mit der gegenseitigen Beeinflussung des Pragmatismus und Behaviorismus von Morris einerseits und des logischen Positivismus von Carnap andererseits. Bekanntlich versuchen die Neopositivisten, die Logik als Wissenschaft von den Beziehungen zwischen den Zeichen hinzustellen. Hierbei drückt sich die Verbindung von logischem Formalismus und Empirismus insbesondere darin aus, daß die Zeichen selbst, wie oben erwähnt, als bestimmte empirische Objekte aufgefaßt werden. Eine solche Deutung mag auf den ersten Blick richtig erscheinen. In Wirklichkeit aber verbirgt sich hinter der positivistischen „Gleichsetzung" der Zeichen als empirische Objekte mit allen übrigen empirischen Objekten eine falsche idealistische Vorstellung. Sie besteht im wesentlichen darin, alle Formen und Inhalte des menschlichen Wissens in den geschlossenen Kreis der Empfindungen des Subjekts als sinnlich wahrnehmbare „Daten", genannt „empirische Objekte", einzubringen. Bei einer solchen Interpretation ergibt sich die Möglichkeit, die Aufgaben der Wissenschaft darauf zu beschränken, faktische Beziehungen zwischen den Zeichen und anderen „empirischen Objekten" herzustellen und formale Regeln zur Regulierung dieser Beziehungen festzulegen. Es gibt somit weder eine objektive materielle Welt noch eine ideelle Widerspiegelung derselben. Es existieren nur Zeichen, Designate und ihre Beziehungen. Wir sehen also, daß die positivistisch-pragmatistische Interpretation der Zeichen als „empirische Objekte" dazu dient, sowohl die objektive (von der menschlichen Erfahrung unabhängige) Existenz der bezeichneten Gegenstände und Erscheinungen als auch deren Widerspiegelung im menschlichen Bewußtsein zu negieren.

4.

Auf der Grundlage der oben behandelten allgemeinen theoretischen Grundsätze entwickelt Morris eine Klassifikation der Bezeichnungsarten und der Arten des Zeichengebrauchs. Nach einer Analyse der vielfältigen Zeichen und ihrer Funktionen stellt Morris vier hauptsächliche Bezeichnungsarten fest: die designative, die appraisive, die präskriptive und die formative. Hieraus leitet er vier Hauptarten des Zeichengebrauchs ab: den informativen, den valuativen, den inzitiven und den systemischen. Alle Arten des Gebrauchs, die ein Mensch von einem Zeichen macht, charakterisieren die Zeichenanwendung für ihn selbst oder andere bzw. gleichzeitig für ihn selbst oder andere[12]. Morris zufolge organisieren also die Zeichen das menschliche Verhalten in allen seinen Formen, Zusammenhängen und Beziehungen sowie in allen Phasen seiner Entwicklung. Beim informativen Zeichengebrauch werden die Zeichen zur Übermittlung einer Information über das, was vor sich geht oder was vor sich gehen soll, verwendet. In der Sprache werden auf diese Weise Worte benutzt, die auf bestimmte Gegenstände, Fakten und Ereignisse hinweisen („Nahrung", „Blume", „Regen" u. ä.). Der valuative Zeichengebrauch dient zur Hervorhebung einer bevorzugten Sache gegenüber einer anderen. Diese Rolle übernehmen z. B. Wörter, die die spezifische Erfahrung einer bestimmten Erscheinung durch das Subjekt bezeichnen („schmackhaft", „angenehm", „schön" u. ä.). Der inzitive Gebrauch dient dazu, eine bestimmte Reaktion gegenüber Objekten oder anderen Zeichen auszulösen. Diese Funktion haben z. B. Worte wie „iß", „mach", „nimm", „geh" u. a. Der systemische Gebrauch besteht darin, ein schon durch andere Zeichen bedingtes Verhalten zu organisieren. Diese Rolle erfüllen in der Sprache Worte wie „und", „oder", „wenn ..., dann" u. ä., die gewöhnlich als logische Termini bezeichnet werden. Solche Zeichen veranlassen den sie interpretierenden Organismus, wenn sie in Verbindung mit anderen Zeichen auftreten, seine durch andere Zeichen stimulierten Reaktionsdispositionen in bestimmter Weise zu verändern.

Da die wissenschaftliche Tätigkeit vom pragmatistischen und behavioristischen Standpunkt aus ebenfalls eine Form des Verhaltens ist, die sich von anderen Verhaltensformen nur durch größere Organisiertheit, Systematik und Mittelbarkeit unterscheidet (durch das Operieren mit schon gebildeten und neu geschaffenen Zeichen als ihren unmittelbaren Objekten), wird die Semiotik als Wissenschaft von den Zeichen zur grundlegenden Wissenschaft, zur Wissenschaft der Wissenschaften, der auch die Philosophie untergeordnet ist. Nach Morris ist die Philosophie eine „systematische und alles umfassende Anwendung von Zeichen". Vermittels eines besonderen Zeichensystems mit informierendem und systematisierendem Charakter vereinigt, synthetisiert und reguliert die Philosophie die menschlichen Reaktionen auf alle Zeichen überhaupt. Die Semiotik dagegen ist die allgemeine Wissenschaft von den Zeichen und den Arten ihres Gebrauchs. Hieraus folgt für Morris, daß die Semiotik eine übergeordnete Wissenschaft ist, die sogar über der Philosophie steht. Er bildet sich ein, einen radikalen Umschwung im Weltverständnis herbeigeführt zu haben und erklärt prätentiös, die Semiotik stelle eine Herausforderung an die gesamte frühere Philosophie dar und sei die Einleitung jeder künftigen Philosophie. Indessen ist es völlig klar, daß bei aller Bedeutung der Lehre von den Zeichensystemen die Lehre selbst nur auf der Grundlage der richtigen Erkenntnistheorie wissenschaftlich entwickelt werden kann. Dies ist die dialektisch-materialistische Erkenntnistheorie.

Die idealistische Semiotik von Morris hat, wie auch andere Arten des Idealismus, bestimmte erkenntnistheoretische Wurzeln. Sie erwächst auf der Grundlage eines falsch interpretierten Momentes des komplizierten Erkenntnisprozesses. Wir haben bereits in anderen Arbeiten die wichtige, außerordentlich wesentliche Rolle der Zeichen im Leben der Menschen, in den Erkenntnis- und Kommunikationsprozessen betont. Die Zeichentheorie von Morris jedoch ist eine idealistische Verzerrung dieser Rolle. Die erkenntnistheoretischen Wurzeln des Idealismus bei Morris bestehen in einer *einseitigen Übertreibung, Aufbauschung und Verabsolutierung der Rolle der Zeichen, die von dem außerhalb des Menschen existierenden materiellen Ursprung und vom Prozeß der Widerspiegelung im menschlichen Bewußtsein losgelöst werden.* Morris zufolge hängt die gesamte Zivilisation von den Zeichen und Zeichensystemen ab. Die Zeichen werden zu Fetischen, von denen das Geschick der Menschheit abhängt. In dieser Fetischisierung der Zeichen bei Morris zeigt sich, wie stark er von den Ideen der „allgemeinen Semantik“ beeinflußt ist. Für ihn können die Zeichen die Lage der Dinge ausdrücken und verbergen, richtig informieren und irreleiten, Wechselbeziehungen regulieren und Konflikte hervorrufen, beruhigen und aufregen, überzeugen und Zweifel hervorrufen, Hoffnung erwekken und Mißtrauen verbreiten, voraussagen und in eine Sackgasse führen, zum Erwerb von Geld, Ehre und Macht dienen und Verarmung, Verfall und Elend bewirken. Die Allmacht der Zeichen schwebt wie ein Damoklesschwert über der Menschheit.

Die erwähnte Hypostasierung der Zeichen und die Verabsolutierung ihrer Rolle hängen auch mit der metaphysischen Auffassung vom Verhalten des Subjekts zusammen, das Morris von der objektiven Wirklichkeit, in welcher es sich entfaltet, sowie von den ideellen Formen der Widerspiegelung, von denen es geleitet wird, abtrennt. Diese Interpretation weist ebenfalls die gnoseologischen Wurzeln des Morrisschen Idealismus auf. Er entstellt die Bedeutung des Verhaltens des Organismus, das tatsächlich eine außerordentlich wichtige Rolle bei der Klärung der Organismus-Umwelt-Beziehung spielt. Durch die Verabsolutierung der Kategorie des Verhaltens gibt es bei Morris weder eine objektive (vom Subjekt unabhängige) Welt, noch deren Widerspiegelung im Bewußtsein; es gibt nur das durch Zeichen regulierte Verhalten des Subjekts. Als Folge dieser Behandlung der Frage wurde der ursprünglich positive Gedanke Morris', den Problemkreis der Semiotik zu erweitern und die Beziehungen der Zeichen zu den sie benutzenden Subjekten bzw. zu den durch sie bezeichneten Objekten in die

Untersuchung mit einzubeziehen, praktisch zunichte gemacht, da alle diese Beziehungen in Übereinstimmung mit den gnoseologischen Grundlagen des Pragmatismus bei Morris völlig der Sphäre des „Verhaltens“ als universeller, alles umfassenden Kategorie subsumiert werden.

Der „Praktizismus“ der Morrisschen Semiotik, eine angeblich „objektive“ Untersuchung der Rolle der Zeichen im Verhalten von Mensch und Tier, hat in Wirklichkeit nichts gemein mit der wissenschaftlichen Betrachtung der praktischen Tätigkeit als Grundlage der Erkenntnis und Kriterium ihrer Wahrheit. Nach Morris besteht die wahre Bedeutung des Zeichens allein in der Effektivität seines Gebrauchs. Wenn sich die in gewisser Hinsicht mit der empirischen Situation, in der sich das Verhalten entwickelt, übereinstimmende, durch das Zeichen im Organismus ausgelöste Reaktionsdisposition für den Organismus als günstig erweist, dann kann die Bedeutung des Zeichens als wahr gelten. Es gibt bei Morris keine Gegenüberstellung der Zeichenbedeutung und der objektiven Wirklichkeit, die unabhängig von den Verhaltensakten und der Bezeichnung existiert. Hier zeigt sich ganz deutlich die subjektiv-idealistische Interpretation des Wahrheitsbegriffs in bezug auf die Zeichenbedeutung.

Diese subjektiv-idealistische Behandlung des Problems wird noch deutlicher, wenn wir uns die speziellen zusätzlichen Erklärungen von Morris zum Verhältnis von „Wahrheit“ und „Adäquatheit“ der Zeichenbedeutung ins Gedächtnis rufen. Ausgehend von der grundlegenden Vorstellung, die Bedeutung des Zeichens sei auf die Effektivität des durch dieses Zeichen ausgelösten Verhaltens zurückzuführen, nimmt Morris an, daß es für den Organismus unter bestimmten Umständen günstig und nützlich sein könne, einen anderen Organismus irrezuführen. Hieraus folgt, daß auch ein „nichtadäquater“ Zeichengebrauch des Organismus zum Zwecke der Desinformation statt zur Information effektiv, also wahr, sein kann. Solche Überlegungen sind für den sozialen Charakter dieser Konzeption außerordentlich bezeichnend und zeigen mit aller Deutlichkeit ihr subjektiv-idealistisches Wesen.

Wie weiter oben bereits erwähnt, besteht die Bedeutung der Zeichen bei Morris nicht darin, die verallgemeinerte ideelle Widerspiegelung der Wirklichkeit zu fixieren, sondern darin, das Verhalten in allen möglichen empirischen Situationen effektiv zu organisieren. Die Negation der objektiven materiellen Welt und ihrer mit Hilfe der Zeichen fixierten Widerspiegelung im Denken führt Morris unweigerlich zu idealistischen

Schlußfolgerungen. In Übereinstimmung mit den allgemeinen idealistischen Vorstellungen der Pragmatisten nimmt Morris an, daß z.B. sprachliche Zeichen wie „Gott", „Teufel", „Paradies", „Hölle" u.ä. das Verhalten der Menschen effektiv organisieren, da sie eine „valuative" und „inzitive" Funktion erfüllen: sie bestimmen eine bevorzugte („fromme") Verhaltensweise und veranlassen die Menschen, dieser Verhaltensweise zu folgen. So wird durch die Morrissche Konzeption der Nutzen des Gebrauchs von religiösen Zeichen „begründet".
Analog hierzu betrachtet Morris auch die sprachlichen Zeichen mit politischem Charakter als „valuative" und „inzitive" Zeichen, die es ermöglichen, das Verhalten der Menschen in eine bevorzugte Richtung zu lenken. Es ist unschwer zu ersehen, daß alle diese Überlegungen zu den verschiedenen Zeichenarten bei den pragmatistischen Semiotikern eine idealistische Grundlage haben. Sie sind vollkommen vom objektiven Ursprung des menschlichen Denkens losgelöst: von der materiellen Welt, von den materiellen gesellschaftlichen Verhältnissen, die die politischen Interessen der verschiedenen sozialen Gruppen, ihre Ideologie usw. bestimmen. Morris' Argumentation ist von einem extremen Subjektivismus durchdrungen. Ausgangspunkt seiner Überlegungen ist das Individuum, das die Zeichen zur effektiven Organisierung und Regulierung seines Verhaltens in den verschiedenen empirischen Situationen erzeugt und benutzt, die sich letzten Endes aus seinen eigenen Erlebnissen zusammensetzen.
In den semiotischen Konstruktionen von Morris, wie auch in andern Argumenten der Pragmatisten zu erkenntnistheoretischen Fragen, wird der subjektive Idealismus mit behavioristischen Begriffen wie „naturalistisch", „naturwissenschaftlich", „realistisch" usw. verbrämt. Dies kann jedoch über die grundlegenden Fehler der Morrisschen Konzeption nicht hinwegtäuschen.

Anmerkungen

1 Morris, C. W.: *Foundations of the Theory of Signs.* In: International Encyclopedia of Unified Science. Bd. 1. Nr. 2. Chicago 1938. Dt. *Grundlagen der Zeichentheorie.* Übers. v. R. Posner u. J. Rehbein. München 1972.

2 Morris, C. W.: *Signs, Language, and Behavior.* New York 1946. Dt. *Zeichen, Sprache und Verhalten.* Hrsg. v. K. O. Apel. Übers. v. A. Eschbach u. G. Kopsch. Düsseldorf 1973.

3 Morris, Ch. W.: *Logical Positivism, Pragmatism and Scientific Empiricism.* Paris 1937, 53.

4 Carnap, R.: *Introduction to Semantics.* Cambridge, Mass. 1942.

5 Morris, C. W.: *Zeichen, Sprache und Verhalten,* a.a.O. 332.

6 Morris, C. W.: *Grundlagen der Zeichentheorie.* Übers. v. R. Posner u. J. Rehbein. München 1972, 68.

[7] Vgl. Morris, C. W.: *Zeichen, Sprache und Verhalten*, a.a.O. 114.
[8] Vgl. Morris, C. W.: *Grundlagen der Zeichentheorie*, a.a.O. 59f.
[9] Morris, C. W.: *Zeichen, Sprache und Verhalten*, a.a.O. 114.
[10] Cornforth, M.: *In Defence of Philosophy, Against Positivism and Pragmatism*. London 1950.
[11] Ebenda.
[12] Vgl. Morris, Ch. W.: *The Language of Value*. New York 1957, 59.

Nachweise

Das Problem der Begriffsbildung in sprachgeschichtlicher Sicht. Problema obrazovanija ponjatij v svete istorii jazyka. In: Filosofskie zapiski I (1946). Akademija Nauk SSSR. Institut filosofii. M.-L.: Izdatel'stvo Akademii Nauk SSSR 1946, S. 179–236.

Gegen den Agnostizismus in der Sprachwissenschaft. Kritik der Zeichentheorie der Sprache. Protiv agnosticizma v jazykoznanii. (Kritika znakovoj teorii jazyka). In: Izvestija Akademii Nauk SSSR. Otdelenie literatury i jazyka. 1948, t. VII, vyp. 5 (sentjabr'-oktjabr'), S. 401–418.

Begriff, Wort und Gegenstand. Kritik des semantischen Idealismus. Ponjatie, slovo i predmet. Kritika semantičeskogo idealizma po ėtomu voprosu. In: L. O. Reznikov, Ponjatie i slovo. L.: Izdatel'stvo leningradskogo universiteta 1958, S. 43–56.

Das Wort als bezeichnende, verallgemeinernde Widerspiegelung der gegenständlichen Wirklichkeit. Slovo kak oboznačennoe obobščennoe otraženie predmetnoj dejstvitel'nosti. A.a.O., S. 108–123.

Die Erkenntnistheorie des Pragmatismus und die Zeichentheorie der Sprache. Gnoseologija pragmatizma i znakovaja teorija jazyka. In: Naučnye doklady vyssej školy. Filosofskie nauki. 1962, No. 5, S. 66–73.

Die neopositivistische Erkenntnistheorie und die Zeichentheorie der Sprache. Neopozitivistskaja gnoseologija i znakovaja teorija jazyka. In: Voprosy Filosofii 1962, No. 2, S. 99–109.

Die Erkenntnistheorie des Pragmatismus und die Semiotik bei Ch. Morris. Gnoseologija pragmatizma i semotika Č. Morrisa. In: Voprosy Filosofii 1963, No. 1, S. 102–115.